后福特制：

当代资本主义经济新的发展阶段

刘　刚　等著

中国财政经济出版社

图书在版编目（CIP）数据

后福特制：当代资本主义经济新的发展阶段/刘刚等著．—北京：中国财政经济出版社，2010.1

ISBN 978－7－5095－1461－0

Ⅰ．后…　Ⅱ．刘…　Ⅲ．资本主义经济－研究－世界－现代　Ⅳ．F112.7

中国版本图书馆 CIP 数据核字（2009）第 210519 号

责任编辑：周桂元　　　　责任校对：李　丽
封面设计：陈　瑶　　　　版式设计：兰　波

中国财政经济出版社出版

URL：http://www.cfeph.cn

E－mail：cfeph @ cfeph.cn

社址：北京市海淀区阜成路甲 28 号　邮政编码：100142

发行处电话：88190406　财经书店电话：64033436

涿州市新华印刷有限公司印刷　各地新华书店经销

787×960 毫米　16 开　17 印张　248 000 字

2010 年 1 月第 1 版　2010 年 1 月涿州第 1 次印刷

定价：29.80 元

ISBN 978－7－5095－1461－0/F·1256

（图书出现印装问题，本社负责调换）

本社质量投诉电话：010－88190744

前言

在人类社会经济发展的历史进程中，如何生产，如何交换，如何消费，构成了社会生产方式的基本内涵，生产方式的演变是社会经济发展的主导。自资本主义社会产生之日起，其生产方式或生产组织方式就处于不断演进之中，并推动着资本主义经济和社会制度的持续变迁和发展。从生产方式的历史演变出发考察资本主义社会形态的演化和发展，是揭示当代资本主义经济制度变迁的科学方法。

在比较马克思主义社会科学研究和资产阶级社会科学研究的区别时，巴兰和斯威齐指出，当代资产阶级社会科学的专业化和实证化特征，使它丧失了对资本主义经济和社会的整体分析能力。与资产阶级社会科学的分析范式不同，马克思主义社会科学研究，关注的是整个社会秩序，而不是它的各个部分，它包含着一种方法论和一种理论，也许更正确地说是若干理论，它很能说明我们的社会是怎样运转的，正在向何处去。① 而支撑马克思主义社会科学整体分析能力基础的，是他的生产方式及其演化理论。

作为科学的理论分析范式，马克思主义政治经济学的研究对象是生产方式及其发展和演化的规律。在《资本论》第一卷第一版序言中，马克思就开宗明义地指出，“我要在本书研究的，是资本主义生产方式以及和它相适应的生产关系和交换关系。”②这使得马克思主义政治经济学既区

① 保罗·巴兰、保罗·斯威齐：《垄断资本》，商务印书馆1977年版，第9页。

② 马克思：《资本论》第一卷，人民出版社1975年版，第8页。

别于西方主流经济学也区别于传统社会主义经济理论的前苏联范式。西方主流经济学的研究对象是资源的配置，而前苏联范式的研究对象则是生产关系。①

经济学分析范式的整体分析能力，首先取决于它选择的研究对象是什么。抽象的具体，是具备整体分析能力的理论分析范式研究对象的基本特征。它就像社会生命体中包含着基本生命信息的基因或胚胎组织，孕育或蕴涵着经济和社会发展的基本信息和基础框架。生产方式正是经济和社会的基因组织，它自身的演化主导着经济和社会形态发展和变迁的内在逻辑。正如恩格斯所指出的，“生产以及随生产而来的产品交换是一切社会制度的基础；在每个历史地出现的社会中，产品分配以及和它相伴随的社会之划分为阶级或等级，是由生产什么、怎样生产以及怎样交换产品来决定的。所以，一切社会变迁和政治变革的终极原因，不应当在人们的头脑中，在人们对永恒的真理和正义的日益增进的认识中去寻找，而应当在生产方式和交换方式的变更中去寻找。”②

作为抽象的具体，生产方式是历史的。在特定的历史条件下，生产方式同时具有一般规定性和社会规定性。与西方主流经济学不同，马克思主义经济学不是从抽象的原则或规定性出发，而是从具体或历史的规定性出发讨论问题。例如同样是对生产的分析，马克思主义政治经济学一方面承认生产的一般规定性，即生产的目的是为了满足人们的物质生活需要；另一方面更强调资本主义生产的社会规定性，即资本主义生产首先不是满足人们的物质生活而是满足资本增殖的需要。后一种规定性是社会性的，特定历史条件下社会规定性及其与一般规定性的矛盾，决定了资本主义生产的特殊运动规律和发展趋势。

生产方式的一般规定性是指物质生产过程中的劳动方式和生产组织方式，它要回答的问题是如何生产和如何消费，例如，马克思所说的手工业作坊和机器大工业生产。而生产方式的社会规定性则是指生产的社会形式

① 于金富：“生产方式理论：马克思主义经济学的科学范式”，《当代经济研究》，2008年第4期。

② 《马克思恩格斯选集》第3卷，人民出版社1995年版，第617－618页。

或生产的社会关系，它要回答的问题是为谁生产和如何分配。其中，资本主义生产方式的社会规定性表现为特定历史条件下资本主义经济的制度结构，决定着劳资和资本之间社会关系的具体形态。两重规定性之间的关系是复杂的，两者之间相互适应和冲突构成了资本主义生产方式的基本矛盾，成为推动资本主义经济形态发展和演化的内在动力。

生产方式的社会规定性及其与一般规定性的内在矛盾，是资本主义经济复杂系统发展和演化的主要动因。但是这并不意味着资本主义经济形态的发展和演化完全是由生产方式自主决定的。资本主义经济形态的发展和演化是一个复杂的过程，其中政治、文化和意识形态都发挥着十分重要的作用。在生产方式的主导下，资本主义社会复杂结构内部各因素相互作用的结果，集中表现为资本主义经济制度的演化和变迁。生产方式的一般规定性和制度结构的相互适应和冲突，使资本主义经济形态表现出独特的历史阶段性和多样性。

14 世纪中叶，作为第一个资本主义生产方式的具体形态，手工工场的出现标志着资本主义的诞生。18 世纪末到 19 世纪 40 年代，以英国为代表的建立在机器大工业基础上的工厂制，成为当时世界上最先进的生产方式。从 20 世纪初到 70 年代，以标准化、流水线生产和高度纵向一体化企业组织为代表的福特制，是资本主义世界占主导的生产方式。20 世纪 70 年代中期以后，以丰田的精益生产、硅谷的网络化虚拟制造和第三意大利集群生产为代表的后福特制，逐渐成为全球经济条件下最有竞争优势的生产组织方式。

历史地看，与生产方式演变相伴随的是资本主义国家之间综合国力的消长变化和资本主义经济制度的调整、变迁和演进。以机器大工业为基础的工厂制以及与之相适应的建立在完全市场调节基础上的自由资本主义经济制度，使 19 世纪 40 年代的英国成为世界上最强大的国家。19 世纪末和 20 世纪初，与大规模标准化生产方式的兴起相伴随的是美国经济的崛起。第二次世界大战后的 1948 年到 1973 年，通过凯恩斯主义国家干预和福利国家政策对福特制生产方式宏观环境的调节，使美国成为战后资本主义世界经济体系的主导者，造就了西方发达资本主义国家长达 1/4 世纪的“黄金时代”。随着福特制生产方式的普及和完善，第二次世界大战后的德国率先在欧洲崛起，成为欧洲最有实力的国家。20世纪70年代，随着福特制内在局限性的逐渐暴露，美国经济陷入了长期滞涨。与之形成鲜明对照的是，第三意大利集群生产方式在传统产业中的形成和主导地位的确立，使意大利快速摆脱了危机，成为当时少数几个呈现经济繁荣的国家或地区之一。而精益生产的出现及其在日本制造业的普及，使日本制造业的国际竞争力迅速提升。20世纪80年代后期，随着美国微观经济政策的调整和新自由主义制度结构的建立、以硅谷为代表的信息网络产业的兴盛和美国主导的经济全球化的深化，美国再次成为当代资本主义经济增长的领头羊。

针对当代资本主义生产方式的演进趋势，皮埃尔和塞伯尔指出，20世纪70年代以来，资本主义生产方式出现了第二次革命：从福特制向后福特制的转变。后福特制的诞生推动了以美国为代表的发达资本主义国家经济的再次复兴和发展，步入了一个新的发展阶段。[①] 面对上述转变，沃麦克、琼斯和鲁斯在对福特制和丰田精益生产进行全面比较和分析的基础上指出，“在20世纪，汽车产业曾经两次使我们改变了对如何制造的基本认识。我们如何制造不仅仅意味着我们如何工作，而且意味着我们如何购买、如何思考和如何生活”。[②] 以阿哥利塔（Aglietta）、李佩兹（Lipietz）、布瓦耶（Boyer）为代表的法国调节学派（The Regulation School）和以戈登（Gordon）、科茨（Kotz）为代表的美国社会积累结构理论（SSA）的研究表明，福特制和后福特制不仅指生产方式的变革，还包括调节经济活动的经济制度和政策的变化。特定的生产方式及其制度和政策等调节活动共同构成了资本主义经济发展的积累体制，特定的积累体制是区分资本主义经济发展不同阶段的主要依据。因而，福特制和后福特制是资本主义历史发展中积累体制演进的具体形式，后福特制是当代资本主义经济发展的新阶段和新形态。从福特制向后福特制的转变代表了当代资本

① Piore, M. J. and Sabel, C. E, *The Second Industrial Divide*, New York: Basic Books, 1984.

② 沃麦克、琼斯和鲁斯所说的汽车产业的二次转变，是指自20世纪初以来汽车产业先后从单件生产（Craft Producton）转变到福特制，再由福特制转变为后福特制。参见沃麦克、琼斯和鲁斯著，沈希瑾、李京生、周亿俭和张文杰译：《改变世界的机器》，商务印书馆1999年版，第11页。

主义经济和社会发展和演进的趋势，被称为当代资本主义一次新的经济和社会转型。从目前理论研究的现状看，对后福特制这一当代资本主义新的经济形态的认识才刚刚开始。

在从福特制到后福特制的经济转型中，欧美国家经济的复兴和繁荣首先来自新兴技术的产业化或新经济，但它的主要推动者并不是传统的纵向一体化大企业，而是创新型中小企业。中小企业的创业或创新活动的涌现和新企业的快速成长，成为美国经济活力的来源。2007 年 2 月，美国国会竞争力委员会发布了一份题为《美国的立足之地：创业》（Where America Stands：Entrepreneurship）的报告，报告指出，20 多年来，美国经济之所以能够保持持续增长和充分柔性的关键驱动力是中小企业创业活动的涌现。卡尔·施拉姆（Carl Schramm）进一步指出，美国能够生存，并在世界范围内保持其经济和政治的领导地位，创业活动是核心竞争优势，除此之外，没有什么能够为我们拥有超级经济力量提供支撑的了。正是认识到创业活动在后福特制或新经济中的重要作用，施拉姆把美国资本主义经济的现实形态称为创业资本主义。①

对当代资本主义新一轮经济转型的理论研究，主要聚焦于新经济形态的形成和发展问题的探讨。西方诸多学者分别从技术、市场、生产方式和制度等不同的角度展开了深入的研究，形成了若干理论流派。

最早从制度角度展开理论研究的，是西方马克思主义的代表调节学派和社会积累结构理论（SSA）。作为对马克思主义分析传统的继承，调节学派和社会积累结构理论都是从资本主义社会劳资关系和资本之间关系的变化出发展开讨论的。新熊彼特学派则从新技术应用和扩散的角度，解释后福特制和新经济形态的本质及其形成和发展过程。弗里曼和佩雷兹（Freeman and Perez）指出，经济从某个长波到另一个长波的成功转型，取决于新技术的应用是否能够带来生产效率的大幅度提高以及在有利于新

---

① Carl Schramm, *Your Place in the Entrepreneurial Economy*, http：//www. Kauffman. Org, 2007.

技术扩散的社会制度框架下能否出现与之相匹配的创新活动。① 作为第四个康德拉季耶夫长周期，福特制的技术基础是以石油为能源的机械化和电器化，大规模生产方式的诞生及其相应的制度变革为新技术的扩散和应用提供了组织和制度空间。作为新的康德拉季耶夫长周期，新经济形态的技术基础是信息通讯技术，围绕着信息通讯技术的应用和扩散而展开的一系列创新活动，是新经济形态的本质及其形成和发展的根本动力。尽管认识到社会制度变革对新技术应用和扩散的促进作用，但在新熊彼特学派看来，社会制度变革的作用仅仅处于从属地位，新经济形态的本质是新技术的应用和扩散中创新活动的涌现。②

与调节学派和社会积累结构理论强调制度、新熊彼特学派强调技术变革不同，新斯密主义重视市场需求变化在新经济形态形成和发展中的作用。皮埃尔和塞伯尔指出，由人口和收入水平变化所引起的市场需求的变化，是福特制大规模生产危机产生的根源，而柔性专业化则是对大规模生产的替代和新的经济形态产生的基础。因而是市场需求，而不是技术引发了生产方式的变革和经济体制的转型，"产业技术变迁并不是科学和技术自身发展逻辑的结果：技术发展和衰落的关键在于技术产品的市场结构，而这种市场结构又决定于诸如产权和财富分配等社会经济的基础制度环境"。③ 以货币学派、理性预期学派、供给学派和新制度主义为代表的新自由主义，无论是在宏观还是微观理论层面都否定新经济形态下凯恩斯主义国家干预政策对经济的调节作用，强调自由市场机制及其制度结构是新经济形态的本质。自由市场和自由契约关系，是制造大规模创新和经济增长的机器。④

在资本主义经济发展过程中，每一个新的经济增长周期都是一个包括

---

① Freeman, C. and Perez, C, "Structural Crisis of Adjustment, Business Cycles and Investment Behavior." in C. Dosi, C. Freeman, R. Nelson, G. Silverberg and L. Soete (eds), *Technical Change and Economic Theory*, London: Frances Pinter, 1988.

② Freeman, C and Louca, F, *As Time Goes By*. Oxford: Oxford University Press, 2001.

③ 因为皮埃尔和塞伯尔强调市场需求变化对新经济起源和发展中的作用，被阿明称为新斯密主义，参见，Ash Amin (eds.), *Post－Fordism*, Oxford: Blackwell, 1994, p. 14.

④ William J. Baumol, *Free Market Innovation Machine: Analyzing the Growth Miracle of Capitalism*. Princeton: Princeton University Press, 2002.

技术、组织和制度等诸多因素及其相互作用的经济变革过程。从20世纪70年代以来资本主义经济转型的实际进程看，市场和技术只是这场变革的外部条件，变革的核心是新的生产方式的创生和新的制度结构的构建。与福特制大规模生产不同，后福特制或新经济的驱动力不再是规模和范围经济，而是持续创新和柔性生产。企业，尤其是中小企业的创业或创新活动的涌现，是实现持续创新和柔性生产的基本驱动力。围绕着创业或创新活动，资本主义不断地进行劳资和资本之间关系的调节。例如为了鼓励创业、创新和新技术的商业化，新经济形态的制度结构关注的焦点不再是劳资关系，也不是简单的资本间关系，而是构建激励创业或创新的制度环境。

但是后福特制及其新自由主义的制度结构在有效推动信息网络等高新技术产业快速发展的同时，对劳资和资本之间关系的调节却增加了经济的不稳定性。其中最重要的后果是金融市场的泡沫和全球生产能力的过剩，这孕育着新一轮经济危机的种子。1929—1933年大萧条是自由市场调节或自由主义制度结构的结果，其中的一个重要结论是：在大规模标准化生产条件下，政府干预是自由市场调节有效性的条件。后福特制是对福特制生产方式的扬弃，后福特制的柔性生产和速度经济是建立在福特制规模经济基础之上的。政府的干预，同样是经济稳定和有效运行的重要支撑。而新自由主义及其制度结构的建立，完全忽视生产方式变革的这一特征，忽视政府调节在经济活动中的作用，必然会造成新一轮生产过剩的经济危机。2008年秋季全球金融危机的爆发，充分暴露了新自由主义制度结构的局限性。

在本书中，作者试图从生产方式演化的角度，对后福特制与当代资本主义经济新的发展阶段和形态形成和发展的内在联系进行全面而完整的理论分析，深入考察作为资本主义经济发展新阶段的后福特制及其新自由主义制度结构的形成和发展进程。

本书的第一章对当代资本主义经济如何面对20世纪70年代以来企业外部经营条件的若干重大变化，实现从福特制向后福特制经济形态转变的历史进程进行了详尽的描述。本章的研究表明，作为具体的生产方式，福特制的基本特征是大规模生产与大规模消费的对应，而后福特制的特征则是柔性生产与个性化和多样化消费的对应。与这一生产方式转变相适应的是当代资本主义经济中的劳资关系、企业及产业政策、福利国家和国际关系等经济结构和制度的变革。第二章主要考察新的经济形态的本质及其制度结构的内涵。本章的研究表明，无论是新自由主义经济学还是社会积累结构理论的最新进展，都试图从自由主义或调节主义的角度界定新经济形态及其制度结构，这种研究思路只是从表面上看问题。围绕着创业或创新活动的涌现及其新技术的商业化，新经济形态的本质是生产方式及其制度结构的变革，其制度结构关注的焦点不仅是劳资关系的调节，更重要的是创业或创新环境的构建。

第三章到第七章主要考察后福特制在企业、产业和新乡村工业化等微观领域的表现，分别讨论了后福特制条件下企业竞争优势的新来源，细胞生产——后福特制新的组织形态、劳动组织的演化和变革、企业组织的创新和20世纪70年代以来的乡村工业化。第八章、第九章和第十章着重考察了后福特制在宏观领域的表现，分别研究了后福特制兴起、扩散和发展过程中出现的资本主义经济增长在国与国之间的不平衡现象和经济的全球化趋势。第十章讨论后福特制的产生是如何推动当代资本主义国家政策体系从福利国家向创新国家转变的。第十一章作为本书的总结，集中讨论了新自由主义制度结构的内在矛盾和资本主义新一轮经济危机的孕育和爆发。本章的研究表明，新自由主义制度结构对后福特制生产方式的适应只是局部的，其内在矛盾的激化将引发资本主义经济的新一轮危机。

作为生产力和生产关系的具体的和历史的统一，后福特制既是当代资本主义经济中占主导的生产方式，又是当代资本主义经济和社会发展的新阶段和新形态，它代表了当代资本主义国家经济政策和制度演变的新趋势。21世纪以来，西方发达国家根据后福特制生产方式变革的需求，制定了一系列有效刺激经济发展的政策措施。尤其是围绕着从福利国家向创新国家的转变所进行的系统的政策调整，将持续地改变和影响发达国家和世界经济的结构和发展方向。在经济全球化的时代，这一演进趋势正在对我国经济的发展产生重大而深刻的影响。无论从生产方式的演进还是从政策体系的调整和制度结构的变革看，对后福特制的深入研究，都将为我国新时期经济发展政策的制定提供重要借鉴。

目录

第一章

从福特制到后福特制：资本主义经济新的形态演化

面对20世纪70年代以来企业外部经营条件的重大变化，西方发达国家的生产组织方式出现了一个重要演进趋势，即从福特制向后福特制的转变。相对于福特制，后福特制的基本特征可以概括为“持续创新+柔性制造”和“专业化+网络化”。从生产组织方式发展的历史进程看，当存在一种生产方式替代另一种生产方式的情况下，产品竞争的本质往往是生产组织方式的竞争，即产品过剩背后隐藏的是落后的生产方式的过剩。作为具体的生产方式，福特制的基本特征是大规模生产与大规模消费的对应，而后福特制的特征则是柔性生产与个性化和多样化消费的对应。与这一生产组织方式转变相适应的是当代资本主义经济中的劳资关系、企业和产业政策以及国际关系等经济制度的改革和变迁。其中，新自由主义、新公司主义和新国家主义及其创新国家是当代资本主义经济制度演变的关键环节。

第一节

资本主义生产方式的历史演进

一、引　言

20世纪70年代以来，随着经济全球化的不断加深和信息网络技术的广泛应用，企业的外部经营环境出现了若干重大而深刻的变化，从而酝酿和引发了西方发达国家制造业生产组织方式的重大变革。

企业外部经营环境的重大变化主要表现在三个方面：第一，客户和市场需求的复杂多变。客户需求的变化不仅表现为客户市场需求的日益多样化和个性化，而且表现为客户对企业所提供产品和服务的速度要求越来越高。这使企业生产的任何一种新产品的生命周期越来越短。市场的快速多变增加了企业经营的不确定性，使速度和时间取代价格、质量和服务成为第一竞争要素。在新的市场条件下，以创新为核心的速度经济成为企业竞争优势的重要来源；① 第二，经济全球化的迅速发展，尤其是20世纪90年代全球统一市场的最终形成，极大地促进了产品和要素在全球范围的自由流动。在这一背景下，企业的外部资源整合能力和柔性制造日益成为企业赢得持续竞争优势的重要条件；第三，信息网络技术的广泛应用改变了企业传统的竞争和合作方式。在新的市场条件下，传统的高度一体化的生产组织方式难以适应市场的变化和发展，为了抓住快速变化的市场机会，企业往往通过战略联盟、供应链管理、分包制和虚拟制造等网络化合作组织提高资源的外部整合能力。

正是在上述背景下，西方发达国家的生产组织方式发生了某种根本性

① 野中郁次郎（Ikujiro Nonaka）指出，市场的快速变化使企业外部经营环境的基本特征表现为“‘不确定’是惟一可确定的因素”，并强调知识创新是企业获得持续竞争优势的源泉。参见野中郁次郎：“知识创新型企业”，载《知识管理》，中国人民大学出版社1999年版。

变革，即从福特制向后福特制的转变。与福特制相比较，“持续创新+柔性制造”和“专业化+网络化”是后福特制的两个基本特征。历史地看，与生产组织方式变革相伴随的是各国制造业国际竞争实力及其政治地位的消长变化。20世纪初，与福特制生产方式出现相伴随的是美国经济的崛起。而20世纪70年代以来，伴随着丰田系列制精益生产方式对福特制的替代，日本成为国际上制造业最具竞争力的国家。与此同时，意大利北部的集群生产的形成和发展使意大利的服装等传统产业成为该国最具国际竞争力的产业，并使其在全球最发达的28个国家的排名中处于前列。

上述生产方式的转换与国际间制造业兴衰发展的现实，为我们更准确地理解企业、产业和国家竞争力的来源提供了一个清晰的视角。传统经济理论对市场供求的分析，尤其是对经济不景气条件下生产能力过剩危机的说法过于抽象和模棱两可。事实上，需求不足或生产能力过剩的本质不是产品的过剩，而是落后生产方式的过剩。相对于传统大规模生产方式，新的具有竞争优势的生产方式是严重短缺的。在整个制造领域，真正的危机是后者正在摧毁前者的生存基础。

对生产方式的变革我们可以从多个维度进行把握，首先生产方式的转变表现为一个持续的企业组织创新过程，并通过企业组织创新实现产品和技术的持续创新和外部资源整合能力的提高。因而，生产方式的转变首先表现为诸如学习型组织、战略联盟、外包、系列制、供应链管理、虚拟化和集群生产等一系列新型企业组织的不断涌现。此外，与福特制强调规模经济和范围经济不同，后福特制更强调速度和创新，即如何通过组织方式的变革实现持续创新和柔性制造。以“持续创新+柔性制造”为核心的速度经济日益成为新的市场条件下企业竞争优势的主要来源。

与技术、资本相比，生产组织方式的选择和创新日益成为全球经济条件下企业、产业和区域制造业国际竞争力提升的重要决定因素。彼得·圣吉（Peter M. Senge）指出，在当今外部条件不断变化的时代，持续的组织变革和创新是企业生存和长期成长的关键。[①] 福斯和韦沃曼（Fuss and

① 彼得·F. 德鲁克：“新型组织的出现”，载《知识管理》，中国人民大学出版社1999年版。

Waverman）对全球汽车产业的实证研究表明，1980 年日美汽车产业的单位成本相差 34.4%。这种同一产业中如此巨大的成本差异，是那些主张技术可以迅速转移、各国都可以采用同一生产函数进行生产的新古典经济理论及其贸易理论所无法解释清楚的。① 出现上述现象的关键是日本汽车产业发生了以“即时制”生产为核心的生产组织方式创新。与此同时，波特（Porter）在区域竞争力的研究中指出，一种新的被称为“集群”（clusters）的生产组织形式正在支配着当今世界的经济版图，它使全球经济中持久性的竞争优势根植于远方竞争者无法匹敌的当地要素：知识、关系和动机之中。② 而“集群生产”同时出现在分别以高科技产业和传统产业著称的美国硅谷和第三意大利。与福特制根本不同，上述生产组织方式的演进趋势是网络化或非纵向一体化的。

更为重要的是，以法国调节学派和美国社会积累结构理论为代表的西方马克思主义学者认为，福特制和后福特制不仅指生产方式的变革，还包括调节经济活动的相应经济制度和政策的演化。特定的生产方式及其制度和政策等调节活动构成了资本主义经济发展的积累体制，福特制和后福特制是资本主义历史发展中积累体制演进的具体形态。从福特制向后福特制的转变代表了当代资本主义经济发展的一个新阶段，而后福特制则是资本主义经济的新形态。

二、制造业生产方式的历史演进：单件生产、福特制和后福特制

迄今为止，人类社会的工业生产或制造活动先后经历了单件生产、福特制和后福特制三种基本的生产组织方式。③ 在不同的历史时期，这三者先后构成了当时社会占主导地位的生产组织方式。社会技术和市场

① Fuss, M. and L. Waveman, The Extent and Sources of Cost and Efficiency Differences between U. S. and Japanese Automobile Producers, *Journal of the Japanese and International Economies*, 1990, 4: pp. 219 – 256.

② Porter, M. , Cluster and the New Economy of Competition, *Harvard Business Review*, 1998 (Nov. – Dec.): pp. 77 – 90.

③ 最早讨论福特制向后福特制转变的是 1984 年的皮埃尔和塞伯尔（Piore and Sabel），他们认为，从福特制向后福特制的转变是制造业的第二次革命。

条件的重大变化是三种生产组织方式演进或转换的基本动因。在生产组织方式的转换期间，企业之间的竞争首先表现为不同生产组织方式的竞争，即一种生产方式替代另一种生产方式的过程，产品过剩背后隐藏的往往是落后生产方式的过剩。这种竞争更多地不是表现为价格竞争，而是表现为"创造性破坏"。[①] 图 1－1 描述了三种生产组织方式的演化或转化过程。

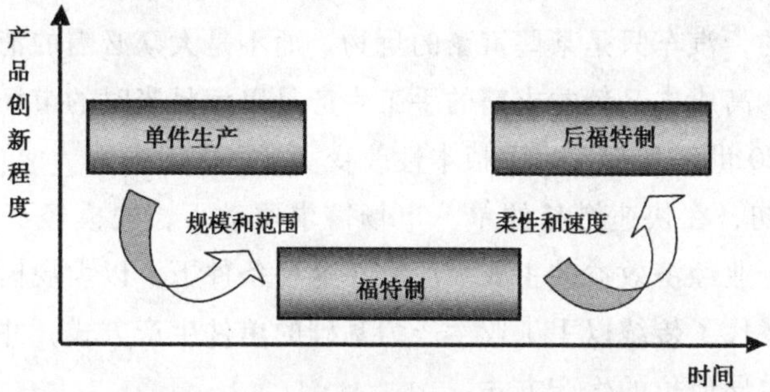

图 1－1　制造业生产方式的历史演进

从人类制造业发展的历史看，在 1905 年享利·福特创立大规模流水线生产之前，制造业中占统治地位的生产组织方式是单件生产。本章以汽车工业为例，简要介绍三种生产组织方式的基本特征。单件生产的基本特征表现在如下方面：

1. 生产中使用的是技艺精湛的熟练劳动力或工匠，这些工匠的培养需要相当长的时间。

2. 生产的设备是通用性的。

3. 零部件是非标准化的。

4. 分散的或非纵向一体化的生产组织结构。

5. 缺乏系统的研发，产品和工艺的改进主要表现为工匠的生产经验积累和诀窍的掌握。

6. 多品种、小批量，甚至于每个产品都是独一无二的。

① 熊彼特：《经济发展理论》，商务印书馆 1997 年版。

7. 产量低而成本高，不存在规模和范围经济。

在单件生产方式中，不仅单个产品的成本高，而且总产量的平均生产成本也不随产量的增加而下降。例如，如果某家公司用单件生产方式制造20万辆相同的汽车，那么每辆汽车的平均成本并不比只制造10辆汽车规模时低多少。

欧洲是单件生产方式的发源地。单件生产方式的产生不仅与当时的生产技术水平相关，而且和市场需求相关。就汽车产业来说，当时的市场仅仅是地方性的，汽车只是某些富豪的玩物，而不是大众必需的消费品。因而，低速度、高成本又精益求精的手工生产足以满足当时的市场需求。但是这一切在20世纪初都发生了根本性改变。

20世纪初，在快速增长的单一市场需求驱动下，规模经济和范围经济成为实现企业经济效益的主要手段。在这种条件下，以大规模生产为特征的福特制替代了传统以手工业生产为基础的单件生产方式，并成为整个制造业中占主导地位的生产方式。

福特制起源于1913年享利·福特在底特律海兰公园汽车组装厂所创建的自动化生产流水线。其特点是依靠单品种大批量生产，通过规模经济降低生产成本。由于福特汽车公司在生产方式上的这一创新，一跃成为世界最著名的汽车生产厂商。福特制作为一种先进的生产方式成为其他汽车厂商和制造业部门竞相模仿的对象，并迅速成为整个制造业中占主导地位的生产方式。

作为一种生产组织方式，与单件生产方式相比，福特制具有如下特征：

1. 零部件的标准化和完全的互换性。在对大规模生产作出全面考察的基础上，沃麦克、琼斯和鲁斯指出，大规模生产的关键，不像当时和现在人们所想象的那样，在于自动组装生产流水线，而在于零部件完全的互换性和安装的简便性，即零部件生产和组装的标准化。① 因为，享利·福特在1905年就完成的这一制造工艺上的重大革新是生产流水线创立的前提和基础。

2. 非熟练劳动力的广泛使用和劳动管理的简单化。福特制不仅要求

① ［美］詹姆斯·P. 沃麦克、丹尼尔·T. 琼斯、丹尼尔·鲁斯著，沈希瑾、李京生、周亿俭、张文杰译：《改变世界的机器》，商务印书馆1999年版。

零部件生产和组装的标准化，而且要求在生产流水线上工作的工人操作活动的标准化和简单化，从而实现工人之间自由的相互替换。福特制最大限度地利用了劳动分工原理，通过零部件和生产操作的标准化，生产工人的劳动只是简单地把某个零部件安装到汽车上，组装线上的每个工人都只从事某一简单而标准化的操作。这种生产作业所需要的劳动是简单的体力劳动，不需要工人之间进行信息和知识的交流。据1915年进行的一次调查显示，福特公司海兰公园汽车组装厂7000名工人中所使用的语言竟然多达50多种，其中，很多工人只会说简单的英语。

由于操作的简单化，劳动管理变得异常简单。生产线及其机器设备的节奏本身就已经成为管理工人的有效手段。

3. 组织结构的刚性化。福特制生产方式在组织结构上的刚性化主要表现在以下三个方面：

一是对高度纵向一体化的追求。1913年之前，福特公司主要从事组装业务，公司从道奇兄弟公司购买发动机和底盘，再向其他公司订购零部件，最后组装成一辆完整的汽车。但是，到了1915年，福特几乎把所有上述生产功能都纳入到公司内部，实现了生产的高度纵向一体化。到1926年，福特公司的功能不仅包括汽车的总体设计、工程设计和组装，而且包括几乎所有的零部件生产。生产的高度一体化在带来规模经济效益的同时，也产生了较高的组织管理成本。

二是表现为生产线及其设备的刚性化。福特公司的生产线及其设备往往只为某个单一产品的生产设计和装备。生产流水线的设备具有很强的专用性，往往只能加工或组装某一种零部件。只要某种产品投入生产，必须通过大规模的连续作业才能达到设备投资的规模经济要求。生产线一旦投入使用，很难转产其他产品。为了改换生产车型，福特公司常常把整个设备甚至是整个生产流水线都换掉。

三是表现为大量的零部件和整车库存。为了适应生产流水线大规模连续生产的需要，大规模生产需要大量的零部件缓冲库存。同时，由于整个制造过程的生产导向特征，在生产流水线的终端同样存在大量的整车库存。大量的零部件和整车库存挤占了资金，增加了成本。

4. 创新和生产的分离。在大规模生产模式下，产品的创新和生产过程是分离的。在福特制中，试图通过众多工程师之间详尽的分工，解决产品生产中复杂的设计和创新问题。哈佛大学商学院的金·克拉克教授曾经指出，在大规模生产方式的汽车公司中，有的工程师毕生只从事汽车门锁的设计，却不熟悉门锁是怎样制造的，因为在他们看来，那是门锁制造工程师的任务。设计工程师只要知道门锁如何锁住就行了，制造过程中出现的问题与设计无关。这种设计、研发和生产的分离是大规模生产产品创新滞后的原因。

5. 单品种、大批量、低成本和大规模。在对单件生产和福特制进行全面比较分析的基础上，我们认为，生产组织方式的系统性革新是单件生产成功转化为大规模生产方式的基本条件。在单件生产向福特制的转变过程中，生产方式的系统性创新主要表现在两个方面：对制造过程及其相关环节的大规模投资以及开发与生产的分离。

钱德勒在《企业规模经济与范围经济：工业资本主义的原动力》一书中，详细地叙述了19世纪末20世纪初美国公司如何通过大规模投资于制造、管理和分销环节，战胜单件生产的发源地欧洲诸国，并最终成为世界上最有竞争力的国家。①

开发与生产活动的分离是福特制大规模生产的另一个重要特征。在大规模生产方式中，生产过程是固定不变的：企业在找到了某种产品生产的最佳方案后，就尽快将学习曲线固定下来。在此期间，产品和加工工艺很少改变，通过生产系统内部的合理化和学习效率的提高实现规模经济、范围经济和交易成本的节约。

笔者认为，在特定的市场条件下，对低成本制造技术的追求是单件生产方式向福特制转变的根本动因。而建立在标准化基础上的规模经济和范围经济则是实现低成本制造的基本途径，对购置专用性生产设备、构建营销网络和培训、引进经营管理人员的大规模投资则是形成追求规模经济和范围经济的企业组织能力的基本手段。因而，在市场需求单一且扩张迅速的条件下，大批量、单品种、低成本、大规模和以生产为导向的福特制生产方式，成为当时企业和产业国际竞争优势的主要来源。

---

① ［美］小艾尔弗雷德·D. 钱德勒：《企业规模经济与范围经济：工业资本主义的原动力》，中国社会科学出版社2002年版。

但是大规模生产方式仅仅适应于单一的和不断持续增长的市场环境，却难以适应20世纪70年代以来以个性化、多样化和快速发展为特点的市场环境。因而，进入20世纪70年代，西方发达国家的制造业生产方式开始由福特制向后福特制的转变。但是，这种转变并不是一帆风顺的。

福特制向后福特制生产方式的转变首先出现在汽车工业。1950年，日本丰田公司的年轻工程师丰田英二到位于美国底特律的福特公司鲁奇工厂进行为期三个月的访问。截至1950年，1937年创办的丰田汽车公司总计只生产了2685辆轿车，而此时的福特公司鲁奇工厂每天的轿车产量已经达到了7000辆。但是丰田英二在详细考察了鲁奇工厂之后，敏锐地察觉到福特制存在的弊端，并指出，大规模生产方式并不适合市场需求多样化的日本，福特生产方式存在着许多需要改进的地方。

经过20多年的反复试验和努力，丰田公司发展出了一整套以“即时生产”（JIT）为核心的系列制生产方式，被美国人称为精益生产。精益生产（LP）是指根据市场需求，多品种、小批量和大规模地制造客户所需要的产品，在生产过程中，通过持续不断地技术改进和全面质量管理，逐步消除生产过程中一切可能的浪费和实现零部件及产品质量的零缺陷和零库存。美国麻省理工学院国际汽车项目研究小组的调查研究表明，与大规模生产方式相比，丰田生产方式仅使用一半的人力资源、一半的制造空间、一半的设备投资和一半的新产品创新时间，却实现了不足一半的库存、更少的次品和更多样化的产品。

针对这一生产组织方式创新，国际汽车项目研究小组的负责人进行了如下预测：第一次世界大战之后，享利·福特和通用公司的阿尔弗雷德·斯隆开创了世界制造业的新纪元，把欧洲企业领先了若干世纪的单件生产方式转变为大规模生产方式，并使美国成为世界经济的主导。而在第二次世界大战后，丰田英二和大野耐一在日本丰田汽车公司首创了“精益生产方式”概念，当日本其他汽车公司和工业普遍采用这一优越的体制后，日本经济很快达到了今天的领先地位。①

---

① ［美］詹姆斯·P. 沃麦克、丹尼尔·T. 琼斯、丹尼尔·鲁斯著，沈希瑾、李京生、周亿俭、张文杰译：《改变世界的机器》，商务印书馆1999年版，第11页。

20世纪80年代以来，随着经济全球化的不断深化和信息网络技术在制造业领域的广泛应用，为了应对市场条件的变化，先后涌现出大规模定制、分包制、网络化、虚拟制造和集群生产等一系列新兴的生产组织方式，并与精益生产一起完成了整个制造业从福特制向后福特制的转变。表1-1描述了单件生产、福特制和后福特制生产方式的主要差异。

表1-1　　单件生产、福特制与后福特制生产方式的比较

	单件生产	福特制	后福特制
市场条件	需求规模小，多样化和难以预测；买方市场	需求规模大、稳定、单一和可预测；卖方市场	需求的不确定性、多样性、不可预测；买方市场
技术	非标准化技术；生产设备是通用性的	复杂；严格；使用标准化的零部件；向新产品生产过渡的时间长，耗资大	高度灵活的生产；使用模块化组件；转产新产品相对容易
生产过程	多品种、小批量、小规模；零部件的非标准化	以规模经济为基础；同类产品的大批量生产；统一性和标准化；大量缓冲库存；生产结束后进行质量测试	以范围经济为基础；同类产品的小批量生产；差异性和弹性自动化；无库存或很少库存；生产过程中实施全面质量控制
劳动管理	松散；工匠从事多种作业活动；以带徒弟的方式进行培训	通过工资控制而减少成本；工人简单地重复单一任务；没有或很少有在职培训	通过长期的干中学减少成本；工人从事多种专业化工作；长期在职培训
组织结构	分散；小作坊	高度纵向一体化；大企业	纵向分离；网络化组织
创新模式	缺乏系统创新；通过技巧和经验的积累进行工艺创新	突破性创新；创新与生产相分离；较少的过程创新；忽视客户的需求；高成本，长周期	渐进性创新；创新与生产相结合；频繁的过程创新；满足客户的需求；低成本，短周期
运行模式	多品种、小批量、小规模、高成本和高价格	单品种、大批量、大规模、低成本和低价格	多品种、小批量、大规模、低成本、高价值而低价格

注：根据《改变世界的机器》（詹姆斯·P.沃麦克、丹尼尔·T.琼斯、丹尼尔·鲁斯）等文献的描述综合而成。

通过表 1 - 1 对三种生产组织方式的比较表明，后福特制适应了 20 世纪 70 年代以来的市场需求变化，通过技术、组织和产品创新，实现了多品种、小批量、大规模、低成本和高价值的产品生产，提升了企业和产业的国际竞争力。

第二节

作为生产方式一般的后福特制的基本特征和基本形态

一、“持续创新 + 柔性制造”是后福特制的本质特征

通过福特制与后福特制的上述比较分析，我们认为，“持续创新 + 柔性制造”和“专业化 + 网络化”是后福特制的两个最基本的特征。其中，“持续创新 + 柔性制造”是后福特制生产方式的目的，是其本质特征，而“专业化 + 网络化”则表现为后福特制生产方式的基本形式，是实现持续创新和柔性制造的途径。

福特制和后福特制两种生产方式的区别首先表现在生产的导向性上，福特制强调生产或制造，考虑问题的出发点是如何低成本的制造，而不是客户的需求，是生产导向型的。而后福特制则强调通过满足客户的需求创造价值，是客户需求导向型的。这种生产的导向类型的区别导致了两种生产组织方式对创新过程理解的重大差异。

福特制也强调创新，但却把创新理解为突变式或非连续性的，强调大规模生产中创新和生产的分离。其中，对熊彼特创新概念的片面理解是产生这一现象的重要原因。[①]

熊彼特认为，资本主义经济是一个演变的过程，并表现出某种特有的形式。在任何市场中，都存在相对静止的时期，此时已经形成了优于一般

① 熊彼特：《经济发展理论》，商务印书馆 1997 年版。

水平的产品、技术或组织能力的公司将获得正的经济利润。当优势的旧的源泉被破坏并代之以新的源泉时，这些静止时期将由于基础性冲击或不连续而发生中断。能利用冲击创造机会的企业家，在下一个相对静止的时期继续获得正的经济利润。熊彼特称这种演变过程为“创造性破坏”。①

琼·提德、约翰·贝桑特和凯斯·帕维特（Joe Tidd，John Bessant and Keith Pavitt）把熊彼特式的创新称为理性主义的，其成功的前提是企业家对环境的变化有充分而准确的把握。② 但是面对快速变化的技术和市场环境，理性主义方法面临许多困难而变得难以实行。事实上，企业经营者无论是对外部环境的变化还是对内部资源的认识都不可能作出完全而准确的判断，因为，知识和信息是不完备的。

在这种情况下，渐进主义的创新战略成为指导企业创新的重要依据。渐进主义认为，完全了解环境的复杂性和变化是不可能的，因为人们了解现在、预测未来的能力不可避免地存在着局限性。因此，企业必须根据新的信息及其对信息的理解不断调整战略。许多学者使用不同的术语表达渐进主义创新战略，如试错、尝试和探索性学习等。

福特制生产方式所采取的创新战略是典型的理性主义的。在技术和市场环境相对稳定的条件下，这种战略具有一定的生存空间。正是基于这一认识，大卫·安德森和 B. 约瑟夫·派恩二世指出，长期以来大规模生产企业和创新机构之间的分离和良好合作是 20 世纪美国经济成功的关键。③

但是，在技术和市场环境变动不居的 20 世纪中后期，理性主义的创新战略面临严峻的挑战。为了应对快速变化的环境，后福特制生产方式中的创新则是渐进和持续性的。作者认为，理性主义和渐进主义创新战略最大的区别在于：理性主义把创新看作是一次性的或长周期的，而渐进主义强调的创新则是持续性的和短周期的，在本质上是一个知识的不断积累过程。

在上述分析的基础上，我们把创新理解为一个连续的过程，它包括知

---

① 熊彼特：《经济发展理论》，商务印书馆 1997 年版。

② 琼·提德、约翰·贝桑特、凯斯·帕维特：《创新管理：技术变革、市场变革和组织变革的整合》，清华大学出版社 2004 年版。

③ ［美］安德森和约瑟夫·派恩二世：《21 世纪企业竞争前沿：大规模定制模式下的敏捷产品开发》，机械工业出版社 1997 年版。

识利用和知识创造两个大的阶段。其中，知识的利用又包括知识的强化和普及，而知识的创造则包括知识差异和重组。从知识强化、知识普及到知识差异和知识重组构成了一个完整的知识创新周期。

在福特制生产方式中，知识的利用和知识的创造是分离的。知识的创造由组织内部或外部相对独立的机构负责。一旦形成某种产品或生产工艺的主导设计，知识的推广和普及是生产过程中要解决的问题。在大规模生产中，一切都是固定的，企业在寻找到实现主导设计的最佳方案以后，就会通过简单的规模和范围扩张试图尽快收回固定资本的投资。只有经过相当长的时期（通常是4至5年，甚至更长），当固定投资收回后，大规模生产企业才再次依赖创新机构开发的新产品并把它大规模生产。因而，在福特制条件下，企业成功的关键是为了实现规模经济和范围经济对生产设施、营销和采购网络进行大规模投资，并形成钱德勒所说的现代工业企业的组织能力。这种组织能力是资本密集型产业发展的主要推动力。①

上述模式成功的前提是企业所面对的技术和市场环境是相对稳定的，创新周期是非连续的且周期较长。一旦上述条件不存在或发生了重大变化，传统生产组织方式不仅无法适应持续创新的需要，也无法适应不断缩短的创新周期对快速实现规模经济和范围经济的要求。实现持续创新和创新周期缩短所要求的动态效率，是后福特制产生的推动力。

为了响应快速变化的市场需求，后福特制在要求企业实施持续创新的同时，强调生产或制造过程的敏捷性。敏捷制造一方面要求迅速整合单个企业的内部资源以实现生产的柔性化；另一方面要求企业依托自身的核心业务及其能力迅速整合外部资源或通过合作生产满足市场需求。20世纪70年代以来，为了实现速度经济，西方发达国家从技术和组织上采取了许多措施，并发展了若干适应市场竞争环境变化的生产和制造方法，例如，发达国家的企业广泛应用的计算机辅助设计和制造（CAD/CAM）、柔性制造系统（FMS）、计算机集成制造系统（CIM）、资源管理系统（ERP）和即时制（JIT）等。

20世纪90年代初，为了应对日本制造业的竞争，美国国会1991年

---

① 钱德勒：《看得见的手》，商务印书馆1999年版。

委托里海大学的艾科卡研究所编写一份"21世纪制造企业战略"的报告。里海大学邀请了国防部、工业界和学术界的代表，建立了以13家大公司为核心的、有100多家公司参加的联合研究组。历经数年，提出了"敏捷制造"（Agile Manufacturing，AM）的概念，描绘了21世纪制造方式的前景。

该报告的结论性意见是，全球性的竞争使得市场变化太快，单个企业依靠自己的资源进行自我调整的速度赶不上市场变化的速度。为了解决这个影响企业生存和发展的世界性问题，报告提出了以虚拟企业或动态联盟为基础的敏捷制造模式。敏捷制造面对的是全球化激烈竞争的买方市场，采用可以快速重构的生产单元构成的扁平组织结构，以充分自治的、分散式的协同工作代替金字塔式的多层管理结构，注重发挥人的创造性，变企业之间你死我活的竞争关系为既有竞争又有合作的共赢关系。敏捷制造强调基于互联网的信息开放、共享和集成。

因此，西方发达国家的企业从20世纪90年代初期开始放弃传统的纵向一体化经营方式，通过网络化整合外部资源以快速地响应市场需求。对于成功的外部资源整合者而言，只抓关键零部件的生产，其他的全部外包给其他企业。例如，福特汽车公司的嘉年华（Festiva）汽车就是由美国设计，由日本的马自达公司生产发动机，韩国的制造厂生产其他零部件并装配，最后再在美国市场上销售。制造商把零部件生产和整车装配都放在了企业外部，这样做的目的是利用其他企业的资源促使产品快速上马、降低工资成本、避免自己投资带来的基建周期长等问题，从而赢得产品在低成本、高质量和上市快等诸多方面的竞争优势。尤其是随着20世纪80年代末前苏联解体和全球统一市场的最终形成，上述趋势逐渐强化，形成了虚拟制造、供应链管理和集聚生产等一系列外部网络化生产组织形式。

二、"专业化+网络化"是后福特制的基本组织形态

20世纪70年代以来，面对快速变化的技术和市场环境，通过持续创新和尽量缩短创新周期实现动态效率，成为企业应对外部不确定性增加的惟一有效的途径。这对传统的福特制生产方式提出了严峻的挑战。如何在创新周期日益缩短的情况下，实现创新的规模经济和范围经济成为从福特制向后福特制转变的直接动因。

为了实现速度经济，组织形式的创新成为后福特制企业追求“持续创新+柔性制造”的根本途径。因而，企业的网络化（内部和外部）成为企业实现竞争优势的重要来源。与制造业生产方式的转变相伴随，现代企业的生产组织方式由传统的纵向一体化向非纵向一体化或网络化演进或发展。纵向一体化的职能式、事业部制和矩阵式结构是福特制组织结构形式，而“专业化+网络化”则是后福特制在组织结构上的表现。事实上，两种生产方式的转变更多地可以理解为网络组织对职能式、事业部制、矩阵式和纵向一体化组织结构的替代过程。在后福特制生产方式中，网络化表现为两种基本形式：企业的内部网络化和外部网络化。从企业内部来看，网络化是对企业内部的职能式、事业部式和矩阵式组织结构的替代。而从企业之间的外部关系看，网络化则是指企业之间的合作关系网络对纵向一体化的替代。

职能式、事业部式和矩阵式结构属于科层制组织结构。相对于非正规组织，它更强调企业内部组织的决策权限、工作规则、计划和预算过程等正式规则或程序。但是，这种组织结构难以适应快速多变的市场环境。制造业生产方式的最新发展使人们意识到这种组织结构的局限，这种局限性主要表现为某些科层制组织结构的重要性正在不断下降，而非正式组织结构却构成了组织绩效的决定因素。其中，面对不断变化的市场环境所进行的频繁的机构重组、再造和信息技术的广泛运用是产生这种现象的一个重要原因。

为了快速应对市场变化，组织机构的重组或再造试图减少中间层次，特别是中层管理人员。这使得基层工作人员拥有更广泛的控制权并作出相应的决策。信息技术的广泛运用使组织内的决策所需信息的获得和传递更容易，从而使从事信息筛选和传递的中间管理人员成为多余。这种变化使得职能部门和组织单元之间的界限越来越模糊。在许多情况下，工作由项目团队完成，而且越来越多的工作由组织内部临时建立的工作小组或团队完成。

同时，企业外部合作关系的不断加强使公司之间的界限也越来越模糊。丰田的系列制中的“即时”生产使公司与其供应商之间的联系非常紧密，在某种程度上，供应商看起来就像是公司中的一部分。此外，诸如供应链和战略联盟等网络组织形式，对组织的界限也有着类似的影响。

针对上述组织变革，彼德·德鲁克在《新型组织的出现》一文中宣称，一种新的组织形式正在出现，并把这种新型组织称为网络结构型组织。[①] 这种组织结构的特征是，结构的扁平化、更少的命令和中间管理层，在有些场合甚至可以是由进行分散决策的专家所组成的组织。

至关重要的是，这种新型组织结构正在实现从传统的命令与控制型组织向信息型组织的重大转变。传统的科层组织以及与之相关的计划、控制和人力资源管理系统适合于对具体的事务进行预测和管理。与之根本不同的是，新型网络组织则适合于把握或利用不确定性，而不是减少不确定性，它强调在一个不断变化的环境中实现组织的敏捷反应或柔性适应。

这种柔性适应能力是网络组织的优势之一。因为，在这种组织结构中，人员、决策权限、角色和领导关系将随着外部环境的变化而变化。因此，网络结构的目的是对外部变化迅速响应，以实现速度经济和柔性制造。但是这种新型网络组织也存在局限性，主要表现为可能导致资源重复配置和行为责任的混淆。

从本质上看，这种“专业化＋网络化”的组织结构是为了实现持续创新和柔性制造的方式或工具。因为它最适于快速变化的环境。而在快速变化的环境中企业的战略优势则取决于其持续的创新能力。表1－2对不同组织结构的相对优势和劣势作出了详细的描述。

表1－2　　不同组织结构的相对优势和劣势

	职能式	事业部式	矩阵式	网络式
资源配置效率	优	差	中	良
时间效率	差	良	中	优
市场响应能力	差	中	良	优
环境适应能力	差	良	中	优
责任感	良	优	差	中
最适合的环境	稳定的环境	复杂的环境	复杂且有多种需求的环境	剧烈变化的环境
最适合的战略	集中/低成本战略	多样化战略	较好地响应市场战略	快速响应市场和创新战略

资料来源：［美］小詹姆斯·I. 卡什等：《创新信息时代的组织》，东北财经大学出版社2000年版，第39页。

① 彼得·F. 德鲁克：“新型组织的出现”，载《知识管理》，中国人民大学出版社1999年版。

网络化一方面使企业各自专注于自己的核心专长和核心能力，另一方面模糊了企业组织内部各部门和合作企业之间的界限，打破了信息、知识和人员在部门和企业之间交流的阻碍，是新的市场条件下实现企业的内部和外部资源快速整合的重要方式或途径。①

三、丰田的系列制、硅谷模式和集群生产

在从福特制向后福特制的转变过程中，涌现出诸多新型企业组织形式，其中，丰田的系列制、硅谷模式和集群生产最具代表性。

丰田的系列制被美国学者称为精益生产（Lean Production），是20世纪80年代中期美国麻省理工学院国际汽车项目研究小组对日本汽车工业生产组织管理方式的概括。在对该生产方式进行全面调查和研究的基础上，该研究小组认为，日本丰田公司的生产方式是最适合现代制造企业的一种生产组织方式，它将取代20世纪初开始盛行的大规模生产方式成为制造业的主导。

由于所表现出来的高效率，在西方发达国家的许多制造业产业中，精益生产方式正在逐渐替代大规模生产方式，并对一国或地区制造业的国际竞争力产生重大影响。正如詹姆斯·P. 沃麦克、丹尼尔·T. 琼斯和丹尼尔·鲁斯所指出的，大规模生产方式和精益生产方式分别成为美国和日本在经济上称雄世界的主要支撑。表1－3对精益生产与大规模生产方式作出了对比分析，通过这一比较和分析，可以看出两种生产方式在效率上的差异。

表1－3　　精益生产与大规模生产方式的特点比较

	精益生产方式	大规模生产方式
生产目标	尽善尽美	足够好
劳动组织方式	集成综合作业小组	分工专业化
产品质量控制	TQC（全面质量控制）和自动防失误装置	由质量检验部门在产品加工制造完成后进行检验

① 在某种程度上，20世纪90年代在西方发达国家企业中兴起的“流程再造”强调的是通过打破企业内部部门之间的界限实现效率的增进，而网络化更强调通过打破企业之间的界限提高效率。在全球经济条件下，后者有着更重要的意义。

续表

	精益生产方式	大规模生产方式
产品设计方式	采用并行工程	采用串行方式
生产制造系统	JIT（即时化生产）体系（多品种，小批量，混合均衡生产）	单一品种产品的大批量生产
库存	零库存	靠库存调节生产
自动化	尽可能简化的柔性自动化	复杂的刚性自动化
协作关系	关系紧密、稳定和相互依存	合作关系紧张，不稳定
人力资源	教育培训员工多方面技能，充分挖掘其潜力，提高工作热情	工作单一、枯燥、机械化、员工缺乏工作热情

资料来源：沈希瑾、李京生、张文杰：《改变世界的生产方式》，中国经济出版社 1996 年版。

作为后福特制的代表，丰田公司精益生产主要表现在两个方面：一方面，精益生产实现了持续创新和柔性制造，主要表现为新车型的持续增加和对市场反应能力的提高。另一方面，精益生产是一种网络化组织，主要表现在两个方面：一是精益生产强调内部的团队生产，实质上是一种内部网络化安排；另一方面组装厂和协作厂之间的“即时制”是一个典型的外部网络组织。因而，精益生产与大规模生产相比较的高效率主要来源于其生产组织形式的创新，即特殊而有效的内部和外部合作机制。但是精益生产的网络化更多地表现在一个企业集团的内部，即系列制——零部件和整车企业的协作。在丰田的系列制中，整车厂所需要的零部件主要采购自本企业集团或系列的内部，整车厂与零部件企业之间往往存在着相互持股关系，它们之间的关系具有某种程度的封闭性。

因此，丰田公司的系列制既不同于传统的纵向一体化也不同于完全开放的网络化，属于准一体化的网络组织。这种组织形式在保留一体化生产优点的同时，克服了企业内部垂直一体化可能带来的风险并降低了组织成本和市场交易成本。以日本汽车生产为例，汽车产业的一级供应商和二级供应商均被编入总装厂商的生产队伍中，以各个加工总装企业为顶点，逐级形成一级、二级、三级系列转分包关系。在系列制组织内部，上下游企业之间存在着长期而稳定的业务联系。总装企业不但在公司内部加强质量管理和推进 QC 运动，还通过对供应商的管理和监督来降低零配件的成本。

以丰田公司为例，丰田公司通过看板方式，向电通公司下达详细的生产指令，来实现零部件的零库存。丰田公司与电通公司之间是完全的相互依赖关系，在某些情况下，丰田或电通公司甚至能够自己作出某些牺牲以维持这种信赖关系。图 1－2 对这种组织的运行结构作出了简要的描述。

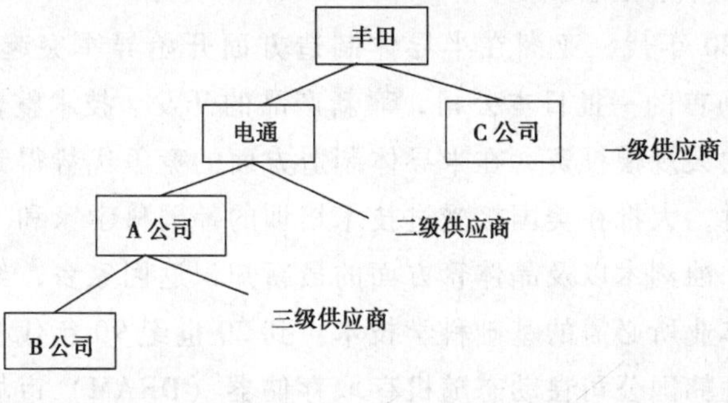

图 1－2　丰田的系列制组织模式

从日本汽车产业的实际生产过程看，系列制具有如下特点：

1. 通过合作竞争，减少了通过市场实现协作生产可能带来的不确定性和市场交易成本。

2. 通过稳定的合作关系，实现了产品质量的持续改善和生产及组织成本的降低。

3. 通过企业之间的并联式研发和设计组织，实现了新技术的及时采用，提高了新产品推出的速度。

4. 节省投资和降低风险。在企业内部实现一体化需要巨大的投资成本，这给企业带来了更大的风险。而系列制组织中的投资、创新风险是分散在不同的上下游企业中的。

与丰田系列制不同，硅谷模式更多地表现为一种分散式的网络化组织。从美国电子信息产业的发展历程看，硅谷模式是在与以 128 公路地区为代表的传统电子信息产业生产组织方式的竞争中胜出的。

20 世纪 60 年代中后期，美国公司首先发明了半导体并获得巨大的市场成功。AT&T 公司的贝尔实验室完成了包括晶体管和电子束平板印刷术在内的半导体技术方面的重大创新。IBM 公司则率先为运用以晶体管为基础的立体逻辑技术开发出真正的高容量半导体产品，并于 1964 年推向市场。德克萨斯仪器公司则进一步完善了高容量半导体的生产工艺。仙童和英特尔公司最早推出了许多应用广泛的逻辑与存储芯片的设计。到了 20 世纪 70 年代末，加利福尼亚州北部的硅谷和波士顿的 128 公路地区已经发展为世界电子工业主要的技术创新和制造中心，并成为各国发展本国高新技术产业争相仿效的对象。①

20 世纪 80 年代，亚洲在半导体制造方面开始异军突起。以日立、NEC 和东芝为首的一批日本公司，靠新产品的开发、技术整合和对半导体制造能力的大规模投资，在半导体制造方面的竞争优势得到了实质性的提升。同时，大批在美国接受过技术培训的韩国科学家和工程师带着平版印刷术、蚀刻术以及晶体管方面的最新知识返回家乡，给韩国带来了从事半导体业所必需的基础科学技术。到 20 世纪 90 年代初，以三星为代表的一批韩国公司在动态随机存取存储器（DRAM）市场取得了领先地位。

到 20 世纪 80 年代末期，美国半导体工业几乎遭到了毁灭性的打击。日本公司主导了产品开发和制造，它们的市场份额从 20 世纪 80 年代的 26% 增长到 90 年代的 49%；在存储设备方面，它们的市场份额则从 22% 跃升至 70%。英特尔、AMD、摩托罗拉、AT&T 以及 Mostek 被迫撤出了 DRAM 生产领域，很多业内专家预测，来自日本的竞争者会很快威胁到英特尔在微处理器方面的地位。尽管 20 世纪 80 年代全球半导体销售额增长了两倍多，但是美国半导体公司的就业总人数却在 1983 至 1990 年减少了 25000 人。

在这场激烈的国际竞争面前，硅谷和 128 公路地区的电子产业都经历了一场严峻的危机和滑坡。硅谷的芯片制造商把半导体存储器集成电路市场拱手让给了日本企业，而 128 公路地区的计算机公司则眼睁睁地看着自己的客户转向工作站和个人电脑。许多分析家预言，硅谷和 128 公路地区

① ［美］安纳利·萨克森宁：《地区优势：硅谷和 128 公路地区的文化与竞争》，上海远东出版社 1999 年版

将步底特律和匹兹堡的后尘，走向经济的长期衰落。但是，出乎许多人预料的是，在不到5年的时间里美国公司又重新收回了其在半导体、个人计算机、工作站、服务器和笔记本电脑等重要领域曾经失去的领地。

在对上述变革作出全面分析的基础上，安纳利·萨克森宁指出，在美国电子产业的复兴过程中，硅谷和128公路地区显现出两条不同的发展路径。在硅谷，新一代半导体和计算机企业在已有公司的身边创办和发展起来，诸如Sun微系统、Corner Peripherals和Cypress半导体这些新兴企业都取得了引人注目的成功，同时像惠普和英特尔这些已存在的大公司也显示出勃勃生机，这一切都证明硅谷已经重新获得了活力。相比之下，128公路地区却几乎看不到80年代初期开始出现的颓势已经得到任何扭转的迹象。到20世纪80年代末，128公路地区的制造商已把他们在计算机生产领域长期占据的主导地位让位给了硅谷。到1990年，加利福尼亚南部和德克萨斯州已超过128公路地区，成为迅速发展的电子公司总部的所在地。

为什么在同样的国际竞争冲击面前，硅谷成功地适应了新的市场变化，而128公路地区却丧失了自己的竞争优势？对于这一问题，许多学者提出了不同的见解。

肖翁·莫·李把硅谷的成功归之为特殊的要素，这些要素包括：有利的游戏规则、很高的知识密集度、员工的高素质和高流动性、鼓励冒险和宽容失败的环境、开放的经营环境、与工业界密切结合的研究型大学、高质量的生活和专业化的基础设施。钱颖一则把硅谷的成功总结为：开放的生产结构、频繁的人才流动、宽松的法律环境、允许失败的氛围、活着为了工作的生活和工作观、移民的大熔炉和为高科技企业上市提供便利的纳斯达克股票市场。

与上述看法相比，萨克森宁的观点更为深刻，他指出，尽管拥有相同的起点和技术基础，但是硅谷和128公路地区在第二次世界大战后所形成的工业组织体系却存在相当大的差异。这是造成上述不同发展趋势的根本原因。

128公路地区是以少数几家纵向一体化的公司为主导的。它的工业组织体系建立在一些独立公司的基础上，而这些公司已把各种生产活动都内部化了。保守秘密和忠于公司等惯例支配了公司与顾客、供应商及竞争者之间的关系，增强了鼓励稳定和自力更生的地区文化氛围。而公司管理的层级制在保证权力集中的同时却阻碍了信息的垂直流动。在这种以独立的公司为基础的工业组织体系中，公司内部各部门之间和公司与当地其他机构之间的界限是泾渭分明的。①

与128公路地区根本不同，硅谷有一个以地方生产网络为基础的工业体系，能促进各个专业制造商集体学习和灵活地调整一系列相关的技术活动。该地区密集的社会网络和开放的劳动市场，促进了不断探索和开拓进取的创业精神。各公司之间既存在激烈的竞争又通过非正式交流和合作相互学习新技术和市场营销方法，而企业内部松散联系的班组结构则鼓励了公司各部门之间以及各部门与公司外部的供应商和消费者之间，进行横向的信息和知识交流。在上述网络结构中，公司内部各职能部门之间相互融合，各公司之间的界限和公司与贸易协会及大学等当地机构之间的界限也被打破。

在硅谷，以网络为基础的工业体系是为了适应不断变化的市场和技术而组织的。该体系中分散的企业格局，鼓励了企业通过技能、技术和资本的自发重组以及谋求多种技术发展的机遇。而其生产网络促进了技术的集体学习过程，减少了大公司和小公司之间以及工业部门之间的差别。从半导体以及后来计算机产业的发展看，硅谷以网络为基础的地方生产体系支持了分散试验和学习的过程，从而培育起成功地适应外部环境变化的动态能力。而以独立公司为基础的工业体系则在稳定的市场和技术发展环境中发展起来，规模经济和对市场的控制是其竞争优势的主要来源，这种组织结构很难适应快速变化的市场环境。

与以高科技产业发展为核心的硅谷模式不同，集群生产则是传统制造业提升竞争力的重要途径。集群生产强调地方性生产网络的构建和培育，而使集群生产竞争优势得到彰显的恰恰是经济全球化的深化和发展。20世纪后半期，伴随着通讯和信息网络技术的迅猛发展，经济全球化成为世界经济发展不可逆转的潮流。这种经济全球化趋势至少表现在两个方面：

① 安纳利·萨克森宁：《地区优势：硅谷和128公路地区的文化与竞争》，上海远东出版社1999年版。

第一，地方经济活动越来越深地卷入到全球范围内的生产和消费活动之中。产品、资本和技术可以在世界范围内自由地流动，传统的生产和消费所具有的地域特征逐渐消失，越来越具有强烈的全球性特征。从生产的角度看，无论是生产技术还是产业组织，地方生产者都越来越强烈地感受到来自遥远的世界其他地方的竞争对手的挑战和冲击。正如我国企业所普遍面对的现实情况，国内家门口的竞争事实上已经演变为全球性的竞争。第二，跨国公司在全球范围内进行资源整合。通讯条件的改善和网络技术的应用极大地改善了跨国公司内部组织信息交流和处理的速度和能力，使得跨国公司可以在全球范围内，根据每个生产环节对要素禀赋的不同要求，依据利润最大化原则建立全球性的生产分工体系，这使得世界经济步入了跨国时代。20 世纪 90 年代初期，世界上共有 37000 家跨国公司，170000 家跨国公司国外分支机构。世界私营部门生产性资产的 1/3 控制在跨国公司手中。1990 年，跨国公司国外分支机构在世界范围的销售额为 5.5 万亿美元，而同期世界商品出口额和非要素服务贸易额只有 4 万亿美元，而且其中的 1/3 还属于公司内贸易。1992 年，跨国公司对外投资存量大约达到 2 万亿美元。跨国公司通过其全球性生产系统对世界经济发展起着越来越大的推动作用。

但是，在考察世界经济发展趋势的时候，人们却发现，在经济全球化浪潮日趋明显的同时，与特定地理环境和民族利益息息相关的生产的本地化趋势同样显现出其特有的生机和活力。

20 世纪 70 年代末和 80 年代初，面对当时出现的世界性经济萧条，尽管许多地方的经济出现了持续的衰退：企业大量破产倒闭、工人大规模失业和居民生活水平的相对下降，但是在欧洲和北美少数地区却出现了经济的持续繁荣和增长。这些具有典型性快速经济发展的地区包括：意大利中部和东北部的艾米利亚—罗马格纳（Emillia - Romagna）和图斯卡尼（Tuscany）等地区、德国的巴登—符腾堡（Baden - Wurttermberg）、法国的欧叶纳克斯（Oyonnax）、丹麦的竹特兰（Jutland）、瑞典的斯迈兰（Smaland）、西班牙的巴塞罗那（Barcelona）和美国的加利福尼亚硅谷等。这些地区的共同特征是大量同一和相关产业的中小企业集聚在一起进行专业化生产，企业之间既竞争又合作的关系所引发的持续的产品和工艺创新支撑了本地区经济的快速发展。

波特在讨论全球经济一体化和区域经济发展之间的关系时指出，在理论上，更为开放的全球市场和更加快捷的交通和通讯系统，应当正在不断削弱地理位置在企业竞争中的作用。因为，全球任何一家企业都可以运用全球市场和互联网进行全球采购、定货和销售，因而，地理位置将不再是企业竞争优势的来源。但是，这一理论推论和现实是矛盾的。在全球经济竞争中，一定地理区域的“集聚生产”（Clusters）对企业竞争优势的影响日益受到人们的关注，地理位置似乎显得比过去更重要了。例如，世界上最著名的 IT 企业主要集中于美国的硅谷，波士顿则集中着全球最优秀的共同基金投资公司。波特把上述矛盾现象称为全球经济活动中的地理位置悖论，并从该悖论出发，讨论了集聚生产对企业竞争行为的影响。

波特指出，“集群生产”正在支配着当今世界经济竞争与发展的格局，这表现为大量相关企业集中在某一特定区域内，这些企业间的长期竞争与协作关系所引发的持续创新对区域内企业的竞争优势具有重大影响。事实上，现代的“集聚生产”和传统的地理位置优势根本不同，传统地理位置优势主要依赖于某些重要物质要素的资源禀赋，例如天然良港和廉价的劳动力资源等。而现代“集群生产”则强调知识和能力的积累及其创新对区域经济优势的影响。

企业集群是指地方企业生产的集中，是一组在地理上靠近的相互联系的公司和机构的集合，这些公司和机构处于同一个地域特定产业之中，由于具有共性和互补性而联系在一起。[①] 典型的“集聚生产”是指在某一特定区域内相互联系的企业及其相关机构的高度集中所带来的专业化生产的新的组织方式，它包括一大批对竞争起重要作用的相互关联的产业、企业及其相关实体。首先，典型的“集聚生产”包括各种机械和零部件供应商和专业化基础设施的提供者；其次，包括一定规模的销售网络和客户群体；最后，还包括提供专业化培训、教育、信息研究和技术支持的政府和

---

① Michael E. Porter, Clusters and the New Economics of Competition, *Harvard Business Review*, November – December 1998.

民间科研机构——例如大学、制定标准的行业协会、职业培训机构和科研机构等。因而，集群生产是典型的外部网络化组织。

第三节

作为资本主义经济制度结构的福特制和后福特制

一、资本主义的制度结构①

到此为止，本章仅仅从生产或生产组织的角度考察了福特制和后福特制两种生产方式及其转变。20 世纪 70 年代以来，许多西方学者更多地把福特制和后福特制看作资本主义经济制度演变的具体形态，并在此基础上讨论当代资本主义经济制度的发展和演进趋势。

法国调节学派认为，在对资本主义经济发展所进行的各种理论分析中，以新古典经济学为基础的主流经济学缺乏历史感，从抽象的个体出发所得出的以自由市场为基础的调节理论是一种非历史的经济规律，无法解释资本主义经济制度的历史演变。而马克思有关资本主义经济发展的理论则过于抽象，缺乏某些中间概念和范畴解释资本主义经济制度形态的多样性及其发展趋势。

李佩兹指出，调节理论或方法包括用以讨论资本主义经济制度发展和演进的基本概念或假设。这些概念和假设包括：

1. 社会以及社会经济活动是一个社会关系网络。从这个角度看，新古典经济学所考察的交换仅仅是社会关系的某一具体形态。在资本主义社会经济关系中，最核心的是劳资关系。

---

① 在本书中，作者是从生产方式的一般属性和社会属性两重性上理解资本主义生产方式的内涵。无论是法国的调节学派还是美国的社会积累结构理论，强调的都是资本主义生产方式的社会属性。从社会属性的界定出发，西方马克思主义学者把资本主义生产方式的具体形态称为调节机制和社会积累结构。本书则把它称为资本主义经济的制度结构。

2. 每一种社会关系都是矛盾的，且难以相互统一，例如市场经济中的生产者与消费者关系和劳资关系。如果社会消灭不了这些矛盾，危机则是一种常态。换句话说，在社会关系网络中，危机是常态或自然状态，而没有危机恰恰是一种偶然。

3. 资本主义经济制度的具体形态将由社会关系以某种稳定的形式进行不断再生产来定义，这种连续的系统就是积累体制。

4. 积累体制得以实现的方式包括两个方面：一是包括惯例等非正式制度在内的行为模式；二是正式制度。它们共同构成了资本主义经济发展过程中的调节方式。

当以劳资关系为核心的社会关系发生重大变化时，将导致原有的社会经济关系再生产难以实现，旧的积累体制就会出现危机并发生转变，相应地，整个社会的调节方式也会随着发生转变。如果社会调节方式没有相应转变，无法适应新的社会关系的变化，则会使社会经济陷入整体危机之中。

在法国调节学派的讨论中，福特制特指1945—1973年以大规模生产和消费为特征的资本主义经济制度，后福特制则是指20世纪70年代中期以后资本主义经济制度发展的新形态。

在福特制中，最核心的劳资关系表现在两个方面：一是为追求规模经济和范围经济，大规模生产要求在一个工厂中雇佣数量庞大的工人；二是通过详尽的劳动分工和科层管理，实现大规模生产效率的提高。

沃麦克、琼斯和鲁斯指出，福特制大规模生产成功的关键是最大限度地利用了劳动分工。通过详尽而简单的分工，生产流水线上的工人都是半熟练的劳动力，其操作活动非常简单和单一，“可能是在两个螺栓上套上两个螺母，或者给每辆汽车装上一个车轮”。[①] 安排总装工具体做什么以及如何把零部件送到总装线上，是工艺工程师和装备工程师要做的事情。清洁工专门负责工作场地的清理，修理工负责总装线上生产工具的修理，有专人负责检查产品的质量。

---

① ［美］詹姆斯·P. 沃麦克等著，沈希瑾等译：《改变世界的机器》，商务印书馆1999年版，第33页。

通过详尽的劳动分工，大规模生产使工人的操作简单化和标准化，生产中所需要的大量工人是半熟练劳动力，只要经过简单的培训，就可以参加工作。因而，大规模生产在实现了零部件标准化和完全替换的同时，也使工人之间实现了完全的可替换性。由此产生出两个重要结果：一是劳动力更加隶属于表现为机器和流水线的资本，工人成为劳资关系中的弱势群体。福特本人就曾经说到，在大规模生产时代，人们工作的原因仅仅只有两个：一是为了工资，另一个则是担心失去工作；二是工人对这种仅需要体力的简单而重复的劳动表现出心理上的厌恶。因而，大规模而经常性的劳资对抗就成为大规模生产的一个典型特征。

第二次世界大战之前，在大规模生产的早期，资本主义经济制度是以泰罗制为特征的缺乏群众消费的积累体制。这种积累体制内在的生产过剩和消费不足这一结构性矛盾，最终导致了资本主义世界 1929—1933 年大危机。

在大规模生产中，弱势的工人群体要想在产业生产率的增长中获得实质性的收入提高，通过工会等形成政治势力提高在劳资谈判中的地位是唯一的途径。战后在发达国家，工会组织成为最有成效且强大的政治势力，并成为凯恩斯福利国家政策最有力的支持者。经济大危机、工会组织的发展和资本主义经济制度的变革，形成了福特制积累体制。福特制是对泰罗制的替代，通过政府干预，该积累体制强调充分就业和福利政策增加社会的有效需求，以实现大规模生产和大规模消费的对应。

福特制积累体制包括以下基本内容：以流水线生产和 M 型组织为基础，通过规模和范围经济实现劳动生产率的提高；通过劳资之间的集体谈判制度建立工资增长与生产率增长之间的联系机制，实现与大规模生产相适应的大规模消费；大企业之间的垄断竞争使生产建立在计划的基础之上；凯恩斯主义的国家干预政策和福利国家制度，通过充分就业和公共支出增加有效需求熨平经济周期，调节大规模生产和大规模消费，使之实现良性循环；由美国为主导的布雷顿森林体系和关贸总协定等国际货币体系和贸易体系为资本主义积累过程的顺利实现创造了稳定的国际环境。

二、福特制危机和新制度结构的诞生

自20世纪60年代末期以来，福特制积累体制在推动西方发达国家20多年经济稳定增长之后，面临着空前的危机。尤其是1973年的石油危机造成了整个资本主义世界普遍的经济大萧条，使人们越来越清楚地认识到福特制对社会生产的破坏作用。作为一种生产组织方式，福特制在现有的调节模式下所具有的发展潜力已经消耗怠尽。

第一，福特制的危机表现为该生产方式的刚性特征，无法应对消费者的个性化、多样化和快速多变的消费需求。在福特制生产方式下，巨型企业成为整个社会生产的主导，大企业组织结构的科层制、高度的纵向一体化和巨额投资的生产设备的专用性，使生产难以适应市场的快速变化。第二，在新的市场条件下，生产率的提高和经济增长不再依赖于规模和范围经济，更重要的是依赖技术进步，尤其是新的信息网络技术的发展和应用。第三，严格的层级制和详尽的劳动分工，使大规模生产面临着严峻的激励问题。第四，持续的经济衰退、使得以充分就业和福利支出为核心的福利国家政策面临着严重的财政困难。第五，德国、日本和许多新兴工业化国家的兴起和发展，改变了原有的以美国为主导的国际经济体系格局。

20世纪70年代以来，以第三意大利集群生产、丰田的精益生产和美国的硅谷网络化生产为代表的新的生产方式的出现和西方发达国家政策的改变，标志着后福特制的产生和发展。

作为一种新的积累体制和调节方式的后福特制，不再把工人看作是生产的机器，而是强调作为人力资本的工人团队能够比只进行专门操作的单个人更好地完成大部分操作、全面的质量控制、减少库存和生产更高质量的最终产品。[①] 因而，后福特制极大地减少了半熟练生产工人的需求，而增加了大量的拥有职业技能、能够自我学习和管理的新型工人的需求。

在美国和欧洲，福特制生产方式的核心是工作稳定而待遇良好的蓝领工人，而在经济全球化背景下的柔性生产体制使劳动市场出现了分化。第

---

① Piore M and Sabel C, *The Second Industrial Divide: Possibilities for Prosperity*. New York: Basic Books, 1984.

一类是根据国际市场定价的高级管理者和高级技术工作者。第二类则是国内市场拥有高技能的核心工人阶层。这两类工人和管理人员拥有就业保障、高工资和所有的福利待遇，同时也对公司忠诚。第三类则是外围的附属工人，他们属于半熟练或者简单劳动力，没有就业保障，接受低工资和低福利。

而从资本的角度看，由于福利国家的详尽的劳动法、最低工资保障、环境标准和日益增加的税收负担，使大批跨国公司开始规避政府的这些调节手段，通过产业链的纵向分解，向发展中国家进行生产转移。

上述劳资关系的变化，使发达资本主义国家政府制定的政策开始向资本利益倾斜。这表现在以下几个方面：第一，国家开始削弱工会的势力；第二，放松规制，实施以减税等为手段的供应政策；第三，通过区域国家之间的自由贸易协定鼓励企业的跨国经营；第四，政府为吸引跨国投资而相互竞争。

为实现持续创新和提升产业国际竞争力，西方发达国家开始改变福利国家政策，强调通过国家创新体系的培育建立创新型国家。根据鲍布·杰索普（Bob Jessop）的描述，① 熊彼特式创新国家包括三个方面的含义：第一，新自由主义。新自由主义强调通过市场调节手段把现有的经济体系转变为新经济体系。对公共部门实施私有化和自由化，对私有部门则通过放松管制、新的法律和政策框架的制定支持市场对经济的调节作用。政府的活动则按照私有部门的实际需求进行调整。第二，新公司主义。新公司主义要求公司把注意力转移到自身利益上来，使现有的公司体制反映新的劳动和异质的劳动市场的要求。新公司主义的目的在于使公司集中精力于产品创新和国际竞争力的提升。第三，新国家主义。新国家主义强调国家主导下的经济重构，它要求通过自发的国家政策柔性化使国家活动向提高产业核心竞争力方面转移。新国家主义的战略目标是建立柔性积累体制和提升民族经济的国际竞争力。

在对当代资本主义国家经济制度从福特制向后福特制的转变过程作出

① Jessop, B., Capitalism and its Future: Remarks on Regulation, Government, and overnance, *Review of International Political Economy*, 1997, 4 (3).

全面分析的基础上，布瓦耶对后福特制的某些重要特征作出了描述。① 例如，持续的产品和工艺创新，生产过程中对拥有高技能和高忠诚度工人的依赖，生产剩余的折衷分配；通过分包等多级网络充分利用市场、产品和技术信息，产业、金融机构和国家对长期技术创新战略的分担等。其中，强调从福利制国家向创新型国家的转变是当代资本主义经济政策发展的重要趋势。通过一系列制度变革和政策转变，在从福特制向后福特制的转型中，资本主义新自由主义的制度结构开始形成和建立。在第二章的分析中，我们会提到，新自由主义制度结构中与高新技术产业发展相关的新经济的制度安排，启动了以美国为代表的发达资本主义国家知识经济的兴起和发展，造就了20 世纪 90 年代的美国新经济。但是第十一章的分析表明，新自由主义的制度结构在带来以美国为代表的发达资本主义国家高新技术产业发展的同时，也造成了资本主义生产方式新的矛盾和冲突，孕育着新一轮经济危机的爆发。

总之，作为一般规定性和社会规定性的统一，后福特制既是当代资本主义经济活动中占主导的生产组织方式，又代表了当代资本主义国家经济政策和制度的演变趋势，从福特制向后福特制的转型是资本主义经济新的形态演化。21 世纪以来，西方发达国家根据后福特制生产方式变革的需求，制定了一系列有效刺激经济发展的政策措施。尤其是围绕着从福利国家向创新型国家的转变所进行的政策体系调整，将持续地改变和影响发达国家和世界经济体系的结构和发展方向。在经济全球化的时代，这一演进趋势正在对我国经济产生重大影响。无论从生产组织方式发展还是从政策体系调整的角度看，对后福制的研究都将为我国新时期经济发展政策的制定提供重要借鉴。但是我们也应当看到，从福特制向后福特制的转型过程中，资本主义制度结构的演化趋势是新自由主义的。新自由主义的制度结构并不适合中国国情，它与资本主义生产方式新的发展要求也不完全适应，将成为新一轮经济危机爆发的制度根源。

---

① Boyer, R., *The Regulation School*, New York: Columbia University Press, 1990.

第二章

新经济的本质及其生产的制度结构[①]

新经济属于知识经济，是围绕着高新技术产业的发展而展开的一系列经济和制度创新活动，是当代资本主义一次新的生产方式创新和制度变革。与传统大规模生产不同，新经济的驱动力不再是传统的工业生产和自然资源禀赋，而是以持续创新和柔性生产为特征的知识和智力资源的开发和利用。企业，尤其是中小企业结网和互动中创业或创新活动的涌现，是新经济实现持续创新和柔性生产的基本力量。从自由主义或调节主义的角度界定新经济及其制度结构的思路，只是从表面上看问题。围绕着创业或创新活动的涌现及其新技术的商业化，新经济的制度结构始终关注的是创业或创新环境的构建，因而又被称为创业资本主义。

① 从现有的文献看，"新经济"事实上已经被人们在不同的场合赋予了不同的含义。本章试图从新经济的驱动力和经济发展基础上去理解和把握新经济的本质，我们认为，新经济代表的是以美国为代表的发达国家从传统工业向知识经济发展的趋势。新经济的驱动力和经济发展基础是高新技术产业，是围绕着高新技术产业而展开的一系列经济和制度创新活动，而绝不能仅仅从高增长、低膨胀和充分就业等某些经济指标上去理解问题。从发展趋势上看，新经济等同于后福特制。在本章的分析中，与后福特制概念相区别，对新经济的理解更多地从围绕着新知识的创造及其商业化的知识经济属性上把握和分析它的本质及其制度变革的趋势。

第一节

制度结构的自由主义和调节主义

一、对新经济本质的理论探讨

20世纪90年代以来，美国经济出现了70年代以来罕见的经济持续高增长。在信息技术产业的推动下，1991—2001年，美国年均经济增长幅度达到4%，失业率接近充分就业的水平。这种以信息技术产业的发展为基础的经济的高增长、低膨胀和充分就业并存的现象，打破了传统经济理论描述失业和通货膨胀呈相反关系的“菲利浦斯曲线”有关传统经济的理论假设，被称为新经济。

更一般地看，新经济代表的是一种新的经济形态。与传统经济相比，新经济在经济增长的驱动力和发展的形态上存在着某些新特征。在新经济概念中，最为重要的是以美国为代表的发达国家的经济表现出从传统工业经济向新型知识经济的转型趋势。新经济在本质上属于知识经济，是生产方式的新变革，它以高新技术产业的发展为驱动力，以知识或智力资源为主要依托。而传统经济则是以大规模生产的传统工业为驱动力，以自然资源为主要依托的经济形态。高增长、低膨胀和充分就业，是新经济在某一个阶段在经济指标上的表现，其真正的内涵应当是围绕着高新技术产业的发展而展开的一系列经济和制度创新活动，是当代资本主义新的经济形态。

作为资本主义新的经济形态，新经济发源于20世纪70年代的福特制危机及其所引发的经济滞胀，是以美国为代表的发达资本主义国家20多年经济转型的结果。在考察福特制危机的过程中，阿明敏锐地意识到，“新兴技术、市场、社会和制度力量的出现已经表明，目前资本主义已经处于历史发展的十字路口，正在向一个新的发展阶段转变”。[①] 对于当代资本主义新一轮经济转型和新经济的形成，西方诸多理论流派分别从技术、市场、生产方式和制度等不同的角度展开了深入的研究，但“对它的本质究竟是什么的认识才刚刚开始”。[②]

在资本主义经济发展过程中，每一个新的经济增长周期都是一个包括技术、组织和制度等诸多因素及其相互作用的经济变革过程。要解释新经济的本质，必须弄清楚这场经济变革的核心是什么？谁是变革的主导者？变革的主导者遵循什么样的行为规则？从20世纪70年代以来资本主义经济转型的实际进程看，市场和技术只是这场变革的外部条件，变革的核心是新的生产方式的创立和制度结构的构建。与福特制大规模生产不同，新经济的驱动力不再是规模和范围经济，而是持续创新和柔性生产。企业，尤其是中小企业的创业或创新活动的涌现是实现持续创新和柔性生产的基本力量。围绕着创业或创新活动，新经济制度结构关注的焦点不是一般的供给管理，而是构建创业或创新环境。

二、新经济的制度结构属性

作为资本主义新的经济形态，新经济发源于20世纪70年代出现的经济滞胀和萧条。而最早从生产方式及其制度变革的角度，对以福特制大规模生产为基础的资本主义经济危机进行理论探讨的是西方马克思主义代表法国调节学派。

调节学派认为，作为特定的资本主义发展阶段，福特制在本质上是建立在流水线生产和工人大规模消费基础上的资本主义积累体制。杰索普（Jessop）从四个层面上对福特制积累体制给出了简洁的分析和描述。[③] 首先，福特制是一个特殊的劳动过程（A type of labor process），它表现为大量半熟练工人通过流水线从事大规模生产。这种劳动组织方式是资本主义

① Ash Amin, Post - Fordism: Models, Fantasies and Phantoms of Transition, in Ash Amin (eds), *Post - Fordism: a reader*, Oxford: Blackwell Publishers, 1994, p. 1.

② Carl J. Schramm, *Making the turn: Entrepreneurial capitalism and its European promise*, April, 2006, p. 2. http://www.kauffman.org.

③ Jessop, B, *Thatcherism and flexibility: the white heat of a post - Fordist revolution.* In B. Jessop, H. Kastendiek, K. Nielsen and O. Pedersen (eds), *The Politics of Flexibility*. Aledrshot: Edward Elgar, 1991, pp. 136 - 137.

特定阶段经济效率和经济增长的源泉。其次，福特制是保证宏观经济稳定增长的积累体制（Regime of accumulation）。在大规模生产中，生产效率的提高以规模经济为基础，利润增长来源于对大规模生产设备和技术的投资。但这只是问题的一个方面，生产效率提高和利润增长的前提，是大规模生产和大规模消费的对应，而需求的规模扩张则来自于工人工资收入的持续提高。因而，必须建立工人工资收入增长与生产效率提高相关联的快速资本积累机制。第三，福特制是经济和社会的调节方式（Mode of regulation），它不仅涉及经理支配型企业和 M 型企业的组织体制，而且涉及寡头垄断的定价机制、工会和集体谈判制度、工资与生产效率和零售物价上涨指数的联动和增加有效需求为目的的货币体系和信用政策。第四，福特制又是一种社会组织模式（A general pattern of social organization），它涉及核心家庭对标准化产品的大规模消费和政府对标准化商品和服务的供给管理，其中后者表现为缓解大规模生产条件下劳资冲突的凯恩斯主义福利国家政策。

20 世纪 70 年代以来的经济滞胀和萧条表明，支撑西方国家长达四分之一世纪经济繁荣的福特制的内部矛盾开始显现和激化。尼尔森（Nielson）把福特制的危机归结为四个方面：一是由于受到福特制社会和技术方面的限制，生产效率开始降低，例如工人对福特制劳动组织方式的抵制；二是大规模生产的扩张导致经济全球化的加深，使以国家为边界的凯恩斯宏观管理变得日益困难；三是福特制带来的社会福利支出增加，导致通货膨胀和收入分配方面的冲突；四是大规模生产难以快速适应消费方式的转换。① 而克服福特制危机的根本出路，是实现资本主义经济积累体制的转型，新经济则是资本主义经济积累体制转型的结果。与福特制相对应，新的积累体制被调节学派称之为后福特制。以新的劳资关系调节为对象的新的积累体制，是新一轮经济增长的制度基础和决定因素。

从分析的问题和内容上看，调节学派的资本积累体制指的是特定的资本主义生产方式及其制度结构。其中，劳动组织方式或劳资关系的具体形式是积累体制的核心要素，其他方面都是劳资关系在不同经济和社会层面

① Nielson, K. *Towards a flexible Future – theories and politics*. In B. Jessop, B. Kastendiek, K. Neilsen and O. Pedersen (eds), *The Politics of Flexibility*, Aldershot: Edward Elgar, 1991, p. 24.

上的反映。积累体制对特定劳资关系变化的调节和适应，是实现资本主义经济增长和发展的前提。

几乎与法国调节学派同时诞生，并从资本循环和积累的角度考察福特制危机和资本主义经济转型的是美国的社会积累结构理论（SSA）。社会积累结构理论认为，资本主义经济增长来源于持续、稳定而快速的资本积累，实现资本积累的前提是有利于积累的稳定和可预期的投资条件。作为一个制度框架，社会积累结构提供了支撑持续和快速资本积累的条件。社会积累结构不仅包括经济制度，还包括对经济发展有影响的政治和文化等非经济制度因素。

但是社会积累结构理论最初的社会积累结构概念，却是从资本循环的角度提出和界定的。“资本循环过程包括三个主要阶段。为了实现经营利润，资本家一开始要投入货币资金用于购买原材料、劳动力、机器、建筑物和其他生产中所需要的商品。其次，他们组织劳动过程……最终，通过出售劳动产品，资本家把他们的财产转化为货币资本。……使这一过程顺利实现的条件是社会积累结构”。[①]

在《资本论》中，马克思分析资本循环过程强调的是，劳动力的购买或劳动力成为商品是资本主义再生产的制度前提 。[②] 而社会积累结构理论则是从资本家的投资决策出发，分析资本循环顺利实现的条件，进而考察社会积累结构对资本主义经济增长和发展的决定作用。[③] 在社会积累结构理论看来，资本积累表现为资本家投资的增加，而投资增加是扩大再生产和实现经济增长的前提。

科茨等（Kotz et al）指出，戈登（Gordon）所列出的支撑资本积累的一系列条件只是资本主义生产和交换中内在社会矛盾和冲突的结果。资本循环和积累中的社会矛盾和冲突表现为两种基本类型：阶级冲突和竞争。[④] 在资

① Gordon, David, Richard Edwards, and Michael Reich, *Segmented Work, Divided Workers: The historical transformation of labor in the United states.* Cambridge University Press, 1982, p. 13.

② 马克思：《资本论》第二卷，人民出版社 1975 年版，第 32 – 41 页。

③ 这一思路更多地来自凯恩斯。

④ David M. Kotz, Terrence McDonough, and Michael Reich, *Social structures of Accumulation: the Political Economy of Growth and Crisis*, Cambridge: Cambridge University Press, 1994, p. 55.

本主义社会中，存在着多种多样的阶级冲突，其中最基本的阶级冲突发生在资本和劳动之间，并贯穿于资本主义生产的全过程。除了阶级冲突，资本积累过程中的第二类矛盾和冲突是资本之间的竞争。社会积累结构就是调节和控制阶级冲突和竞争，创造实现资本快速积累和社会经济发展的制度结构。

社会积累结构理论认为，在150年美国资本主义经济发展的历史中，曾经出现过三个社会积累结构及其与之相对应的经济增长长波。其中，第三个社会积累结构被称为福特制积累体制，它产生于第二次世界大战，并一直持续至今。迪博尔特（Diebolt）对福特制社会积累结构归纳了四个方面的内容：首先是以美国为主导的世界和平，即战后的世界经济体系的稳定依赖于美国主导作用的发挥。其次是劳资协议，即在大公司和产业工人之间所形成的一种新型关系。它包括两个方面的内容：一是承认工会组织的存在。工会组织作为工人阶级的合法代表，为工人阶级在增加工资、就业保障和改善工作条件等方面与资产阶级谈判。当然，谈判的协议仅限于参加工会组织的工人，不包括非工会、妇女和少数民族裔工作人员。劳动市场的分割和对工人阶级的分化，有利于资本家阶级力量的增强。二是保证大公司拥有除此之外企业关键活动的决策权，这些活动包括生产组织、技术选择、区位选择、投资和贸易政策。第三是资本和国民协议，它涉及政府和国民与经济和社会生活相关的新型关系，包括减弱宏观经济不稳定性的宏观经济政策，有益于私人企业的政府公共支出，有关健康服务、失业保险和教育等在内的一系列福利项目。第四是与保持寡头垄断结构和限制外国竞争者在国内竞争等相关的缓和资本之间竞争的政策措施。[①]

从1945年开始，福特制社会积累结构支撑了美国20多年的经济繁荣。而随着其内部矛盾的发展变化，资本主义经济在1966至1973年期间首次进入萧条期，福特制社会积累结构开始衰落。导致福特制社会积累结构衰落的主要原因是资本家力量的削弱，集中表现为来自工人阶级、国民和外国供应商和购买者的挑战而导致的企业盈利水平的下降。例如，充分就业政策、政府福利项目、原材料和能源输出国力量的增强、西欧和日本

---

① Claude, Diebolt, Towards a New Social Structure of Accumulation, *Historical Social Research*, Vol. 27, 2002, No. 2/3.

企业的竞争和布雷顿森林体系的垮台等对企业利润的挤压和负担的加重。

社会积累结构理论试图从实现资本循环所需的条件出发，考察制度结构与经济增长和经济转型之间的内在逻辑关系，强调新的经济周期和经济转型出现的根源是新的社会积累结构的创建和发展。与新的社会积累结构的创建和发展相伴随的经济周期依次经历复苏、扩张、高涨、衰落和萧条。社会积累结构的发展和演化是由劳资和资本之间关系变化所决定的，其基本功能是调节劳资和资本之间的关系和冲突。社会积累结构促进经济增长的前提，是能够有效地调节劳资和资本之间关系的变化所引发的社会冲突，为资本积累提供稳定和可预期的制度结构。

社会积累结构理论扩大了调节学派的分析视野，不仅是劳资关系，资本之间的竞争关系也构成了资本主义经济转型的决定因素。在考察社会积累结构与经济转型之间的动态适应过程中，认识到制度变革的滞后对经济增长的消极影响。

在考察制度结构与经济增长的关系时，无论是调节学派还是社会积累结构理论，都隐含地假设制度变革总是有效率的。而经济史的研究却表明，制度变革对经济增长和绩效的影响是不确定的。[①] 无论是对劳资关系还是对资本之间关系的调节，新的制度结构并不总是有效率的，有的却可能带来经济的萧条和长期停滞。

科茨指出，社会积累结构理论存在逻辑矛盾的根本原因，是混同了资本积累和资本循环。[②] 资本循环是单个资本家决策的问题，而资本积累及其实现条件则是资本家共同面对的问题。在单个资本家的决策中，最关心的是能否在资本循环中实现利润最大化。而资本积累及其实现条件的形成，则是阶级对抗和社会冲突的结果。因而，制度在本质上是社会性的，制度的创建并不取决于单个资本家，而是资本家共同行动的结果。[③] 资本

---

① 诺斯的研究表明，制度变革对经济增长和绩效的影响是不确定的。诺斯著，陈郁、罗华平等译：《经济史中的结构与变迁》，上海三联书店 1994 年版。

② David M. Kotz, *Institutional Structure or Social Structure of Accumulation*? Working Paper, 2006.

③ David M. Kotz, *Institutional Structure or Social Structure of Accumulation*? Working Paper, 2006.

家共同的核心利益是获得剩余价值，而单个资本家对利润最大化的追求及其所引发的阶级冲突和恶性竞争，可能威胁到资本家共同利益的最终实现。只有出现这种情况时，资本家才会从共同的核心利益出发，联合起来创建新的制度。

快速的资本积累本身既不是单个资本家的根本利益，也不是使资本家合作创建新制度的基础。快速的资本积累有利于资本主义的政治稳定，其引致的要素增长需求可能通过就业的增加提高劳动者的生活和生存条件。对资本家而言，积累或新的生产性投资仅仅是剩余价值的用途之一，但是只有积累才能起到增加就业和提高劳动者生活条件的作用。只有当快速的资本积累既符合单个资本家的根本利益又符合资本家的共同利益时，社会积累结构理论所说的新的制度框架支持快速资本积累的逻辑才是成立的。因为，资本积累属于生产性投资，而从单个资本家的角度看，包括金融投机在内的其他投资也是实现利润最大化的手段。资本家并不关心是否存在着使他们的投资从金融投机向生产性投资转变的制度，只关心能够使他们获得收益最大的制度。

从单个资本家的角度看，能够支持实现资本循环和获得利润的任何新制度都是有效率的，能否带来快速的资本积累，并不是他们首先考虑的，资本的快速积累对劳动者更有利。在一般情况下，能够实现资本快速积累的制度是政治稳定压力下社会妥协和缓和社会矛盾的结果。当社会妥协的制度危害到资本家的根本利益时，则催生有利于资本家追求利润最大化的新的制度变革。根据新制度究竟是有利于资本积累还是有利于资本家对利润的追求，科茨把资本主义经济制度划分为两种类型：自由主义和调节主义的制度结构（Liberal and Regulationist Institutional Structures），强调两种制度结构的交替，是资本主义经济制度演化的基本规律。[①] 福特制社会积累体制调节的重点是劳资关系，有利于资本积累，更多地依赖政府干预，是调节主义的制度结构。而新经济的社会积累体制调节的重点则是资本之间的关系，更多地依赖自由市场机制的作用，有利于资本家对利润的追

① David M. Kotz, *Neoliberalism and the SSA Theory of Long - Run Capital Accumulation*, Working Paper, 2003.

求，是自由主义的。

科茨认为，在资本主义经济发展史中，自由主义的制度结构为资本家的自由竞争提供了巨大的空间和动力，但却不利于劳动阶级和经济的长期稳定。由于它会抑制单个资本家对利润最大化的追求，调节主义的制度结构只有在某些特定的历史条件下才会成为资本家的共识，例如，严重的经济萧条、社会冲突和经济落后等影响到整个资本家阶级生存和发展的情况。只有当上述条件出现时，资产阶级才会与其他阶级妥协，接受国家政策的调节，通过生产性投资加速资本积累。当上述条件不存在时，资产阶级将会推动国家机器创建一个自由主义的制度形态。①

必须指出的是，科茨所说的自由主义的制度结构与新自由主义的主张根本不同。调节学派和社会积累结构理论从阶级关系和社会冲突出发解释资本主义经济制度的演化和经济转型，是对马克思分析传统的继承。而在新自由主义看来，无论是劳资关系还是资本之间的关系都是自由契约关系，认为这种主要依赖个体的私人秩序所形成的各种制度来治理的自由契约关系是资本主义经济效率的基础。② 无论是劳资关系还是资本之间的关系，马克思都强调它们的社会属性，个体之间的自由契约关系只是表象。③

科茨仅仅根据调节对象的差异及其所依赖的机制究竟是政府干预还是自由市场机制，把制度结构划分为调节主义和自由主义的思路，与新自由主义一样，只是看到了表面现象，并没有认识到新经济制度结构与福特制的本质区别。新经济发端于福特制危机，其制度结构起源于新的市场和技术条件引发的生产方式变革，调节对象不仅包括资本之间的关系也包括劳资关系。在调节两类关系时，政府的干预同样发挥着重要作用，只不过由

---

① David M. Kotz, *Neoliberalism and the SSA Theory of Long - Run Capital Accumulation*, Working Paper, 2003.

② Williamson, Oliver, *The Economic Institutions of Capitalism*. New York: Academic Press, 1985.

③ 马克思指出，"问题的实质，在这里作为 $G - W\langle^{A}_{P_m}$ 行为基础的，是分配。所谓分配，不是通常意义上的消费资料的分配，而是生产要素本身的分配，其中物的因素集中在一方，劳动力则与物的因素相分离，处在另一方"。见马克思著：《资本论》第二卷，人民出版社 1975 年版，第 40 页。

过去的宏观管理为主转变为微观管理为主。

资本主义经济转型，是一个包括市场需求变化、技术创新、组织和制度变革在内的诸多因素相互作用的复杂系统的演化过程。制度结构变迁对经济增长影响的不确定性，是复杂系统内部诸要素之间非线性关系的反映。制度仅仅是经济系统有效运行的重要因素之一，制度变迁能否促进经济增长的关键，是它对劳资和资本之间关系变化的调节是否与市场需求的变动和技术变革所带来的再生产条件的变化相适应。关键的问题是要找到一个恰当的分析视角，考察劳资之间和资本之间关系的调节如何在与新的市场和技术变化相适应过程中实现制度结构的演化。

在马克思的分析中，资本主义雇佣劳动制度是资本生产和再生产的前提，劳资关系变化既是资本主义经济增长也是经济危机产生的根源。马克思对劳资关系的分析并不是抽象的，例如，在《资本论》第一卷中，马克思通过工场手工业和机器大工业两种生产方式及其演化具体讨论劳资关系的发展。因而，无论是劳资关系还是资本之间的关系，都具体表现为特定生产方式下经济活动主体的行为方式。调节学派和社会积累结构理论强调新经济起源于福特制大规模生产危机，是马克思分析传统的延续，为我们的分析提供了思路。按照这一思路，我们把新经济的本质看作新的生产方式及其制度变革。在此基础上，考察新的生产方式变革中占主导的经济活动主体及其行为方式，讨论劳资和资本之间关系的新变化以及新的制度结构的形成和演化。

第二节

新经济的本质和资本主义新一轮经济转型中的制度变革

一、新经济的本质

20 世纪 70 年代，在经历长期繁荣之后，发达资本主义国家在经济运行中开始出现滞胀现象。在解释滞胀出现的原因时，凯恩斯主义强调工资向下刚性的作用。凯恩斯主义认为，总需求的增加将导致工资和价格的上涨，但是由于价格和工资粘性的作用，总需求的减少并不导致价格和工资下降，而是就业的下降。而造成工资粘性的主要原因，是强大的工会组织及其主导下的工人工资的集体谈判制度。

针对凯恩斯主义的解释，以货币学派、理性预期学派、供给学派和新制度学派为代表的新自由主义进行了批判，指出凯恩斯主义国家干预政策对自由市场机制的破坏是经济滞胀产生的根源，充分的市场化、自由化和私有化才是资本主义经济走出滞胀的根本出路。[①] 而从发达资本主义国家当时经济发展的实际情况看，凯恩斯国家干预主义的失效只是表面现象，经济滞胀的根本原因是福特制大规模生产的危机。只有从生产方式及其制度变革的角度，才能真正理解滞胀产生的根本原因。

福特制大规模生产起源于 19 世纪后期，是第二次产业革命的结果，“以蒸汽、电力为基础的交通和通讯系统的完善，带来了新一轮生产工艺与产品的技术创新。这些技术所带来的发展潜力主要体现在前所未有的产品产量和配送能力上。高产出、资本密集的新工业技术的商品化不仅改变了已有的产业，而且创造出新的产业”。[②] 在新技术应用或商业化的过程中，为了追求新技术带来的规模经济和范围经济，资本家向大规模生产、营销和组织管理能力投资的结果是纵向一体化大企业和大规模标准化流水线生产方式的出现。

以一体化大企业为主导的大规模生产的机制主要表现在以下三个方面：第一，生产的标准化，尤其是流水线生产的创立和普及，使单一的大批量标准化产品成为市场消费的主流；第二，劳动分工的不断细化，使生产中使用的是大量的半熟练工人；第三，以一体化大企业为主导的市场结构的垄断趋势越来越明显，资本之间的竞争更加激烈和缺乏稳定性。

透过大规模生产的运行机制，可以清楚地看到大规模生产所蕴含的内

---

① 新自由主义政策主张包括国内和国际两个方面，其中国内政策主要是否定政府对经济过分干预和市场机制的调节作用，国际政策则主张经济全球化和发展中国家的市场化和私有化。

② 钱德勒著，罗仲伟译：《塑造工业时代》，华夏出版社 2004 年版。

在矛盾和冲突。第一个矛盾表现为劳动与资本的冲突。标准化流水线生产效率的提升建立在劳动分工不断细化的基础之上，劳动者成为局部工人，并隶属于机器。机器和流水线的广泛应用带来的是劳动和资本地位不平等的加剧，资本处于劳资关系的主导地位，劳动更加隶属于资本。如果没有政府调节，劳动者无法分享生产效率的提升所带来的任何收益。但是另一方面，大规模流水线生产又使分散在传统工业中的劳动者聚集在机器周边，为工人阶级作为一个整体捍卫自身权益而展开的有组织的对抗提供了可能。第二个矛盾表现在资本与资本之间的关系上，随着生产的集中，逐渐形成了寡头垄断的市场结构。在新的市场结构条件下，大企业之间面对面的激烈竞争导致市场的高度不稳定，加大了投资风险。如何缓和市场竞争，共享经济增长的收益，成为资本家共同关心的问题。第三个矛盾表现为如何实现大规模生产与大规模消费的对应。随着第二次产业革命和新技术的产业化，生产或供给的能力被无限扩大，需求问题日益突出，生产过剩或有效需求不足已经成为资本主义经济活动中的常态。有效需求规模的扩大，成为大规模标准化生产扩张和效率提升的前提。

为了化解大规模生产运行中的内在矛盾和冲突，福利国家、工人工资的集体判断制度和反垄断法规等政府的调节主义政策不断出台，并最终形成了战后福特制调节主义的制度结构。

福特制调节主义制度结构有效缓解了大规模生产的内在矛盾，并带来了第二次世界大战之后到20世纪60年代末的快速资本积累和经济繁荣。但是到了20世纪70年代，调节主义的制度结构对经济活动的调节作用开始减弱。其中的根本原因是20世纪70年代之后，随着人口和收入的增长，消费和需求结构出现了质的转变，即由大规模单一需求向个性化和多样化需求的转变，大规模生产难以满足市场需求的新变化。同时，新的信息技术革命和经济全球化，为变革生产或供给方式以满足市场需求的新变化提供了新的技术条件和市场空间。

为了适应市场需求条件的新变化，20世纪70年代中期之后，资本主义内部开始自发地酝酿新的生产方式变革，后福特制开始出现。与福特制大规模生产相比，后福特制强调生产的柔性化和产品的持续创新。其中，柔性生产和持续创新成为新技术产业化的主要领域和方向。而新技术的产业化过程主要依赖的不再是一体化大企业，而是创新型中小企业。为了实现柔性生产和持续创新，大量的中小企业通过专业化和网络化从事生产和研发活动。与之相适应，大企业则通过“归核化”，利用分包制和虚拟制造实现了柔性生产和全球扩张。

20 世纪 80 年代以来，新兴技术的产业化或新经济的推动者是中小企业的创业或创新活动。中小企业的创业或创新活动成为美国经济保持和提升国际竞争力的基本支撑。2007 年 2 月，美国国会竞争力委员会发布了一份题为《美国的立足之地：创业》（Where America Stands：Entrepreneurship）的报告，报告指出，20 多年来，美国经济之所以能够保持持续增长和充分柔性的关键驱动力是中小企业创业活动的涌现。卡尔·施拉姆（Carl Schramm）进一步指出，美国能够生存，并在世界范围内保持其经济和政治的领导地位，创业活动是核心竞争优势，除此之外，没有什么能够为我们拥有超级经济力量提供支撑的了。①

1. 中小企业的创业活动成为 20 世纪 70 年代以来信息等高新技术产业化的主体。在大规模生产方式下，主要的技术创新活动是由钱德勒式的大企业完成的，其规模扩张是经济增长的主要推动力。但是，大企业的技术创新是渐进的，是沿着其原有的技术线路对其核心技能的拓展。② 20 世纪 70 年代以来，以信息技术为代表的突破性技术创新及其在生产中的应用成为技术创新的主流。新兴产业和新技术在传统产业中的应用，使技术创新和选择日益多样化。中小企业的创业活动在其中发挥着十分重要的作用，并成为以信息和生物医药为代表的高新技术产业化的主角。诸如惠普、谷哥、基因技术公司（Genentech）和安进（Amgen）这些著名的高科技公司，都是依托大学的研究项目创业成功的。此外，在大企业的发展过程中，其技术能力的充实和扩展常常依赖于中小企业的技术创新，例如，1993—2002 年思科公司收购了 75 家技术创新型中小企业。

2. 中小企业创业活动已经成为以美国为代表的发达国家经济增长的

① Carl Schramm, *Your Place in the Entrepreneurial Economy*, 2007, http://www.Kauffman, Org.

② Cohen, Wesley M. and Steven Klepper, The Tradeoff between Firm Size and Diversity in the Pursuit of Technological Progress, *Small Business Economics*, 1992.

重要来源。动态地看，经济的快速增长不是现有企业扩张的结果，更多地表现为新企业持续涌现和老企业不断衰落的过程。创业或创新型中小企业的涌现，是解释20世纪90年代美国新经济活力的关键。

3. 新企业创业创造了美国新增就业的绝大部分。20世纪70年代之前，大企业是美国吸纳就业的主体，工资的集体谈判制度不仅保证了大企业员工的高工资，而且使他们拥有相对于中小企业较好的社会保障。中小企业尽管也吸纳了部分劳动力，但却与低工资和低社会保障相联系。由这一就业结构所决定，在大规模生产条件下，就业与工资率呈反比关系，高就业常常与低工资相联系。20世纪80年代以来，大企业吸纳社会就业的能力越来越弱，裁员成为大企业的基本趋势。奥德里特斯克（Audretsch）的研究表明，1980—1993年，美国最大的500家制造企业裁员500万人，是其整个就业人数的1/4。与大企业的裁员趋势相比，美国中小企业的就业人数却在不断增加。① 1976—1980年，中小企业创造了130万个就业岗位，同一时期大企业减少的就业岗位为100万个，1987年到1990年，就业人数少于500人的中小企业创造的就业岗位为580万个，而大企业减少的就业岗位则为200万个。1981年到2001年间，美国净增就业岗位几乎全部归功于仅仅成立5年之久的新企业，其中的80%是快速增长的新企业所创造的。②

更为重要的是，中小企业就业的增长并不与低工资相联系，而表现为高就业和高工资并存。尤其是快速成长的创新型中小企业中，不仅创造了大多数新增就业，而且支付了高于大企业的工资。与大规模生产不同，为了提高企业的持续创新和柔性制造能力，新的就业结构强调员工的知识基础、良好的技术训练和较强的创业意识。

4. 中小企业的创业或创新活动强化了创新活动的本地化，并通过经济全球化提升区域和国家的国际竞争力。与传统经济相比，新经济首先表现为包括贸易范围的扩大、FDI的增加和区域经济一体化增加在内在的经济活动的全球化。但是经济活动的全球化更多的是生产活动在全球范围的

① Audretsch, David B, *Innovation and Industry Evolution*, Cambridge: MIT Press, 1995.

② John Haltiwanger, *Entrepreneurship and Job Growth*, May 2006, http: //www. Kauffman. Org.

扩散，而创新活动则相反，更多地表现为特定区域的集中，即本地化。

在新古典经济学的生产函数中，生产要素是指土地、劳动力和资本。尽管在新经济活动中，这些传统的生产要素仍然发挥着重要作用，但是更重要的生产要素则是知识。作为生产要素的知识包括两种类型：默示性知识和编码性知识。编码性知识是标准化的，可以物化为机器和设备，其传递和扩散的成本较低，基本上不受地域范围的限制。而默示性知识则是非标准化的，其传递和扩散受到地域范围的限制。由于传递和扩散的成本较低，编码性知识可以在世界范围内转移，并与当地的土地和劳动力要素相结合，从事生产性活动。而与创新活动相关的默示性知识则隐藏于当地创新网络之中，是高成本人力资本创造性活动的结果。创新活动的本地化及其与生产性活动的分离，是新经济的重要趋势。

新经济在本质上是一次新的生产方式及其制度结构的变革。而推动新的生产方式创新和制度变革的活动主体是创业或创新型中小企业，其制度结构对劳资和资本之间关系的调节，是为了适应中小企业创业或创新活动的涌现。为了突出创业活动在新经济中的重要作用，新经济又被称为创业资本主义。2007 年考夫曼基金会的研究报告指出，“在过去的 20 多年里，美国经济获得成功的根源是它经历了一场创业资本主义趋向的经济转型。在这一经济转型过程中，创新型新企业扮演了至关重要的角色，它们不断地推进突变式技术创新的发展及其商业化，并使人们进入一个全新的工作和生活方式。”①

二、创业资本主义的制度结构

从新经济发展的实际情况看，新的制度结构表现出以下几个方面的特征：第一，新的制度结构调节的重心不是劳资关系，而是资本之间的关系，强调中小企业的创新性竞争在新市场和技术条件下对经济增长的决定作用。而劳资关系调节的重点是改革工资集体谈判制度和福利国家政策，其目的是为创业活动提供拥有知识、高技术和创业意识的劳动者；第二，

① Ewing Marison Kauffman Foundation, *On the Road to an entrepreneurial economy: A research and policy guide.* Version 2.0 July, 2007, http: //www. Kauffman. Org.

新的制度结构的主要功能表现为有效地促进中小企业的创业和创新活动，并通过中小企业的创业和创新，实现新技术的商业化；第三，新的制度结构要求国家干预的重心不是需求，而是供给，其出发点是提升国家和区域的国际竞争力。这一鼓励创业和创新的政策体系包括减税和金融创新政策、放松管制、新的就业和医疗保障及教育体制改革、构建区域和国家创新体系；第四，在国际关系上，强调在创新和生产活动分离的基础上建立更加自由的国际贸易和经济关系体系。

仅仅从是否崇尚自由市场还是政府调节的角度，界定新经济及其制度结构是自由主义的还是调节主义的，只是看到了表面现象。在新经济中，政府干预的重心已经由需求管理转向供给管理。在微观经济领域，协调经济运行的不再是“看得见的手”，也不是“看不见的手”，而是“消逝的手”。[①] 微观政策体系的核心是促进中小企业创业活动的涌现和发展，并带来整个经济增长和国际竞争力的提升。

这一认识可以从目前美国微观政策体系的演化趋势中，清晰地看到。当前，在美国微观政策体系中，最为基本的是建立旨在鼓励新企业创业和快速成长的微观制度体系。[②] 这一政策体系包括：通过放松管制降低新企业创业的成本和法律负担；改革现有的抑制新企业创业的专利保护体系，鼓励以大学科研为基础的科研成果的商业化，促进现有科研成果的推广和普及；建立区域和国家创新体系和创新网络，通过公共创新投入，带动和推动新企业的创业实现新技术的产业化；有利于创业的人才战略和社会保障政策。例如，为了提供创业活动所需的高素质劳动者，美国政府一方面改革现有的教育体系，培养更多的高素质和具有创业意识的劳动者，另一方面是改变现有的移民政策，吸引和留住国外高素质工作者服务新企业和潜在的创业者创建新企业。为了建立有利于新企业创业的健康保障制度，正在改革其传统的福利国家政策，使社会保障与就业脱离，降低创业的风险和成本。

---

① Richard N. Langlois, *The Vanishing Hand: The Changing Dynamics of Industrial Capitalism.* 2002, Working Paper.

② Ewing Marison Kauffman Foundation. *On the Road to an entrepreneurial economy: A research and policy guide.* Version 2.0 July, 2007, http://www.Kauffman.Org.

总之，从20世纪70年代以来，以美国为代表的发达资本主义国家经济发展的实际进程看，新经济是当代资本主义经济新一轮经济转型的结果，是资本主义经济新的发展形态。新经济起源于福特制大规模生产的危机，其形成和发展在本质上是新的生产方式创新及其制度结构的变革过程。与福特制大规模生产不同，新经济的驱动力不是规模和范围经济，而是持续创新和柔性制造。企业，尤其是中小企业结网和互动中的创业或创新活动的涌现，是新经济最为显著的特征。制度结构的变革或新的制度结构的形成，在推动中小企业创业或创新活动中发挥着至关重要的作用。

当然，新经济及其制度结构并不代表当代资本主义经济形态的全部。新经济的制度结构只是当代资本主义制度结构的一个组成部分，它反映的是高新技术产业发展的需求。在第十一章中，我们把20世纪70年代以来当代资本主义制度结构称为新自由主义制度结构。与新经济相关的制度安排，只是新自由主义制度结构中与高新产业相适应的内容。这一部分制度安排启动了知识经济的兴起和发展，但是从新自由主义制度结构的整体看，对后福特制生产方式整体变革的不适应所带来的有效需求不足和全球生产能力过剩，将成为新一轮全球经济危机的根源。

第三章

后福特制条件下企业竞争优势的新来源

本章从斯密定理出发考察后福特制兴起和发展的背后市场条件变化的作用，强调资本主义生产方式从福特制向后福特制的转变根源于市场需求的复杂化和劳动组织的变化，而不能仅仅看做是一种先进的管理手段和生产技术变革。20世纪70年代以来，随着收入水平的提高和新技术的应用，作为企业经营环境的市场逐渐从稳定向不确定性方向演化。在新的市场环境下，新兴的后福特制柔性企业的绩效水平明显优于福特制刚性企业，这种差异是内生的，其中的决定因素是后福特制企业所拥有应对市场不确定性的动态能力。为了应对市场条件的不确定性，后福特制企业的效率基础不再是规模和范围经济，而是速度经济。后福特制条件下企业实现速度经济的动态能力，是一种特殊组织资本的外在体现，并最终使企业获得持续的竞争优势。

第一节

动态能力与企业竞争优势

20世纪70年代以来，随着后福特制的形成和发展，企业面临的市场环境和竞争状况都发生了根本性变化，其中的根源是消费需求的改变。产品需求的多样性和快速变动，使得市场充满不确定性，企业必须面对复杂多变的市场环境。此外，由于产品生命周期的缩短和企业竞争的激烈，更加剧了市场不确定性的程度。

在新的市场环境中，企业根据传统经济理论追求规模经济，实施大规模标准化生产已经无法继续获得持续竞争优势。市场环境的动态变化往往使企业获得的竞争优势很快消失，甚至转化成沉没成本。在这种复杂多变的市场条件下，迫切需要一套能够体现环境动态特征的新企业理论指导企业的经营活动。为此，企业开始把当前的能力视为不断开发和运用未来竞争所需的新的能力平台，培育、更新和创造企业应对环境变化的新能力，累积具有动态能力的企业组织资本，实现柔性生产和持续创新。

一、生产组织与企业能力的演化

作为最重要的外部决定因素，市场需求推动企业生产组织形式的变革和演化，其中的重要表现是通过企业内部劳动组织的变革适应市场需求的变化。在人类制造业发展历史中，从单件生产到福特制再到后福特制，生产方式的转变过程首先表现为劳动组织方式的演化。[①] 当市场需求变化引发生产和供给变化时，企业内部的劳动组织将会出现相应变化，与这种变化伴随的是整个生产组织竞争能力类型的变化。

马修·F. 米特切尔（Matthew F. Mitchell）在2005年的资本柔性和技术贴水模型中提到，从1900年起，劳动分工和多样化技术需求呈现出先降后升的现象，企业规模则呈现出相反的趋势。[②] 单件生产方式条件下，工匠型劳动者决定了企业组织的竞争力来源于单个个体技术能力的加总。在福特制条件下，劳动分工的深化降低了对单个劳动者个体的技术需求，企业组织的竞争力主要是由核心资产或技术带来的，表现为企业的核心能力。而在后福特制条件下，企业需要的是掌握多种技术和技能的劳动者，

① Markus Mobius & Raphael Schoenle, The Evolution of Work, *NBER Working Papers*, 2006.

② Matthew F. Mitchell, Specialization And The Skill Premium In The 20th Century, *International Economic Review*, 2005, vol. 46 (3), pp. 935 - 955.

以部分替代机器实现产品的多样化。在这一过程中，企业的柔性生产和适应环境动态变化的能力表现为以特殊组织资本为基础的动态能力。

因此，劳动组织变化带来的企业能力的不同，决定了企业竞争优势的来源的差异。市场条件只是企业竞争优势的外部环境因素，适应外部环境变化的企业知识和能力的积累，才是企业竞争优势的根本来源。但是在对企业竞争优势的理论探讨中，最早的分析却是由波特构建的外部环境分析模型，即五种竞争力分析。

二、波特的外部环境竞争优势分析

在传统产业组织理论 SCP（结构—行为—绩效）分析框架的基础上，波特建立了五种竞争力分析模型。迈克尔·波特认为，在任何产业中，无论是生产一种产品或是提供一种服务，竞争的起源、过程、结果都源于以下五种竞争力量或要素：行业内现有厂商之间的竞争；来自行业外的替代品的攻击；新厂商的潜在进入威胁；供应商的讨价还价能力；购买者的讨价还价能力。

按照这一分析模型的逻辑，企业的竞争优势是由外部市场环境所决定的，即企业所属产业的内在盈利能力和企业在产业中的位势来自于产业结构。波特的分析同 SCP 分析框架一样，将企业的竞争优势归结为企业的外部环境因素，没有考虑企业内部因素对企业竞争力的影响。鲁梅尔特（R. P. Rumelt）的实证分析表明，同一行业内企业的经营绩效差异远远大于行业间企业的绩效差异。这一研究成果使人们开始对企业竞争优势来源的研究转向企业内部。[①]

三、资源基础理论和核心能力理论

以杰·B. 巴尼（Jay B. Barney）为代表的资源基础理论强调企业在本质上是一个生产性资源束，企业的竞争优势来自于企业内部特殊的异质资源。[②] 1990 年，普拉哈拉德和哈默（Prahalad and Hamel）在《哈佛商业

---

① Rumelt, Richard P., *Strategy*, *Structure*, *and Economic Performance*. Boston: Harvard University Press, 1974.

② Barney, J., Firm Resources and Sustained Competitive Advantage, *Journal of Management*, 1991, 17 (1), pp. 99 – 120.

评论》上发表了“公司核心能力”一文，他在该文中指出“核心能力是组织中的积累性学识。特别是关于如何协调不同的生产技能和有机结合多种技术流派的学识”。[①] 核心能力理论认为，企业获取竞争优势的关键是培育独特的、无法模仿的先进技术，企业能力来自于企业在长期发展过程中积累所形成的各种技能的有机融合，是一种“和谐”的组合，是一种综合能力。

无论是核心能力理论还是资源基础理论，在解释企业竞争力来源时都只是静态地考虑到企业现有的知识和技能，而没有考虑企业在发展过程中为应对环境变化所需要的转变能力。他们都没有认识到动态核心能力的重要性，而只是抽象地定义了核心能力是知识和技能等形态的要素。

四、动态能力与竞争优势理论

企业如何在持续变化的外部环境中获得持久的竞争优势，是当前企业理论研究的焦点。在动荡的环境中，竞争优势现有或当前的来源会被以逐渐加快的速度被创造出来和侵蚀掉。这种现象被艾文尼（D'Aveni）称为超级竞争。在技术进步速度加快和消费偏好复杂多变的超级竞争环境中，一个停留在已有优势地位、仅仅追求收获已有竞争优势的企业，将很快被更富有创新精神和能力的竞争对手所取代。在超级竞争环境中，如何用熊彼特所倡导的“创造性破坏”构建企业竞争优势的思想，是富有远见的。艾文尼认为，在超级竞争环境中持续成功的途径，不再是努力维持长期竞争优势，而是要通过不断创新追求一系列短期的竞争优势，使企业比同一产业中的其他企业总是领先一步。但是在沉没成本效应、替代效应和创新的路径依赖效应的约束下，企业核心能力的调整往往呈现出一定程度的刚性。能力调整中的刚性，使企业无法保持动态战略适应。[②] 正是基于以上思想，能力理论开始在静态能力理论的基础上向动态能力论发展。

认识到资源基础理论只能静态地解释企业竞争优势来源的局限之后，

---

① Praharad, C. K. and Hamel, G, The core competence of the corporation, *Harvard Business Review*, 1990, vol. pp. 68 – 79.

② D' Aveni, *Hypercompetitive Rivalries*, Free Press, 1995.

提斯、皮萨罗和舒恩（Teece, Pisano and Shuen）提出了动态能力理论。[①] 作为新的能力理论分析框架的关键概念，动态能力的内涵包括[②]：（1）动态能力是整合、建立和再配置内外部资源和能力的能力；（2）动态能力是可以识别的明确程序、流程或惯例；（3）动态能力具有某种产生多元化业务的知识特征；（4）动态能力是企业保持或改变其作为竞争优势基础能力的能力。

动态能力理论试图从过程的视角考察资源基础和核心能力理论所无法解决的问题。企业动态能力是企业应对环境变化、调整企业现有资源组合的能力，使企业的竞争优势和成长动力不会随着环境变化而消失。动态能力理论强调资源和能力的更新、发展和重构，更关注于知识的积累和创新。

尽管大家都认识到企业动态能力的重要性，但是对形成和影响动态能力的因素究竟是什么，目前还存在着较大的分歧：[③]

（1）动态能力存在于企业的组织和管理过程中，其形成是由企业的资产和发展路线决定的。

（2）动态能力的形成主要是由组织设计和人力资源因素决定的。

（3）知识形成的动态过程也就是企业动态能力的演变过程。

（4）企业动态能力主要体现在企业的技术活动和管理活动中。

动态能力理论将焦点放在创新的动力上，强调以创新动力克服核心能力中的惯性。它更加关注企业的动态效率，而将静止效率放在次要的地位。创新动力通过促进创新和创造新的规则与能力，为企业的竞争优势提供长期基础。[④] 在动荡的环境中，动态能力崇尚建立开拓性的学习能力。开拓性学习能力并不是为了特定的生产目的，而是为了在长时间内向企业提供新的战略观念而进行的侧重于变革的学习。开拓性学习显示出对企业原有路径的较少依赖，强调以试错法为基础和以建立新能力、新规则为特

---

① David J. Teece, Gary Pisano And Amy Shuen, Dynamic Capabililies And Strategic Management, *Strategic Management Journal*, 1997, Vol. 18: pp. 509 – 533.

② 李兴旺：《动态能力理论的操作化研究：识别、架构与形成机制》，经济科学出版社 2006 年版，第 22 – 23 页。

③ 霍春辉：《动态竞争优势》，经济管理出版社 2006 年版，第 200 – 202 页。

④ Clayton M. Christensen, The Innovator's Dilemma: *The Revolutionary Book that Will Change the Way You Do Business*, New York Harper Business, 2000.

征的探索过程。

企业竞争优势理论的发展，反映了制造业生产方式演变过程中企业对竞争优势来源实践和认识的深化。波特的五种竞争力分析模型、静态的核心能力和资源基础理论，考察的都是福特制大规模标准化生产的竞争优势来源。动态能力理论的兴起和发展，是为了探讨后福特制条件下企业竞争优势的来源。因为后福特制条件下，无论是企业的市场需求条件还是企业的内部生产条件，都发生了根本变化。其中不确定性和动态多样性，是内部和外部环境的基本特征。

第二节 两种生产方式竞争优势的经济学分析和比较

一、福特制与后福特制生产特征的比较

1. 福特制与规模经济和范围经济。以福特制为代表的大规模标准化生产方式起源于1913年福特汽车公司创建的自动流水线生产，其特点是依靠单品种大批量生产，通过规模经济降低生产成本。这种生产方式因其在单一而稳定的市场环境下所具有的先进性，成为其他汽车厂商和制造业竞相模仿的对象，并迅速成为整个制造业中占主导地位的生产方式。福特制生产方式具有如下特点①：

（1）零部件的标准化和完全的互换性。零部件生产和组装的标准化，即完全互换性是生产流水线创立的前提和基础。

（2）非熟练劳动力的广泛使用和劳动管理的简单化。在这种生产体制下，极大限度地利用了劳动分工的原理，生产工人的劳动只是简单地把某个零部件安装到汽车上，工人从事某一单一而标准化的操作。

① 刘刚：《后福特制研究》，人民出版社2004年版，第13－15页。

（3）组织结构的刚性化。福特制生产方式在组织结构上的刚性化表现在：追求高度纵向一体化、生产线与设备的刚性化和大量的库存。

（4）创新和生产的分离。在福特制下，产品的创新和生产是分离的。员工只从事单一的工作，并等待问题的发生。这种设计、研发和生产的分离使得福特制生产方式条件下产品创新滞后。

福特制企业追求的是大规模生产的规模经济和范围经济，而生产系统的标准化、合理化和专业化是实现规模和范围经济的关键。为了追求规模和范围经济，福特制强调生产而不是产品创新，生产过程变革缓慢，生产的品种单一。在当时市场需求单一且扩张迅速的条件下，追求规模和范围经济能够提高企业和产业国际竞争力，占据优势竞争地位。但是随着20世纪70年代以来，全球市场变得日益复杂多变，消费者需求的个性化和多样化，企业面临的市场环境越来越充满不确定性，使得原本在稳定市场环境下占据优势的福特制生产面临巨大的挑战，以汽车业为代表，制造业逐渐开始了从福特制生产向后福特制生产的转变。

2. 后福特制与速度经济。后福特制是对福特制生产方式的变革和发展。在后福特制条件下，企业通过不断创新，逐步消除生产过程中的一切可能的浪费、实现零库存和生产的柔性化获得竞争优势。相对于福特制，后福特制生产方式的特点表现在以下几个方面①：

（1）高度灵活和柔性化的生产及生产的模块化。生产的模块化使企业很容易转产新产品和共线生产不同的产品，提高了生产的灵活性，可以从容地面对变化多端的市场环境。

（2）多技能劳动力，干中学的劳动管理制度。每一个员工都被鼓励拥有多种技能，能够响应市场需求转换岗位。在生产中，强调通过学习曲线和干中学降低生产和管理成本。

（3）组织结构柔性化。后福特制生产的组织结构是有机的，可以根据不同市场环境要求进行重构和组合。这种网络化的结构可以加强组织间联系，追求生产的零库存。

（4）创新与生产的结合。员工的多技能以及被鼓励发现问题的制度，

---

① 刘刚：《后福特制研究》，人民出版社2004年版，第35－44页。

极大地推动了组织创新和团队交流，使设计、研发和生产能够有效和有机结合，积极进行产品创新和组织创新。

与福特制企业追求规模经济和范围经济不同，后福特制条件下企业追求的是以柔性生产和持续创新为特征的速度经济。在灵活的组织和员工共享并参与决策的机制下，企业不断地进行产品和工艺流程的改进和创新。员工解决问题的积极态度和科学指导改进的学习模式，使得组织不断地进行创新，并拥有一批专家型的人才，积累了丰厚的组织资本。员工积极面对问题的态度和组织间高度的知识交流和共享，使后福特制企业能够更快地了解市场需求变动趋势，预测市场的发展方向，及时进行产品创新和组织机构的重构以适应市场的变化，并在每一次市场变动中取得竞争优势。后福特制条件下企业的速度经济和快速反应能力，是后福特制企业在全世界成功和发展的秘诀。

二、企业生存的外部市场环境的演变

1. 市场不确定性程度的增加。从福特制到后福特制生产方式的转变，是市场环境演变的结果。当福特制生产满足了人们的基本需求之后，随着收入水平的提高，消费开始趋向多样化和个性化，消费者开始要求更高的产品质量，更能满足个性化的设计需求，更快满足不断变化的消费需要。这些因素导致市场的不确定性程度不断增加，对于企业来说，市场环境已经演变为一个动荡的超级竞争环境。

在这样的环境中，消费者对产品的需求是多样化和快速变化的。对产品需求的快速多变，使某一产品的生命周期越来越短。这些因素都使市场愈发动荡变化，难以预测。产品生产必须紧紧跟随市场需求的变化而变化，否则就会遭到淘汰。

20 世纪 80 年代以来，随着经济全球化的快速发展和新兴技术的广泛应用，企业面临的市场环境更加复杂。其中，在两个方面表现得最为突出：一是由企业及其生存环境所构成的“商业生态系统”① 的快速变化。

① Moore，G. A.，Inside the Tornado：Marketing Strategies From Silicon Vally’s Cutting Edge，Harper Business，1995，New York.

随着经济的全球化，企业面对的消费者不仅是国内的而且是国际的，不同国别的消费者有着不同的消费习惯和偏好。而新兴技术的广泛应用，使产品生命周期变化的速度加快，新兴产业不断出现。这都使企业经营的“商业生态系统”不断变化和发展；二是随着创新性技术的广泛采用，企业之间的竞争日益激烈和多样化。企业的创新性技术不仅表现在组织创新和工艺流程创新上，而且表现在技术变革和产品创新上。顾客需求日益多样化和个性化、技术水平提升的级数效应、知识经济的兴起、信息技术的快速发展和企业组织形式的新变化等因素，这些都使企业经营过程中的不确定性程度日趋加强，环境的稳定性减弱。在这种动态环境中，过去的竞争力因竞争对手的模仿创新，或因竞争对手的激进创新而以不断加快的速度被侵蚀，而新的竞争力会被其他企业不断创造出来。一个固守现有竞争力体系、仅仅追求现有竞争优势的企业，很快就会被更富有创新能力的竞争对手所取代。面对日益复杂、动荡的内外部环境，企业的经营面临着更大的挑战。曾经称雄一世的大型企业，遭遇市场环境变化时，往往因为不能迅速作出调整，被新兴企业迅速取代。

2. 产品的生产趋于复杂化。在后福特制条件下，工业产品的生产越来越趋向于复杂化。这种变化一方面是由于产品本身越来越复杂，技术要求越来越高；更重要的是产品生产必须符合市场需求的变化，要根据市场的需求变动进行柔性生产，这要求产品的生产具有多品种、小批量和短周期的特点。

假设市场需求的总量为 M，消费者需求的种类为 n。在市场需求总量 M 为既定的条件下，消费者对于产品需求的种类 n 越大，则产品的生产批量 M/n 就越小，消费者对于产品需求变化越快，则产品生产越要减小库存，缩短交货期，提高生产的速度。

这种多品种、小批量和短交货期的产品生产方式，对于企业的生产要求更为复杂和精致，要求企业组织从泰勒主义的福特制向团队作业的后福特制的转化。

3. 产品复杂化与市场不确定性的一致性。消费者需求日益多样化，对于产品的个性化要求强烈，因而对于企业产品的市场需求变得难以预测。

假设集合 $\Lambda=\{\xi_1, \xi_2, \cdots, \xi_m\}$ 表示消费者对于产品需求的多个特征，而对于产品的某个特征 ξ_i，消费者有以下三种偏好 $\{Ai, Bi, Ci\}$。这三种特征可能会成为未来的“时尚”或“趋势”，企业不能准确地预测哪种将会成为“时尚”，而且只能提供产品的某种特征。而消费者的偏好分布函数 G_i 以等概率出现（1/2，1/2，0），（1/2，0，1/2）（0，1/2，1/2），即只有两种特征最后会成功地变为“时尚”，那么产品多元化失败的概率是1/2。随着特征的增多，市场上会出现 3^m 种产品，如果市场上消费者要求对各个特征进行多元化，那么企业进行产品多元化失败的概率是 $1-(1/2)^m$，① 这种不确定性的概率会随着产品需求的多元化而增加，换言之，市场需求对于企业来说变得越来越不确定，多元化的风险不断增加。

三、生产组织方式的演变及选择

1. 企业预期与市场演变的均衡。在对市场环境变化和产品生产变化作出分析之后，我们就可以看清企业生产组织方式演变的历史逻辑，即企业是如何从福特制向后福特制转变的。

在产品生产复杂性和市场不确定性一致增加的趋势下，企业组织在期望和现实之间寻求平衡，即适应市场变化而获利与提高自身管理和生产的复杂化所带来的成本之间的平衡。生产的复杂性选择，是指产品的多样化或生产批量的选择，因为多样化与批量之间存在反比的关系。而多样化即批量的选择不仅存在收益，而且会带来成本的增加。

企业在选择小批量生产时，必须承担高额固定成本的分摊，工人多技能培训等转换成本，而这些都曾经是福特制的优势。而在市场不确定性不断增加的条件下，企业必须提高产品生产的复杂性和减小生产的批量，以应对市场需求的快速变化，并在市场变化中获得竞争优势。因此，企业的生产批量选择，必须考虑市场变动所带来的对生产灵活性的外部要求和企业管理水平共同决定的生产转换成本，在二者的均衡之中，寻求建立适合的生产组织形式。

① Markus Mobius & Raphael Schoenle, The Evolution of Work, *NBER Working Papers*, 2006.

2. 生产组织方式的选择。当企业在成本与收益的权衡中选择生产的多样化或复杂化程度时，应该是沿企业预期市场趋势线上的组合进行选择，这时企业的复杂化成本能够由所获得的市场竞争中得到收益来弥补。在图 3 - 1 中，不同的企业组织在四个象限中分布，但是只有对角线上的企业实现了环境与自身匹配的最适宜的组织方式。

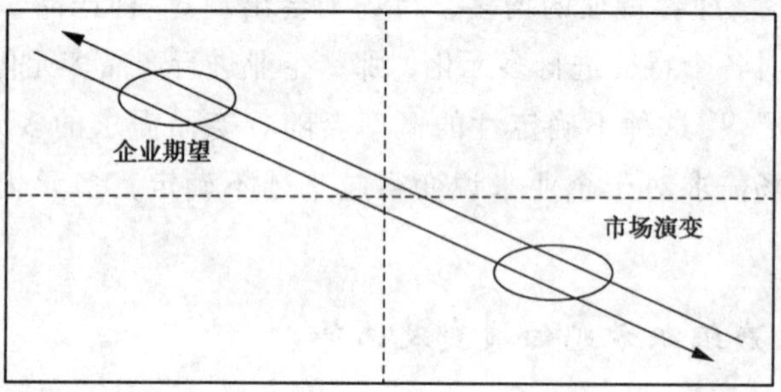

图 3 - 1　企业生产组织方式演化

本节的分析结论是，无论福特制或是后福特制都要与面临的市场状况相匹配。对于单个企业来说，必须针对所在行业要面对的市场的不确定性程度选择企业复杂化的程度，否则其管理成本将无法得到弥补，也无法获得竞争优势。也就是说，后福特制并不适用于所有的企业，一切依市场环境而定。

在市场不确定性和产品生产的复杂性较低的条件下，福特制是占主导地位的生产方式，因为在这种情况下福特制能够实现规模经济，同时快速满足市场的大批量需求。而在市场不确定性和产品复杂性较高的条件下，企业只有采用后福特制生产方式，才能获得竞争优势。

3. 劳动组织和竞争能力的演化。当市场需求导致生产供给发生变化时，企业内部的劳动组织也将产生相应变化。与这种变化相伴随的，是整个生产组织竞争能力的变化。Markus Mobius and Raphael Schoenle 在讨论劳动组织演化时提到，人类制造业发展史上，从最初的单件生产方式到福特制大规模生产再到后福特制柔性生产的转变过程本身就表现为劳动类型的演化。① 这一演化的过程如图 3－2 所示。

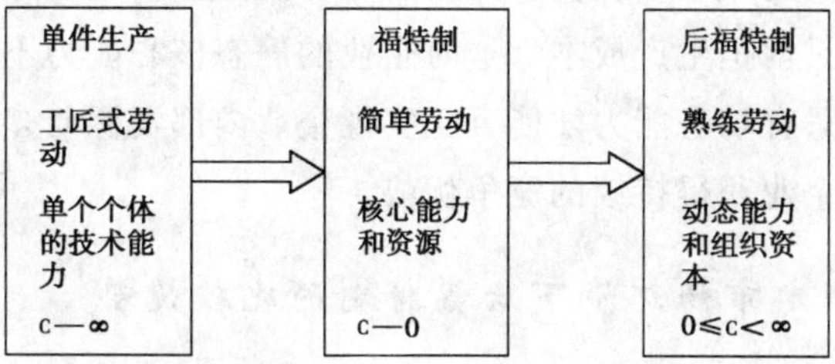

图 3－2　劳动组织与竞争能力的演化示意图

单件生产方式条件下，消费和生产都是单件的，工匠的生产是手工作坊式的。在这种生产条件下，产品的个性化程度极高（个性化指数 c—∞），因为每个产品都不一样，所以产品的边际成本与平均成本相等。熟练而多技能的劳动者具有生产上的优势，简单劳动不具备优势，整个生产组织的竞争能力完全依赖工匠个人的技术能力。

当产品生产达到一定规模时，产品的标准化代替了产品的个性化（个性化指数 c—0），机器开始代替工人进行大规模生产，规模经济降低产品的生产成本。这种情况下，对于简单劳动的需求将大于熟练劳动力的需求。在标准化大规模生产中，只有依赖机器与简单劳动的结合才能实现规模经济，而熟练劳动力的边际生产成本较高。大规模生产的边际成本因规模经济而降低，是因为大批量生产能够分摊固定投资。在市场需求单一而稳定的条件下，决定企业能否实现规模经济和范围经济的资产都属于企业的核心能力。

当市场需求相对供给减少，并出现向多样化和需求周期短的方向转变时，企业的成本主要表现在研发成本和销售成本，因为这两个环节是实现产品多样化的来源，而产品的规模生产就显得不是那么重要了。多样化和个性化的产品需求使企业开始向后福特制生产方式转变（个性化指数 0≤c<∞）。在后福特制生产方式下，企业为实现个性化和多样化生产无法大量使用专用机器，熟练的多技能劳动者则能够实现低成本下的柔性生

① Markus Mobius & Raphael Schoenle, The Evolution of Work, *NBER Working Papers*, 2006.

产。这时，企业的成本大量表现在对劳动力的投入和组织资本的培养上，这种成本具有固定成本一次性投入的特性，使企业在多样化产品设计和生产的后续阶段只承担生产成本。这时企业的静态核心能力不再是企业竞争优势的来源，只有动态能力才能真正实现企业内部资源与多样化产品生产的匹配，并为企业获得持续的竞争优势。

四、不确定市场环境下后福特制的比较优势

1. 柔性生产和企业内的速度经济。企业竞争优势最终表现为企业能够在市场上获得较大市场份额和高额利润。企业的竞争优势不是一成不变的，而是随着市场环境的变化而变化。20 世纪 70 年代以来，市场需求的个性化和多样化使产品之间的替代性降低，消费者越来越倾向于消费个性化的产品。如果我们把对某种个性化产品具有忠诚度的消费者划分在一个细分市场之内，会发现各个多样化产品之间事实上构成了不同的垄断竞争市场。某种个性化产品的生产企业会因为已经进入该市场而处于垄断地位，但是潜在进入者的进入会使垄断竞争者无法获得超额利润。在下面的分析中，本章试图利用垄断竞争模型来分析福特制和后福特制两种生产方式对个性化产品市场的进入是否能获得超额利润（如图 3－3）。

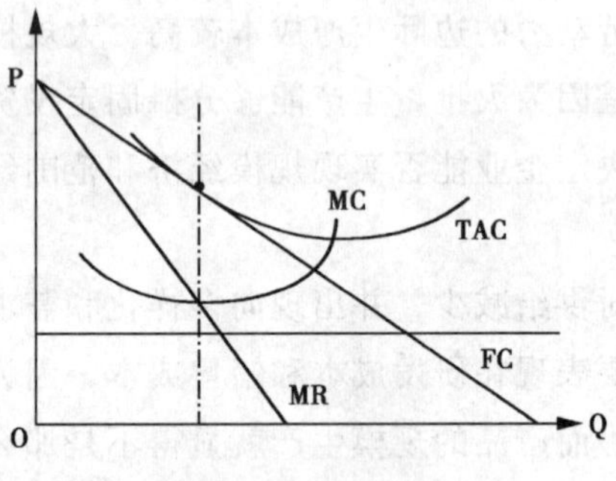

图 3－3　垄断竞争模型示意图

当某一产品市场因为对其产品特征集 $\Lambda=\{\xi_1, \xi_2, \cdots, \xi_m\}$ 中的一个特征进行多样化时，原先的产品市场将被细分为新的市场。我们将以其中的一个重要特征为例，在这个特征上福特制仍然生产原来的产品，而后

福特制企业则生产一种不同于大规模标准化企业的多样化产品。因而，该种产品市场一共分为两个细分市场，假设新产品和旧产品各自得到原来市场一半的需求。

如图 3－4 所示，在福特制条件下，当产品量降低时，因为生产技术条件不变，其边际成本曲线不变，固定成本不会因为产品市场需求的减半而相应减半，因为某些机器无法进行分割，也不能转而生产其他产品，厂房和仓库等固定成本有所降低。在这种情况下，总成本因固定成本的减少而下降，成本的小幅降低使生产者利润最大化点（MR = MC）的市场需求价格仍在总成本线之下，无法达到垄断竞争的厂商均衡。

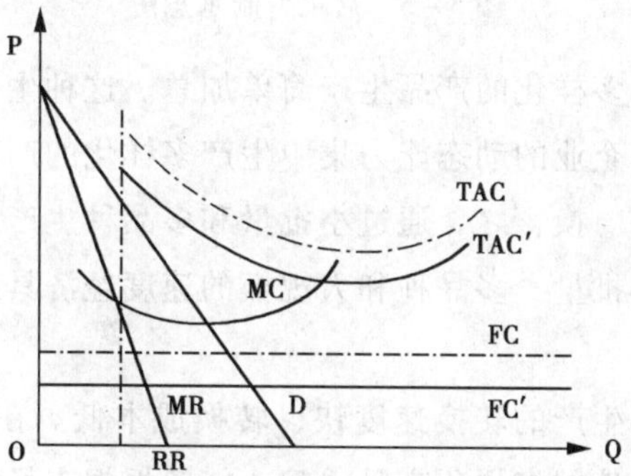

图 3－4　福特制示意图

如图 3－5 所示，在后福特制条件下，企业因为对专用机器的通用性改进，边际成本不会上升。同时由于多技能工人的使用，一个工人掌管多台机器和模块化的设计及其制造使得产品的技术管理复杂度降低，边际成本呈降低趋势。零库存目标和混线生产技术使固定成本能在不同产品的生产之间进行分摊，固定成本将会降低到原有的 50% 以下。在这种情况下，企业利润最大化的产量和价格能够达到垄断竞争的厂商均衡，获得正常收益或者是超额利润。

在前面的分析中，我们讨论了有关产品生产批量的选择与成本之间的紧密相关性。因为小批量生产会造成很高的成本，这是福特制大规模生产曾经占据主导地位的原因。在大规模生产占主导的情况下，中小企业在行业中处于被动地位。而后福特制条件下，企业生产既不同于以往的中小企

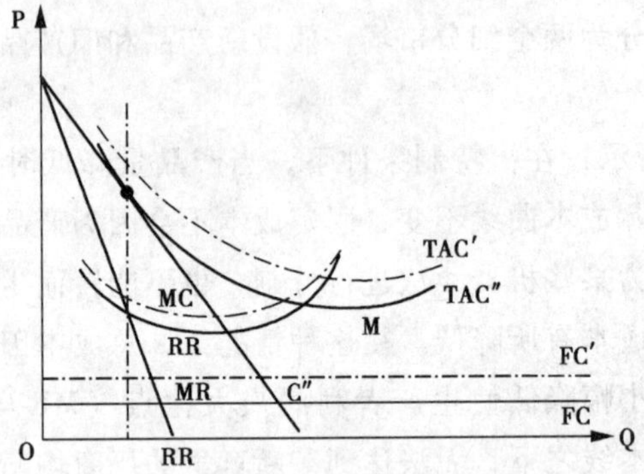

图 3－5　后福特制示意图

业生产，也不是将多样化的产品生产简单加总。这种生产不是简单的个性化生产，而是利用企业的动态能力集中生产多样化的产品，既形成生产规模又实现速度经济。换言之，通过小批量和多品种生产实现了规模经济和柔性制造。这种小批量、多品种和大规模的速度经济具有以下几个方面的特征：

第一，产品间生产的转换速度快，转换成本低。在后福特制条件下，企业在具有不同特性的多样化产品之间，能够根据市场需求的变化快速调整其产量，并使转换成本大大降低。在后福特制生产方式的形成阶段，企业大多会经过长期的努力，提高多样化产品生产之间的转换速度。例如，丰田汽车一直致力于将专用设备进行通用化改造，使不同产品能够在通用机器上生产，其中的重要方法是提高模具的更换速度，将换模时间从最初的3小时降低到3分钟。与此同时，后福特制条件下企业依赖多技能工人实现多样化和个性化产品的生产，与机器生产相比，熟练工人在产品的多样化生产中的成本相对较低。在最初的单件产品生产中，产品的个性化生产几乎没有任何多余的成本。在后福特制条件下，多技能工人对于产品生产转换所需的时间和成本同样相对较低。

第二，多样化产品的共线生产将形成规模经济。在后福特制条件下，不同产品的生产使用共同的通用设备，同一个厂房和生产线能够生产多种不同的产品；同时，不同产品的生产工艺在同样的部门里由同样的员工完成。对于这样的企业来说，市场对不同产品的需求变动很少对生产造成波动，机器和员工的持续运行使后福特制企业能在多样化产品生产中实现规模经济带来的成本降低。这是后福特制企业不同于福特制实施多元化战略企业的根本原因。因而，后福特制是一种新的生产组织形式变革，而不是一种简单的企业竞争战略。

第三，模块化下的专业生产。在新经济时代，消费对产品的需求日益复杂和多变，需求的复杂和不确定使多样化产品生产本身面临成本高和技术难度大等一系列问题。模块化设计和生产的最大功能是使多样化产品生产的复杂性大大降低，企业之间通过分包和外包，使网络化比垂直一体化更加富有效率。在某种意义上，模块化本身就是多样化的重要源泉，同时模块化生产是专业化的，某一模块通过专业化实现规模经济。例如，丰田公司的零部件生产企业，既可以通过自行设计研制多种零部件供应丰田本身的需求，同时也可以供应其他的企业。如果仅由丰田自己生产所需的零部件，将可能出现成本高和研发能力低下的问题，将降低产品多样化生产的能力。

2. 模块化与企业网络的速度经济。当产品生产趋于复杂化，即多品种、小批量和交货期缩短时，企业复杂的生产组织体系将是生产网络和创新网络的结合。如果是大规模一体化的生产方式，管理和生产成本将极其高昂。在这种情况下，模块化成为实现柔性生产和持续创新的基本途径。

所谓“模块化”，是对复杂系统的分解，划分成若干个半独立的子系统。模块化有三个方面的作用：一是将复杂系统简单化；二是不同模块间能够并行操作；三是模块化加快了系统的反应速度。当企业实行后福特制生产方式时，产品差异化带来的复杂性会大大降低企业的生产效率，企业无法对产品的各个特征进行足够的精益生产，保证产品的质量和品种。因为，当产品具有 $\Lambda = \{\xi_1, \xi_2, \cdots, \xi_m\}$ 的属性时，如果对每个属性可以进行 2 种选择的话，就将有 2^m 种产品。如此多的品种已经构成了一个庞大的产品系列，加上各个产品本身的生产也愈来愈复杂，只有模块化才是简化管理的惟一方法。在各个模块的制造上，都可能实现规模生产和持续创新，更为重要的是，对企业来说，模块化能够使不同模块之间并行工作，节省了开发和生产的时间，能够在订单下达的最短时间内，组装产品，节省库存成本，从而提高企业对市场需求的反应速度。

在现代市场经济条件下，需求的变化速度太快，客户对产品的交货期要求越来越短，有些产品甚至在几个小时内就要完成供货。这对于传统订单生产来说难度大，使用库存生产方式则难以满足客户需求变动的要求。除了库存成本外，还可能因为产品更新换代带来其他方面的损失。这些因素都导致现代工业生产方式向组装生产方式的转变，构成了后福特制生产方式的重要组成部分。如图 3－6 所示，目前大部分企业在向以组装生产为目标的方向前进。

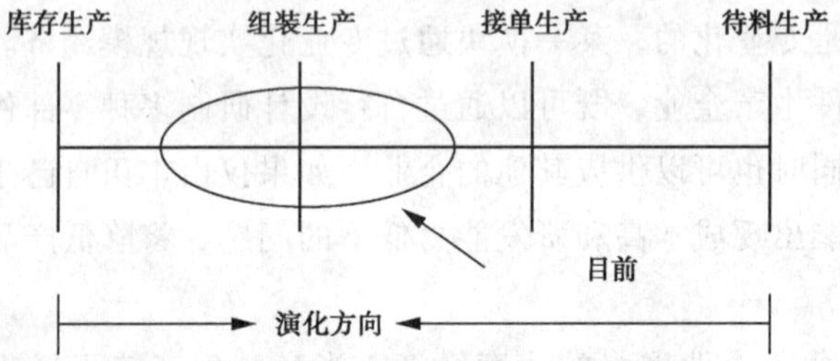

图 3－6　交货期与生产方式选择演化示意图

模块化条件下的组装生产使后福特制企业的网络关系更加紧密，专业化协作效率更高，能够应对市场需求的变化，实现持续创新和柔性制造。网络化生产本身就是后福特制生产方式的重要特征，是与福特制纵向一体化生产相区别的重要方面。因为，对市场的快速反应和各个模块下的规模经济，降低了整个企业生产的多元化成本，促进了整个产品生产系统的持续创新和柔性制造。对于市场的不确定性，整个产品生产能够实现快速反应。同时，因为产品设计和生产的模块化，增强了网络内部企业间的竞争，使产品的设计和生产更加符合市场的需求。因而，模块化成为生产组织方式从福特制向后福特制转变的关键因素，是后福特制速度经济的重要实现方式。

传统生产组织强调的是生产的专业化，工作任务将按专业和不同的加工工艺分解到各个工序，车间布局基本上按照工种的顺序排列。而在模块化的后福特制组织中，一个生产企业则由若干个生产单元组成，生产单元按照技术划分，工作按照职能分组，计划编制、进度安排、质量保证和维修维护等支持过程被分解到各个生产单元。生产单元将设备分组，由单元控制器统一管理，将与生产单元相关的工艺知识、技术与操作工及其物流控制集成到一起，通过一定空间的占用，构成精益模块化生产组织的基本单元。这样单元中的每个成员都身兼数职，拥有多种配置方式，可以灵活地完成工作单元任务。

模块化使后福特制组织可以将计划、工艺和资源层层分解，生产线和生产单元只是逻辑上的划分，可以随时根据市场变化作出调整。从宏观的角度看，管理模式是扁平化的，整个生产将根据市场需求信号的拉动运行。精益模块化生产的优势是：（1）物料输送路径简单、固定、路程短，易于实现自动化；（2）降低了库存和排队循环的次数，使生产排序简单；（3）任务在相应的单元，基于团队方式管理，激发员工的自主意识；（4）员工之间沟通迅速，团队运作方便，员工技能得到拓宽；（5）交付时间缩短，品质得到保证，交货一致可靠。①

除了生产上的优势外，模块化还有其他方面的优势。这些优势包括：

（1）模块化使后福特制企业能够实现持续创新。首先，模块化能够带来专业性知识的积累和创新，原先由企业整体进行的复杂管理由于模块化而被分为若干个专业化单元，专业性知识能够在这些单元内部不断形成和积累。各个模块的知识积累和创新，推动着整个复杂系统的整体创新。其次，模块化的创新使企业产品的多样化风险大大降低，即能够通过对模块的调整减少产品整体创新失败的风险。

（2）模块化使企业更容易重组改造。对于一个企业来说，为适应变动的市场需求而进行组织和业务重构，是一个重大而复杂的系统工程。在组织重构的实施过程中，涉及多方面的活动和工作。参与企业生产过程的单元过于复杂，则使企业在整个重构过程中因为面对庞大的机构和复杂的联系而无法进行，这将带来企业转换速度过慢，使现有的优势无法持续。

① 孟飚、范玉青、林楠："模块化精益生产组织改造评估与决策"，《计算机集成制造系统》，2006 年第 7 期。

这种重组的能力，对于在动荡的市场条件下的企业来说极为重要。因为根据需求调整企业的结构能够使企业获得新的竞争优势，这是一种动态能力，这种能力在模块化的后福特制条件下成本更低。它的着眼点是企业运营的核心模块不断重新思考、设计和变革，从而获得在成本、质量、服务和速度等方面大幅度的改善，使企业在市场的变动中获得稳定和持续的竞争优势。

第三节 后福特制条件下企业的竞争优势基础

一、组织的学习和创新机制

根据道奇逊（Dodgson）①、波普和李普斯提兹（Popper and Lipshitz）②等学者的观点，学习机制是指企业所设计出适当的组织结构，它有助于企业系统地收集、分析、储存及运用相关的知识。格兰特（Grant）认为，学习机制是设计出的一组制度化的互动程序，以促进组织内部的知识交换、分享、转移、重组或整合。③ 作者认为，学习机制是一种为了促进组织对内外知识与信息的敏感度与处理能力而形成的一种组织内外的连接结构与方式，其目的是激励学习和保证学习的有效性。

在后福特制条件下，企业具有更强的学习能力，因为组织内各个成员之间建立起了普遍的交流联系，他们之间的交流既便利又有效率。这与组织的交流模式是紧密相连的。产生和促进组织间交流的因素有三个：

---

① Mark Dodgson, Organizational Learning: A Review of Some Literatures, Organization Studies, 1993, Vol. 14, No. 3, pp. 375 - 394.

② Popper, M., Lipshitz, R., Organizational learning: mechanisms, culture and feasibility, Journal of Management Learning, 2000, Vol. 31 pp. 181 - 196.

③ Robert M. Grant, Toward a Knowledge - Based Theory of the Firm, *Strategic Management Journal*, 1996, Vol. 17, No. Special Issue, pp. 109 - 122.

(1) 交流的基础，即组织中的成员具备相似的知识结构和共同的工作语言；(2) 交流的意愿，组织中的员工或较低的层级有相互交流或与上级交流的意愿，他们愿意将自己拥有的信息与其他成员分享并获得他们的信息和回馈；(3) 组织的领导者鼓励员工的交流，并用一定的形式固定其交流结果。在交流成果中体现员工对组织的价值，并形成科学指导和进一步交流的新起点。在后福特制条件下，员工被鼓励积极发展和寻找问题而进行交流。他们具有相互交流的基础，因为他们都具有多种技能，相互间可以有更多的交流语言。更为关键的是，企业管理者鼓励员工的这种交流，并将交流的结果即一定的学习经验固定下来，为下一步的交流建立一个更高的基础和科学的平台，保证交流的效率。

而在福特制条件下，企业的学习和创新能力较低。因为组织各成员之间的合作关系紧张而不稳定，过细的专业分工限制了员工交流，严格的命令任务制缺乏对交流和提出建议的鼓励机制。员工只是等待问题的发生，这使交流处于被动状态，效率低下，无法形成有效的学习和创新。两种组织方式在交流和学习上的区别主要表现在交流量、网络结构、交流模式和信息种类等方面。①

John Courtright，Gail Fairhurst and Enda Rogers 指出，与后福特制条件下的组织相比，福特制组织显得机械，不考虑下属的反应，更多的是命令式的交流，过多的控制行为产生的是更多的冲突。② 而后福特制则要求组织是一个有机的系统，比大规模组织更多的通过问题引导下属参与，通过更高水平的讨论既明确又拓展了其他成员的观点。

后福特制条件下，企业拥有较高的交流和学习能力，使企业实现了持续创新。这些都构成了企业动态能力的重要组成部分。面对外部环境的变化，企业的各个有机部分能够迅速地将信息传递到组织的其他部分，并迅速提供意见交流，共同决策和解决问题。在这一过程中，组织会预测各种即将发生的问题，使企业能够动态的适应市场，作出快速而正确反应。各

---

① John Courtright，Gail Fairhurst and Enda Rogers，Interaction Patterns in Organic and Mechanistic Systems，Academy Management Journal，1989，Vol. 32，No. 4，pp. 773 - 802.

② John Courtright，Gail Fairhurst and Enda Rogers，Interaction Patterns in Organic and Mechanistic Systems，Academy Management Journal，1989，Vol. 32，No. 4，pp. 773 - 802.

部门的交流和决策参与过程，使企业的决策执行更加有效而快捷，是企业动态整合能力的体现。学习能力的提高和持续创新中的知识累积，为企业面对市场变化提供了更多的参照和支持，使企业对环境变化的动态反应准确而快速。更重要的是，学习能力为组织积累了丰厚的人力资本，为柔性生产和持续创新提供了关键的人力资源基础。

二、组织适应性调整机制

在后福特制条件下，企业组织结构的层级少，更多地强调团队合作。在面对环境变化时，可以很快地改变组织结构，而不是以固定不变的组织结构去面对各种市场变化，因而具有更高的动态能力。

在后福特制条件下，拥有分支机构的企业内部，处于不同地区的相关部门的组织结构也是不同的，以便对所遇到的具体问题作出反应，应对当地的市场状况。因为组织变化通常发生在较低的组织层面上，很难被局外人察觉。问题的这一性质决定了应当由谁来负责解决问题，以及组织结构应当怎样设计。更为重要的是，在后福特制条件下不同的组织机构可以在同一家工厂内部和谐共存。

丰田汽车位于日本 Kamigo 的发动机制造厂有两个制造部门，各有 3 个独立的生产车间。制造一部的生产人员向车间主管汇报工作，而工艺工程师则直接向部门领导汇报工作。与之不同的是，制造二部的工程师却分散在 3 个车间里，与生产工人一样受各自车间主管的领导。一般来说，很难说这两种组织结构哪个更胜一筹。根据实际工作者自己的解释，之所以采用两种不同的组织结构，是因为制造一部所碰到的问题要求工程师们必须相互学习，共享工程技术资源，而制造二部遇到的问题则要求生产人员和工程人员在一个车间内紧密协作。因而，组织结构之间的差异，实际上反映了两个部门遇到了不同的问题。

生产流程和组织机构的不断重构，使企业大大提高了解决问题，适应不同市场环境的能力。这种能力是企业面对不确定性市场时所构建的动态能力，随机地重构企业的组织结构，其目的是为了提高组织效率，随时剔出冗余机构。随时整合组织内最优资源，使企业在不确定市场条件下提高反应速度，这种能力甚至比组织拥有的资源和经验更有效。这种灵活构造，使后福特制可以广泛地移植到汽车产业以外的造船和机械加工等行业，并表现出良好的绩效。

这种不断适应环境变化的组织重构以及各部门之间的良好对接，使后福特制条件下的企业组织具有即时性能力。随着产品的即时化生产，任务的即时化转移，组织的衔接能够做到即时交接，组织之间不存在较长的缓冲时间。而在福特制条件下，因为组织结构是长期的和固定的，当面对新问题时，现有组织之间往往需要同时接受变革才能较好地衔接，否则就带来较大的缓冲和浪费。这是很多传统企业在学习丰田生产方式时不能做到即时化的重要原因。即使有些企业在技术上或信息软件上做到了即时化，在组织管理上的非即时化却难以得到根本的改变。管理上的错误输入，通过精确信息工具的传导得到的只是错误的累积和放大，这是很多企业学习丰田生产方式失败的重要原因。只有企业组织做到即时化，拥有高度的动态重构能力，企业才具备高度的动态能力，快速的适应市场变化，做到减少浪费和提高效率。

三、多技能柔性人力资本的积累机制

员工关于产品、生产过程和客户的知识根植于日常管理和社会交往的模式之中，这些知识将形成难以模仿的组织能力，与可购买的技术构成的能力不同。而后福特制条件下，员工积极对待问题的态度与减少浪费的要求一起，创造了创新性人力资源提高经济绩效的环境。①

丰田生产方式造就了一个人人都是科学家的组织。无论何时，在制订一项规程的过程中，丰田首先制订的是日后可以检验的一系列假设。这是一种科学的方法在生产管理过程中的应用。在进行任何改进之前，丰田都会采取一个解决问题的严格流程：对事态的现状进行详细评估，并且制订出改进计划，这一改进计划就是对拟定的变革进行新的实验和验证。

在后福特制条件下，员工被赋予职权和时间提出与质量相关问题并作

① John P. M. , Human Resource Bundles and Manufacturing Performance: Organizational Logic And Flexible Production Systems in the World Auto Industry, *Industrial and Labor Relations Review*, 1995, Vol. 48, pp. 197 - 220.

出必要的改进。全面质量控制等管理手段，必须依赖管理者和员工全身心的投入和承诺。[①] 这种积极解决问题的能力和态度积累了企业丰富的人力资本，正是这些人力资本通过质量问题的发现、帮助寻找合理的技术改进和优化工作职责等方式促进了企业效率的改善和卓越的实现。

四、后福特制下企业的组织资本积累

组织资本包括组织的人力资本及其所依托的组织结构，它的基础是人力资本。人力资源具有隐性和柔性特点，与之不同，组织结构包含组织的形态及组织架构之上的制度和惯例等，它具有显性和刚性的特点。隐性知识在个人和团队及组织之间的传递必须借助显性知识，显性知识和隐性知识的相互作用和不断超越将产生新的知识。拥有这些知识的人力资源在特定的组织机构中发挥组织资本的作用，通过外显方式表现为企业的动态能力。因而，组织资本的形成过程本质上是人力资本和组织结构联合演化的过程，它通过企业的竞争行为表现为动态能力，并使企业获得持续竞争优势。

此外，通过对环境的适应而不断进行的组织重构会形成有效发挥人力资本价值的组织结构。这种组织结构成为企业组织资本的重要组成部分，它是组织资本的载体，也是组织资本自身根据环境变化改变组织形态的结果。同时，它反过来能够有效地发挥组织中人力资本的价值，形成高效能的组织资本。在这一过程中，企业组织资本的积累和调整最终表现为企业在竞争中高效的组织运作，即在激烈竞争中所体现出来的动态能力。因而，作者认为，动态能力必须依存在组织之中，是能够实现高效知识积累和自我调整能力的组织资本的外在表现。组织资本的价值在于把企业人力和组织等资源有效地凝聚起来，通过资源的有机整合和重构，在实现企业战略目标的过程中得到有效利用和发挥。

在后福特制条件下，企业面对的是高度不确定性的市场环境，无论是

---

① Davy, Jeanette A., Richard E. White, Nancy J. Merritt, Karen Gritzmacher, A Derivation of the Underlying Constructs of Just – In – Time Management Systems, *Academy of Management Journal*, 1992, 35, No. 3, pp. 653 – 670.

组织资本的内涵还是积累方式都不同于福特制企业。后福特制企业拥有的员工是多技能专家式的，要求对他们不断进行职业培训并降低离职率，以积累丰富的人力资本。相应地，组织结构也会不断地为适应需求变化而进行重构。此外，后福特制条件下企业强调组织学习和创新，即强调加快组织资本的积累速度。要求组织内部能够主动提出问题和解决问题。这些特征使后福特制企业的组织资本在面对外部竞争时表现为动态能力，以有效地应对市场变化，并作出有效反馈。而福特制企业的组织结构是复杂的和正式的，拥有相应的专有技术。它的组织资本积累的内涵也不同于福特制，不重视员工的离职率，对员工技能的要求很低。因而，福特制企业组织资本积累的核心不是人力资本，而是组织内的专有知识。它的组织资本自我调整能力较低，长期固定的学习曲线使其产生了路径依赖。当外界环境发生变化时，组织资本积累方式不能及时变革，其外在表现是企业决策灵活性的缺乏，战略调整不及时。因而，在高度不确定市场中这类企业将缺乏竞争优势。

第四节

动态能力：后福特制企业速度经济的基础

在单一而稳定的市场条件下，福特制通过大规模标准化生产获得强大的竞争优势。但是随着市场条件不断向多样化和不确定性方向的转变，后福特制柔性生产的优势开始逐渐显现出来。其中的根本原因是后福特制企业所拥有的动态能力。在快速变化的市场条件下，任何现有资源和优势都可能成为未来发展的障碍，而动态能力则构成了企业获得持续竞争优势的基础。

一、后福特制企业的动态能力

20世纪70年代以来，企业面对的市场环境的不确定性日益增加。市场需求呈现出个性化和多样化的趋势，从而使企业根据市场需求作出反应的难度大大增加。面对市场的新变化，快速的适应并作出准确的反应是企业获得新竞争优势的最终来源。

在福特制条件下，企业的目标是标准化产品的大规模生产。如果市场需求减少，只能通过库存的变化来调整，无法满足市场对多样化产品的需求。而后福特制生产依托动态能力，能够现实小批量生产，通过专业化和网络化，降低多样化产品生产的转换成本，实现多品种产品的共线生产。在同样的生产规模基础上，解决了多品种和小批量生产的难题，当遇到市场需求波动时，可以随时改变生产计划和生产线上的产品组合。在适应市场需求的小批量生产的同时实现多品种整体生产的规模经济，从而使产品多样化生产的成本降低。由于生产批量小，可以随时完成订单，缩小了交货期和库存。企业的动态能力成为后福特制生产的基础，使企业能够追求速度经济。参见图 3－7。

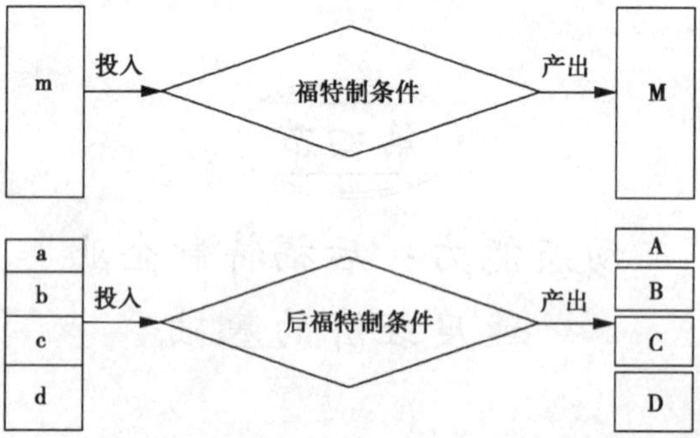

图 3－7　大规模生产与后福特制批量产出比较示意图

同时，福特制企业因追求大规模生产和低成本，降低了企业的变革速度，对市场变化的反应很慢。复杂和机械的企业组织机构，使内部信息流通速度缓慢和决策的参与度低，这导致企业决策执行的灵活性差。员工被动的解决问题的态度，大大降低了企业对问题的反应速度。问题无法得到及时解决，产品的质量无法得到迅速提高。

后福特制企业因组织结构的柔性和模块化，实现了多样化产品的低转换成本。员工积极发现问题的态度和参与决策的激励政策，使企业技术不断地得到改进和创新，敏感地捕捉市场的变化信息，主动应对市场变化。动态能力使企业能够在快速变动的市场环境中，迅速的调整组织机构和生产线，在短时间内就会重新获得竞争优势。

二、动态能力提高企业内部的效率

在后福特制条件下，企业内部组织能够实现大量的信息传递。例如，在丰田公司内部，定期的员工交流使员工能够对在执行上层决策过程中出现的新问题进行讨论和解决，解决不了的问题会交给上一层级的管理者进行讨论解决。问题导向的企业内部快速运行的前提条件是：（1）强调员工的多技能和积极参与决策，这使企业内部能够准确的制定决策并快速的执行；（2）各部门之间经常进行交流以提高相互间信息传递的速度；（3）灵活的组织结构能够迅速的进行资源重构以实现企业的战略。这些都构成了动态能力的基本内容，极大地提高了后福特制企业内部的运行速度和效率。

丰田内部组织之间高度的管理协调，使企业的组织具有即时化管理能力，并在组织间实现了即时化，这是JIT生产能够在丰田内部实现的重要原因。否则，即使能够准确计算出每个生产环节内部的供给和需求，组织间的缓冲仍然会造成巨大浪费，从而使JIT生产在很多企业的移植失败。实现组织的即时化，是信息技术即时化的前提，高技术的管理软件无法实现企业内部的快速运作，只会出现计划变化快而执行缓慢的状况。只有具备了动态能力的企业组织，才会有较高的效率。

三、动态能力提高企业适应市场环境变化的能力

以持续创新、敏捷制造和网络化为特征的后福特制企业，已经在很多行业获得了成功。福特制要求市场单一而稳定，有足够大的需求规模和扩张空间。这使企业在面临规模狭小的市场空间时无法在多品种市场中获得竞争优势。事实上，在全球产业高度竞争的今天，单一产品市场同样面临着巨大的竞争压力。而丰田公司针对多目标市场的小批量生产在狭小的细分市场内获得盈利，有效地规避了竞争。后福特制企业因为能够生产多品种产品满足不同的消费者需求，在有效避免激烈的市场竞争的同时能够保

证质量和效率而广受赞扬。[①] 这种灵活应变的动态能力，使企业能够适应各种不同的市场环境，提高了企业在全球市场的竞争力。

在市场向多样化和不确定方向转化的今天，大规模生产方式只能适应少数寡头垄断行业。大多数行业的发展需要后福特制生产方式，以便在高度不确定的市场环境中获得竞争优势。因为在后福特制条件下，企业要具备能够适应各种环境变化的动态能力。与福特制相比，后福特制企业实现了以团队生产为导向的内部网络化和以即时制生产为核心的外部组织网络化。专业化和网络化拓展了企业的灵活性和适应性，使得企业拥有更高的动态能力。

在高度不确定性的市场环境中，竞争优势难以持续获得。现有的知识、经验或资源很可能演变为企业沉没成本。而以快速的反应速度和学习能力为基本内容的动态能力，才是企业获得持续竞争优势的来源。因而，后福特制比福特制在决策方面具有更高的准确率[②]、更快的反应速度。[③] 这种快速反应的动态能力，是企业适应市场环境变化取得持续竞争优势的关键。

---

① Krafcik, John F., Triumph of the lean production system, *Sloan Management Review*, 1988, Fall.

② Zhiang Lin and Chun Hui, Should Lean Replace Mass Organization System? A Comparative Examination from a Management Coordination Perspective, *Journal of International Business Studies*, 1999, Vol. 30, pp. 45 - 80.

③ John A. C., Gail T. F., L. Edna Rogers, Interaction Patterns in Organic and Mechanistic Systems, Academy of management Journal, 1989, Vol. 32, pp. 773 - 802.

第四章

细胞生产：后福特制生产方式的新进展

随着社会从传统工业经济向知识或信息经济的迈进，曾经作为现代工业代表的大规模标准化流水线生产的局限性开始暴露出来。继丰田生产方式之后，日本企业在20世纪90年代又创造出一种新的生产组织方式的演进形态——细胞生产。

早在1989年，索尼的美浓加茂工厂就淘汰了生产流水线，开始了细胞生产方式的探索。在日本，细胞生产目前已经进入到广泛应用阶段。例如，佳能、卡西欧、三洋、松下、东芝等企业先后采用了细胞生产方式。其应用的行业领域也越来越广，当初只是在小型电子行业应用，目前已经广泛应用于服装制造、机械制造、汽车制造、日用化妆品制造和缝纫机等广泛的制造业领域。

这种新的生产组织方式的出现，引起了理论界的广泛关注。20世纪90年代以来，《工厂管理》、《IE评论》和《日经机械工学》等杂志先后对其进行过广泛而深入的讨论。2001年5月，日本国家电视台甚至以专题片的形式对三洋电机鸟取工厂、佳能取手工厂和山形县某部件工厂采用细胞生产方式的案例进行详细报道。2001年10月15—19日，《日本经济新闻》发表的题为“与中国竞争淘汰传送带式流水生产线”的连载文章，详细介绍了日本企业采用细胞生产方式的新做法。此外，日本一些民间团体也纷纷举办研讨会，积极促进细胞生产方式的推广普及。

本章首先讨论细胞生产组织方式产生的背景，在详细介绍了这种组织方式的本质和运行机制后，对其效率作出客观评价。最后探讨中国制造企业应用这种生产方式的可能性及其前景。

第一节

后福特制生产方式的新进展

一、后福特制生产方式的产生和发展

20世纪70年代以来，社会经济形势发生了重大变化。这种变化主要来自以下几方面：

1. 随着市场波动性的加强，消费需求变得越来越不稳定，大规模消费的时代已经结束，消费者的需求越来越呈现出个性化和多样化的特征；

2. 产品生命周期越来越短，生产模式已经从“大批量单品种”向“小批量多品种”转变。产品竞争已经不再是价格竞争，而是速度竞争，只有用最快的速度生产出满足市场需求的产品才能保持竞争优势。

3. 世界经济一体化的趋势越来越明显，面临着来自国外企业的竞争，要求企业自身必须及时作出调整。

基于以上背景，大规模标准化生产方式难以适应新的经济环境变化，其弊端日益暴露，主要表现在以下几方面：

1. 传送带式的流水线生产使得生产流程僵硬，人员安排僵化，无法处理模具的迅速变换和产品的更新换代，生产布局调整困难。当企业为了满足需求而更新产品或开发新产品时，只能废弃原有的生产线，建立新的

生产线，这必须依赖大量新的资本设备投资，给企业带来巨大的沉没成本。

2. 无法保证生产线的平衡运行。因为流水线只能在每一道工序都能运转的情况下才能正常运行，否则就会造成整条生产线的停顿。生产线的循环周期是由效率最低的工人决定的，这就会带来高效率生产工人等待时间的浪费。而且生产线越长、分工越细、人员越多，等待时间的总和就越多。

3. 无法及时调整产量，会造成大量库存，企业必须安排专门的场地和人员处理这些库存，这将造成企业的浪费和低效率。大量库存所造成的浪费，在市场稳定和需求旺盛的时期不会充分暴露出来，因为市场可以消费掉这部分库存。但是在市场需求日趋饱和，世界经济进入低速增长时期，库存就会成为一种“过剩”，造成企业资源的浪费和经济效益的下滑。

4. 生产工人的技能单一。一般一个工人只从事一种单一的机械劳动，即使是熟练劳动力，最多也只能担任三道工序的作业。员工独立工作，彼此之间缺乏交流和互动，出现了生产车间的“孤岛”现象。员工技能无法得到提升，长此以往，造成员工归属感的降低，不利于调动员工积极性和创造性。这种生产方式使生产要素中最具灵活性的要素——劳动力无法得到最大效用的发挥，极大地浪费了人力资源。这也是标准化流水线生产缺乏柔性化的一个重要原因。

从以上分析可以看出，“浪费”现象在大批量生产方式下的严重性，图 4 – 1 清晰地反映出“浪费”的来源。

由于在大批量生产方式下，企业存在过剩的生产能力，为了使这些“过剩”得到充分利用，就要把它投入生产，这就产生了第二层次的浪费。过剩的人员从事着过剩的生产，掩盖了大批量生产方式下的浪费，在整个生产环节似乎找不到浪费的痕迹。但是在终端库存的管理阶段，浪费就完全被暴露出来，企业大量用来存放原材料以及成品的仓库、管理这些库存的人员以及用来搬运这些库存的各种机器设备，都成为无效劳动，没有为企业带来任何附加价值。如何将人员和设备进行合理配置，将过剩的资源，尤其是人力资源，转化为企业利润的来源，成为了新的市场背景下企业的当务之急。

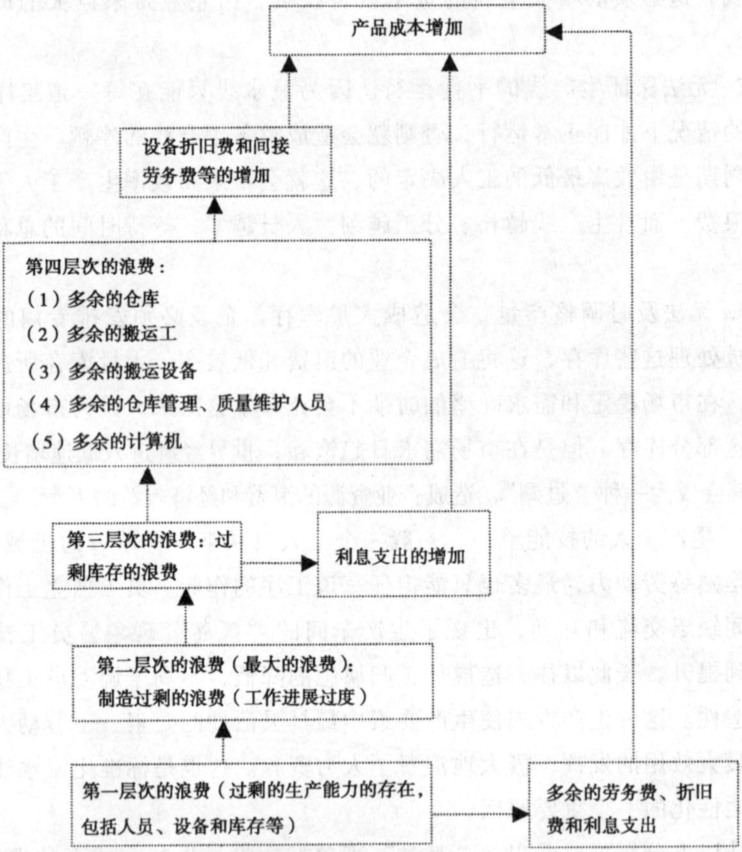

图 4－1　大批量生产方式下企业的“浪费”现象示意图

资料来源：［日］酒卷久：《佳能细胞式生产方式》，东方出版社 2006 年版。

为了消除企业生产中存在的大量“浪费”，企业界开始了生产组织方式的变革，引领这场变革的是以丰田为代表的日本汽车企业。丰田生产方式的出现，突破了依靠劳动分工建立流水线提高生产效率的神话，创建了一种全新的生产组织方式。这种生产方式的应用和推广，使日本经济得到了快速的恢复和发展，迅速成为了亚洲经济的佼佼者，在世界经济中的排名也大幅提升。丰田的巨大成功，使很多欧美国家的汽车企业开始纷纷效仿丰田生产方式。丰田生产方式的出现也标志着一个新的时代——后福特制的到来。

二、细胞生产方式的出现

丰田生产方式的出现有效地解决了“浪费”问题，在一定程度上满足了多样化和个性化的需求，但是总体上说，丰田生产方式并没有做到完全的柔性生产，它仍然是建立在一定生产规模的基础之上。1997 年亚洲金融危机的爆发，市场需求变得更加难以预测，市场空间不断缩小，使企业面临着来自国外同行的竞争。

战后日本经济的腾飞依托于强大的制造业，尤其是在汽车和电子等传统产业上保持着强大的竞争优势。因而，制约日本经济发展的不是供给，而是需求。在泡沫经济时期，日本消费需求迅速增长，日本制造业也表现出一派繁荣的景象。

但是，随着 20 世纪 90 年代初期日本泡沫经济的破裂，居民收入下降，消费萎缩，投资不足，导致市场环境急剧恶化，经济持续衰退，进入一个恶性循环的漩涡：泡沫经济破灭──→经济不景气──→低利率──→资本外流──→需求低迷──→银行呆坏账增加──→维持低利率──→资金回流困难──→需求更低迷──→银行危机──→经济衰退。尽管政府采取了种种措施，但是收效甚微。1998 年全年居民消费增长率仅为 1.1%，1999 年全年居民消费增长率甚至降低为 -0.1%，2000 年虽有所回升，但增长率也仅仅为 0.9%。[①] 据 2001 年 2 月 12 日日本《经济新闻》的报道，由于民间消费萎缩，再加上美国经济放缓和出口减少，越来越多的日本工商业主管担心，公司盈利回升的趋势将无法维持下去。[②] 个人购买力持续疲软，成为影响市场需求的关键因素，也是日本经济复苏的最大障碍。

与此同时，国际经济环境的改变对日本制造业提出了新的挑战。1985 年“广场协议”之后，美元大幅贬值，日元被迫升值。这一突如其来的国际贸易环境的新变化，使当时正处于繁荣景象的日本制造业受到了严重的冲击，其出口产业在国际市场上的竞争力急剧下降，出口数量明显减少。日本制造业面临着必须把生产基地转移到海外的局面，把工厂迁到成

① 王洛林等：《1999 - 2000 世界经济形势分析与预测》，社会科学文献出版社 2000 年版。
② 蔡友英：《论日本的经济泡沫》，厦门大学硕士论文，2001 年 4 月。

本较低的其他国家。一方面，外移的企业大多是大批量生产的企业，国内更多关注于多品种小批量的生产；另一方面，海外子公司的生产能力得到大规模提升，其产品大量返销日本，而且返销的时间越来越短，使得日本产品尤其是电子产品的生命周期越来越短。

国内和国际环境的新变化，使日本制造业面临着新一轮改革和重组，企业能否拥有“动态能力”成为竞争优势的基本来源，而提高“动态能力”的一个关键环节就在于能否实现更加柔性的生产，即能否使企业在最短的时间内适量生产出符合市场需求的产品来。细胞生产方式的出现从本质上来讲，就是为了进一步提高企业的柔性生产能力。

细胞生产方式的出现，与以往以丰田为代表的精益生产方式比较而言，更加注重柔性在生产过程中的作用，是在新的市场环境下后福特制生产组织方式的新的演进形态。

第二节

细胞生产方式的分类、运行机制及其本质

日本学者 Katsuhide Isa 和 Tsuyoshi Tsuru 这样定义细胞生产方式：细胞生产方式是传统的传送带式流水线之后出现的一系列工作现场的创新。其中，每一个独立的作业员或者是团队（由两到五名作业员组成）在更短的生产线上（即单个独立的工作细胞，通常以 U 型曲线的形式布局）完成多种生产任务。①

日本学者 Dario Ikuo Miyake 虽然未对细胞生产方式给以明确的定义，②但在他的文章中可以概括出他对细胞生产方式的理解：细胞生产方式是在

① Katsuhide Isa and Tsuyoshi Tsuru. Cell Production and Workplace Innovation in Japan: Toward a New Model for Japanese Manufacturing, *Industrial Relations*, Vol. 41, No4. 2002, 10.

② Dario Ikuo Miyake. *Shift from Belt Conveyor Line to Work - cell Based Assembly Systems to Cope with Increasing Demand Variation and Fluctuation in The Japanese Electronics Industries*, Working Paper, 2006.

废弃传统的传送带流水线生产方式之后建立的一种取而代之的生产方式，它综合了以往丰田生产方式，U型流水线以及成组技术的经验，主要目的是增强企业对市场的反应速度。

另一位日本学者白井邦彦（Shirai Kunihiko）对细胞生产方式作出了如下解释：细胞生产方式“是适应多品种小批量生产的柔性生产方式，是能够提高生产效率和排除作业中种种冗余和浪费的‘依赖人的生产形态’。现在采用它的工厂正在不断增加，预计将来它将取代主流的传送带式的生产方式”。

佳能电子总裁酒卷久在其著作《佳能细胞式生产方式》中，曾经对细胞生产方式做了以下简单的概括：细胞式生产方式可以被视为“重新设置”工厂的生产方式。这是一个舍弃传送带时代积累下的“无用功”操作、“无用功”设备、“无用功”经验和从零开始思考的机会。

综合以上学者的观点，笔者将细胞生产方式定义为：建立在信息技术的基础上，依托操作员的多技能，为适应多品种、小批量的订单需求，大多采用U型流线布局，并且应用低成本自动化技术，彻底杜绝了生产车间“浪费”的一种柔性生产方式。

一、细胞生产方式的分类

在实际生产线上，细胞生产方式存在多种多样的形态。从细胞生产方式与传送带流水线生产方式相比较的角度，可以将其划分为以下几种形态：

1. 直线型生产方式。这种生产方式的原理与传送带式生产方式相似，仍然是直线型布局，由多名劳动者分段承担各道工序，将半成品交给下一道工序的劳动者，只是将传送带从生产线上撤除。具体布局形式如图4－2所示。

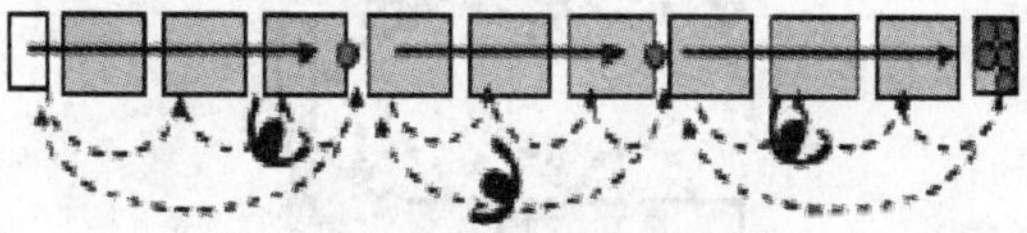

图4－2　直线型生产细胞示意图

资料来源：Dario Ikuo Miyake，The Shift from Belt Conveyor Line to Work－cell Based Assembly Systems to Cope with Increasing Demand Variation and Fluctuation in The Japanese Electronics Industries，Working Paper，2006.

2. U型流水线生产方式。具体可分为以下三种形式：

①分工式生产方式。在一个工作细胞之内由几名劳动者（通常是4—5名）完成有限的专门的工序，劳动者之间仍然存在分工。通常来说，分工方式只是一种过渡形式的生产组织方式，也就是说，在更多的情况下，企业采用分工方式只是为了向后面两种生产方式中的一种过渡。具体布局如图4－3所示。

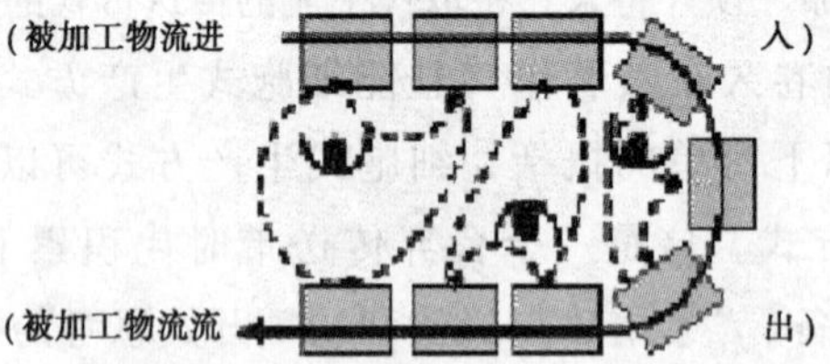

图4－3　分工式生产细胞示意图

资料来源：Dario Ikuo Miyake, The Shift from Belt Conveyor Line to Work－cell Based Assembly Systems to Cope with Increasing Demand Variation and Fluctuation in The Japanese Electronics Industries, Working Paper, 2006.

②巡回生产方式。在U字形的生产线上，每个工作细胞由两到三名劳动者组成，每个劳动者一边随着半成品移动，一边进行着全部流程的操作。按照操作顺序，确保每个部件的完成。因为劳动者要随着半成品移动，所以这种生产方式也可以被形象地称作"追逐式生产方式"。劳动者保持大致相等的生产速度，并且同一个工作细胞之内的员工可以共享生产设备。但是其生产速度要受到效率最低的生产者的限制。具体布局如图4－4所示。

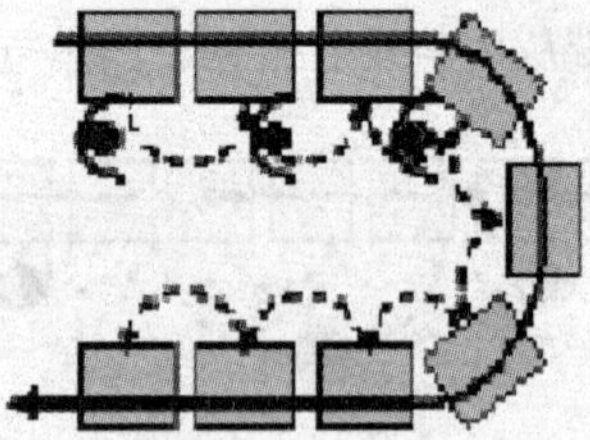

图4－4　巡回方式生产细胞示意图

资料来源：Dario Ikuo Miyake, The Shift from Belt Conveyor Line to Work－cell Based Assembly Systems to Cope with Increasing Demand Variation and Fluctuation in The Japanese Electronics Industries, Working Paper, 2006.

③单人生产方式。每个工作细胞之内只有一个劳动者，单独完成所有的工序（包括检验在内），因此，在生产线平衡方面的效率是最高的。但是因为要在每个细胞之内配备必要的生产设备及工具，资本投资增大。具体布局如图 4－5 所示。

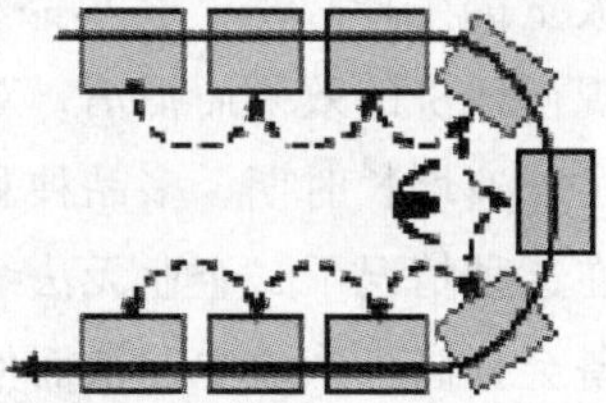

图 4－5　单人方式生产细胞示意图

资料来源：Dario Ikuo Miyake，The Shift from Belt Conveyor Line to Work－cell Based Assembly Systems to Cope with Increasing Demand Variation and Fluctuation in The Japanese Electronics Industries，Working Paper，2006.

Shinohara 通过对 12 家采用细胞生产方式的工厂（其中设置了大约 294 个工作细胞）进行调研，发现单人生产方式是最常采用的形式。①

除了以上这些形式的布局，还存在其他特殊形式的布局，比如花瓣型，货摊型、O 型、餐台型、推车型等。企业根据不同的产品种类、生产环境以及人员安排，选择不同的细胞生产方式形态。在不同的企业和工厂，细胞式生产线的布局大不相同，即使是在同一个工厂内，车间内的生产线形态也可能会呈现出多样性。以佳能电子为例，秩父事业部、美里事业部、赤成事业部等三地，就活跃着各种各样的细胞式生产方式，包括了直线型、U 字型、花瓣型、货摊型等多种布局方式。②

二、细胞生产方式的运行机制

1. 固定资产的要素——低成本自动化（Low Cost Automation，以下简称 LAC）。企业生产的目的就是要获得高利润。无论机器设备多么尖端先

---

① Dario Ikuo Miyake，The Shift from Belt Conveyor Line to Work－cell Based Assembly Systems to Cope with Increasing Demand Variation and Fluctuation in The Japanese Electronics Industries，Working Paper，2006.

② 酒卷久：《佳能细胞式生产方式》，东方出版社 2006 年版。

进，如果它不能给企业带来利润，那么，企业就没有必要引进先进机器设备。

在流水线生产方式中，生产技术部门热衷于开发技术尖端、流程复杂的机器设备，技术开发能力突飞猛进。但是，相伴而来的是高额的生产设备成本，而且还会占用大量的生产厂房。在单品种和大批量生产方式下，设备成本的增加会因为规模经济的效果而抵消，对于企业利润影响不大。

但是现在已经进入了低速增长时期，多品种和小批量的生产方式越来越显示出它的重要性。在这种情况下，企业无法继续从规模生产中获得好处，引进昂贵的机械设备会提高生产成本，从而使企业的利润最大化目标受到影响。很多企业纷纷改变了以往依靠大规模投资，引进高科技含量的大型机械设备来提高效率的生产策略，转而寻求在低成本基础上的高效生产。

根据日本机械振兴协会（JSPMI）1998 年的调研结果，日本企业投资自动化设备计划的比重从 1992 年的 26.5% 下降到 1994 年的 19.6% 和 1998 年的 18.7%。尽管自动机械设备的价格 1990—2002 年下降了 43%，并且性能不断改进。据估计，2002 年自动机械设备的存储量将降低到 350000 单位，并且还会继续降低。①

细胞生产方式是建立在 LAC 基础上所形成的一种高效率生产方式。工作细胞内只需配备简单的设备和工具，无需复杂的计算机控制系统等昂贵的机器设备，其投资远远小于大型自动化系统。很多生产设备和工具甚至是由工人开发出来的，这些设备大都轻薄短小，操作简单，造价也不高。而这种自主研发的简单设备往往更符合实际生产的需要，达到降低成本，提高效率的双重目标。

建立在 LAC 基础上的细胞生产方式，使得企业得到“瘦身”，这是柔性生产一个不可或缺的因素。

2. 人的要素——“以人为中心”的生产方式。柔性生产对企业来说至关重要，而劳动力是全部生产要素中最灵活的部分。因此可以说，人的因素在整个生产方式的转变中占核心地位。

① 酒卷久：《佳能细胞式生产方式》，东方出版社 2006 年版。

在传送带生产方式下，分工过于细化，每名劳动者所负责的操作被细分化、定型化，劳动者发挥自身潜能的机会很少。废除了传送带的细胞生产方式，依靠的是一个个紧密联系的工作细胞，每名劳动者要完成更多道工序，需要掌握的技能更高，其在生产过程中的主观性和能动性得到有效发挥。

1976年1月份的《工厂管理》提出了“创造以人为中心的崭新的工作系统”的观点，文中指出了“职业扩展化”和“职业充实化”的方向。其目的是将过于细分的工作框架弹性地扩大，给过于定型化的工作留出资助计划的余地和更多的自我空间。重新设计工作的结构，让操作者享受到“充满干劲和完成后的充实感”。[①]

细胞生产方式就是符合了这样的规划，它以作业员的多技能或全能化为基础，主要靠人的灵活性应对市场需求的多变性。劳动者的自主性得到提高，因此细胞生产方式也经常被称作“自律分散型生产方式”。

在传送带式生产方式下，所有的劳动者都在一条生产线上从事生产，共同制造同一件产品。然而在细胞生产方式中，每名劳动者独立地在工作细胞内进行操作，众多的工作细胞同时工作。在这种生产方式下，劳动者不是听从上面的命令而劳动，而是经过思考后自主自发地进行劳动，从而发挥了生产组织高度的灵活性。

当然，自主性提高并不意味着整个组织是松散的，相反，在细胞生产方式下生产的统一性得到了提升，整个生产车间所有劳动者的思想是统一的，所有的工作细胞都是按照周密和严格的生产计划开展工作，一件产品在各个细胞内分别组装，最后完成一件成品。

“以人为中心”不仅仅表现在生产环节，还表现在管理环节。在细胞生产方式下，劳动者还会参与到新产品的开发、车间的布局及其改良和整个生产流程的设计环节，他们的意见通常被看作企业发展的一个重要因素。只有充分重视来源于生产第一线劳动者的意见，把实际操作者所累积的经验应用到机械的开发上，才能实现“操作简便的机械化”。这也是达到低成本自动化的一个有效途径。

---

① 酒卷久：《佳能细胞式生产方式》，东方出版社2006年版，第28页。

做到“以人为中心”，充分发挥人的最大潜力，这同样是柔性生产的一个必要条件。利用劳动者的多技能实现多品种小批量生产，有助于满足市场多样化和个性化的需求，同时也可以显著地提高产品质量。

“以人为中心”与丰田生产理念是一脉相承的。丰田生产方式实行的是“带人字边的自动化”，认为先进的设备只是起点，人才是品质的最终保障。因此，必须重视人才的培养和人才工作环境的改善。

当然，这里所说的“人”并不同于在传送带上工作的传统意义上的劳动者，在细胞生产方式下，对劳动力技能的要求更高，要真正做到“以人为中心”，就必须对劳动力进行经常性的培训。

以佳能集团为例。自创业以来，佳能集团就奉行“三自精神”的员工准则，即自觉、自发和自治。员工对自己的职责有清醒的自觉性，无论进行何种活动，自己的行为自己管理，所有的事都由员工自己思考，行动时具有高度自主性。正是有“三自精神”作为公司发展的基石，才使得佳能集团拥有了引以为豪的技术能力和销售能力。

3. 流动资产的要素——对于产品的控制和管理。细胞生产方式放弃了规模庞大的流水线，并且所有工序都由一个人或几个人来承担，不需要工序之间为了确保生产的正常运行而库存大量零部件，原来存放零部件的自动仓库被废弃，只是在各个工作细胞附近放置最低限度的零部件。这使企业的库存量减少，缩小了车间占用的面积，大幅度降低了成本，增加了企业的现金流，减少了企业过去因为库存管理而出现的一系列问题。

佳能公司的相关数据表明，采用细胞生产方式后，该公司取手工厂在制品从 108 台减少到 10 台；生产复印机和传真机的阿见工厂，在制品和库存减少了 50%；全公司共减少了 1000 亿日元的库存。

在细胞生产方式的车间中，原料的运送不再依靠传送带，而是更多地依靠人力。一般来讲，重量较轻、体积较小的部件是直接依靠人力从一个工作站转移到另一个工作站。一些体积较大或者较重的部件就由操作员搬运到一辆移动推车上将其运送到组装线。

由于生产线上工人负责的工序较多，工作任务较复杂，为了保证其生产效率，需要安排专门的人员负责管理物料的供应，通过多次供料和每次都供应一套均衡数量的物料的方式来保证生产线的正常运转。这符合丰田生产方式中即时生产（JIT），即强调生产各个环节都在必要的时间按必要的数量供给必要的物品这一原则。这样的物料供应系统从根源上杜绝了过度生产的现象，真正做到了按需生产，大批量生产方式下的大量库存问题也得以解决。

三、细胞生产方式的本质

细胞生产方式是在新的市场环境下，后福特制生产组织方式的一个新的演进形态，从本质上来讲，柔性是其根本所在，这一部分将考察这种生产方式是如何做到柔性生产的。

（一）柔性的含义

柔性生产关注的是某一生产过程可以在何种程度上进行改变以满足客户的需求，改变包括产品规格的改变，新产品的开发，满足更高的送货要求等。Upton（1994）在其文章中，将柔性定义为一种变化的能力。根据变化的阶段性，他把它划分为三种：管理柔性（指短期内，如每天发生变化的能力），战术柔性（指中期内，如每个季度发生变化的能力）以及战略柔性（指长期内发生变化的能力）。[①] Joseph T. Mahoney 认为，柔性可以被定义为应对变化的反应度或者能力，并且指出了对于多品种和低产量的厂商来说三个重要维度的柔性：混合柔性（利用同样的资源生产出不同产品的能力），劳动力柔性和产量柔性。[②]

Pine Ⅱ在其著作《大规模定制：企业竞争前沿》一书中将柔性与生产体系的创新结合起来。他指出：企业为了不断提高生产柔性，建立更多的柔性资源、生产过程以及组织结构，但是，因为市场始终处于波动之中，竞争者不断创新，这就要求厂商寻求保持持久竞争力的办法，而生产体系的创新是一个有效途径。

（二）细胞生产方式的柔性化

从以上对柔性的诸多理解中可以看出，柔性生产是在面对复杂多变的

---

① Upton, D. M., The Management of Manufacturing Flexibility, *California Management Review*, Vol. 36, No. 2, 1994, pp. 72 – 89.

② Ron Sanchez, Joseph T. Mahoney., Modularity, flexibility, and knowledge management in product and organization design, *Strategic Management Journal*, 1996, 17, Winter pp. 63 – 76.

市场环境时，企业不可或缺的能力。笔者从以下几方面分析细胞生产方式是如何做到柔性生产的。

1. 生产过程柔性。它是指利用一种资源生产多种产品的能力。这与Mahoney提到的混合柔性意义相同。

第一，因为细胞生产方式是“以人为中心的”，其生产过程与传送带式生产方式比较而言，本质上就更具柔性。技能培训以及熟练工人的辅导作用使得劳动者具有多项技能，能够完成多项生产任务，这使生产线可以完成制造多种产品的任务。

第二，生产布局的重新设计，资源的整合利用以及共享，使得在一条生产线上同时生产多种产品成为可能。

第三，细胞生产方式下，可以通过不同的细胞单元之间的连接组合，生产出不同种类的产品，满足多样性生产的要求。图4－6描述了工作细胞之间如何进行分工协作来满足多样化产品的需求。

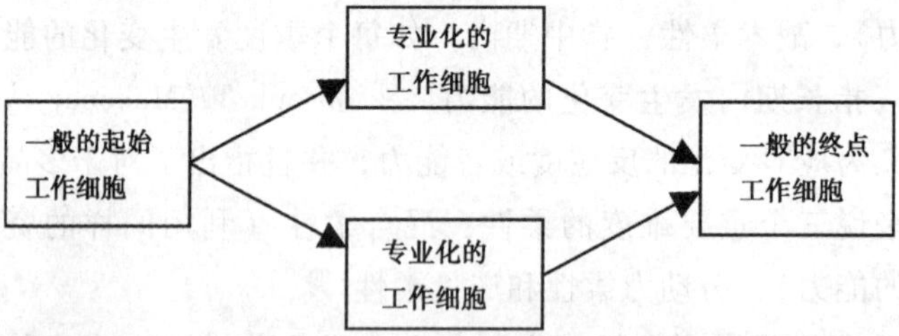

图4－6　工作细胞的组合完成产品多样化生产示意图

2. 生产准备及其产品变更的柔性：指生产设备的建立以及更换的柔性。因为细胞生产方式采用的是低成本自动化设备，其安装和变更都更容易。而且不需要自动化仓库等设备，原材料的流动是按照生产需要按时按量送达的，这就节省了厂房和资金，可以在短期内进入正常的生产工作，大大缩短了前置时间（Lead Time）。并且由于废弃了笨重的传送带和大型机械设备，当产品需要更新或者同时生产多种产品时，可以通过资源整合、车间布局的变更和工作流程的改变，实现快速的生产转换。

佳能公司美里事业部的IMS（影像管理系统），是佳能电子中最早运用细胞生产方式的工厂。在一条生产线上可以生产4种以上的产品，要想做到这一点，就必须切换生产线。引入细胞生产方式之前，切换一次产品需要 15 分钟，如果一天生产 4 种产品，就要切换 3 次生产线，仅仅是切换时间就要花费 45 分钟。引入细胞生产方式之后，切换一次生产线时间缩短到不到 1 分钟，一天切换三次的时间控制在 5 分钟以内。

NEC 的一家手机工厂的数据表明，为了适应大量增产的需要，企业购置了与流水生产线配套的最新式的机器设备，虽然其效率很高，但是每当企业变换产品的品种和规格时，都不得不花长达两个月的时间进行设备的设定和调试，才能使生产线重新运转。而采用细胞生产方式后，当企业变换产品的品种和规格时，只需根据产品的形状和工序构成重新组装一下工作细胞，重新培训一下工人即可，一般在几天内就能投入生产。

3. 产量柔性：指根据市场需求波动情况灵活地调节产量的能力。在传送带生产方式下，要保证生产线的使用效率，收回最初的设备投资，达到规模经济的效益，必须使整条生产线满负荷运转。这种表面上高效的生产方式实际上是一种生产的过度浪费。

在细胞生产方式下，生产车间可以通过增减工作细胞的数目以及调整每个工作细胞的运转速度来控制产量，这样即使在面对市场需求减少的情况下，企业也可以灵活地调整产量，做到小批量生产，达到真正的效率。表 4－1 说明表面的效率与真正的效率存在的差别。

表 4－1　　　　“表面的效率”与“真正的效率”对比

	表面的效率	真正的效率
提高效率前	10 个人一天生产 100 件产品	10 个人一天生产 100 件产品
提高效率后（市场需求并未改变）	10 个人一天生产 120 件产品，但是其中有 20 件作为库存积压（无效劳动）	8 个人一天生产 100 件产品

这种产量柔性继承了丰田生产方式中“少人化”的理念。丰田的目标是要在减产时可以按减产量的比例减少人员。传送带生产方式下实行的是“定员制”生产，无法实现依靠人员的增减来调节产量的目标。而细胞生产方式打破了这种定员制度，建立了一种能适应产量变化，无论几个

人都能进行生产的生产线。

4. 人员安排柔性。它是指劳动者可以从一个工作站转换到另一个工作站继续从事生产，或者同样的产品可以由不同的细胞组合来完成的能力。

在细胞生产方式下劳动者的转换能力由于其自身的多技能而得以实现。不仅如此，还可以通过对工作细胞不同形式的布局以及任务分派完成同等产量的产品，那么人员的缺岗现象就可以得到弥补。而在传送带生产方式下，哪怕是一个劳动者缺席，都会导致整条生产线的停工。

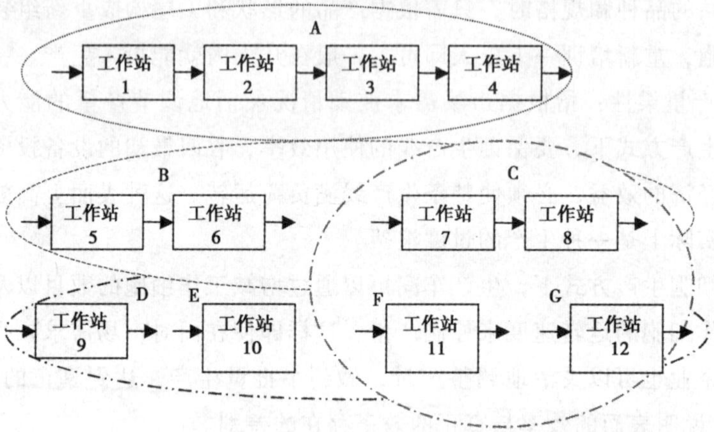

图 4－7　不同生产细胞布局示意图

在图 4－7 中1—4号工作站组成细胞 A，5—6号工作站组成细胞 B，7—8 号工作站组成细胞 C，9、10、11、12 号工作站分别构成细胞 D、E、F、G。图中显示出，在细胞生产方式下，不仅能够以细胞 A 的形式进行生产，还可以采用细胞 B＋C，细胞 D＋E＋F＋G，细胞 C＋F＋G 的形式。这样一来，就能根据产量及人员情况，灵活地安排生产任务，解决了传送带生产方式下人员安排僵化的问题。

综上所述，细胞生产方式使得柔性制造得以实现，生产线越来越短，越来越简化，设备投资越来越少；中间库存越来越少，场地利用率越来越高，成本越来越低；生产周期越来越短，交货速度越来越快；各类耗损越来越少，效率越来越高。可见，实现了柔性制造的细胞生产方式可以提升企业竞争力。

四、以佳能电子为例说明细胞生产方式的效果

20世纪90年代末，佳能电子开始逐步推行细胞生产方式。从1999年到2005年，销售额从750亿日元增至900亿日元（增幅并不大），然而利润却从11亿日元激增到118亿日元，大约增加了10倍。销售利润率从1.5%增加到13.2%，股东每股分红由4日元增加到52日元。

佳能电子的秩父工厂实行细胞生产方式后，2005年厂房面积是2000年的1/5，员工数量只有1/4，然而产量却增长了近2.7倍，生产效率提高了4倍以上。

这些数字显示出细胞生产方式在提高效率、节约成本、增加利润等方面存在着巨大的优势。

第三节 细胞生产方式的互补性制度安排

细胞生产方式发挥其柔性生产的特性，达到满足市场个性化和多样化需求的目的，仅仅依靠在生产线上进行生产组织方式的改革是不够的，还需要一整套与之相关的制度环境或规则安排与之相配合。企业应该把细胞生产方式的改革视为生产组织方式的一个有序的演进系统，为细胞生产方式发挥最大效果提供制度性保障。

一、员工制度改革

在福特制标准化流水线生产方式下，人依附于大型自动化机械设备，劳动者几乎没有发挥自身技能和创造力的机会。大家共同完成同一件产品，责任是不清晰的。过度分工使劳动者丧失了归属感，员工几乎不知道自己的劳动在整个产品制造过程中处于何种地位，劳动的积极性自然大为降低。

实施“以人为中心”的细胞生产方式之后，企业的生存和发展依托员工自身技能、经验和知识，能否以某种方式留住优秀的员工并为其提供恰当的激励，成为决定企业创造价值的关键。在这方面，除了各种形式的收入激励外，自我价值的实现、源于工作成就的满足感等等也成为重要的因素，作业方式和作业环境的“人性化”要求变得越来越重要。

细胞生产方式的实施要求企业进行相关的员工制度改革，具体表现在以下几方面：

1. 员工培训制度。细胞生产方式下的员工同时完成多道工序，要求员工具备多项技能。习惯于传送带流水线的员工往往很难适应这种改变，从而要求企业加强对员工的培训。企业可以采取定期培训制，或者采取“以老带新”的原则，实行类似于导师制的方法，每名老员工负责一名或者若干名新员工，使其能够在短期内适应岗位的需求。轮岗制也是一个有效提升员工素质的办法，很多采用了细胞生产方式的企业都实行了这一制度。

2. 激励机制。在细胞生产方式下工作的劳动者，脱离了传送带生产线，工作相对独立，自主权加强，但是相伴而来的就是对这些员工的激励问题。

第一，要建立一个客观公正的评估系统。因为细胞生产方式下，一个小团队要负责多道工序，独立地完成某些部件或者整个产品的制造过程，他们的责任是清晰的，不存在“搭便车”问题，若一个产品出现问题很容易找到问题的源头，这就使得目视化管理成为了可能，便于对员工进行评估。

第二，工资及奖励制度。

一是因为细胞生产方式下便于对员工进行客观公正的评价，所以应该严格按照员工的工作业绩建立工资和奖金制度，不仅仅参照产量完成情况，还要与产品质量挂钩。

二是细胞生产方式强调团队精神和成员主观能动性，以单独的生产细胞作为最基本的工作单元。因此工资制度以细胞内的成员为基本单位，共同计件。合理的工资及奖励制度对员工心态的稳定及团队精神的形成尤为重要。工资既要体现个人效率的高低，又要体现成员互助态度的好坏，不能过分悬殊。

二、订货系统改革

在传送带流水线生产方式下，企业的订货完全依赖于销售部门，车间只是接受来自于销售部门的订单组织生产。生产和销售是分开进行的。

建立细胞生产方式后，公司的权利下放到基本的生产细胞之内，形成了“非中心化”现象。[①] 这使基本的工作细胞有了自主接受订单的权利。细胞可以根据自身的生产能力以及人员状况，与客户直接取得联系，获得订单。客户甚至可以直接进入生产现场，与细胞洽谈。这种订货方式更能满足市场需求多样化和个性化特点，加强了企业的柔性制造。因为单独的细胞可以独立接受订单从事生产，所以有的学者也称之为“工厂中的工厂”（plants - within - a - plant）。

当然，成功的订货系统改革离不开信息技术的发展，离不开企业信息共享系统的建立。以往客户信息都掌握在企业的销售部门中，生产第一线无从获得此类信息。在细胞生产方式下，要达到生产与市场的统一，就必须建立信息共享系统，为细胞生产单元提供获得客户信息的渠道。而这就要求销售部门职责的转变，要从管理变为服务，主要负责协调和信息处理及传播工作。

三、零部件供应体制改革

细胞生产方式遵循 JIT 原则，要求企业内部仅保持短期内生产所必需的零部件，做到低库存甚至是零库存。

JIT 原则也是丰田生产方式的一个重要组成部分，其根本目的是消除车间内各种形式的浪费和积压，节省成本，做到高效生产。这就要求企业的供货系统随着生产体制的改革而改革。如何处理与零部件供应商之间的关系成为一个不可或缺的环节。

为了达到零部件厂商的适时适量供货，满足企业即时生产所需的零部

① Katsuhide Isa and Tsuyoshi Tsuru, Cell Production and Workplace Innovation in Japan: Toward a New Model for Japanese Manufacturing, working paper, 1998.

件，就要把细胞生产方式扩展到供货系统，使整个供货系统和生产系统成为一个统一的整体。

细胞生产方式的实施不仅是生产部门的事情，还关系到研发、供货、销售、人事等多个部门的配套改革，如果没有这些部门的改革作为支持，细胞生产方式的效果很难得到发挥。

四、需要进一步研究的问题

马克思在《资本论》中指出，划分一个时代的生产力水平，不是看它生产什么，而是看它怎样生产，用什么样的工具进行生产。可见，一个新的时代的到来，必然伴随着生产方式的变革。

大批量生产方式的出现及福特制的盛行使美国成为了世界经济霸主，二战后丰田生产方式的出现，使得日本经济快速恢复，并成为当今世界经济舞台上的重要力量。细胞生产方式的出现，是否也会带来新一轮的经济腾飞呢？这些都是需要我们进一步观察和思考的问题。

细胞生产方式是一种随需而变的生产方式，综合了单件生产与大批量生产的优点，既减少了单件生产的高成本，又避免了大批量生产的过度刚性，是一种比较容易实现的精益生产方式。运用细胞生产方式，公司能以尽可能小的成本制造出多种多样的满足客户需求的产品。同时，员工多技能化的实现，使得工作更加富有挑战性，增强了员工的责任感和成就感，增加了员工福利，同时又由于减少了生产中的浪费，降低了物耗和能耗，还会产生一定的环境效益。这些使细胞生产方式不仅可以达到提高企业利润的目标，还会产生很强的外部效益，是一种经济环保的生产方式。

细胞生产方式目前在国内应用还不多，只存在于一些在华日资企业以及少数国内企业。应用范围也仅局限在针织、汽车和摩托车等行业。是否可以在更多领域推广细胞生产方式呢？作者认为，从我国目前的国情以及细胞生产方式的特点来看，在我国推广细胞生产方式有其必要性。

细胞生产方式在降低成本、提高劳动力素质，尤其是满足市场多样化和个性化需求等方面具有不可比拟的优势，推广这种生产方式具有相当大的发展潜力。而且我国企业的现状也在客观上要求实施一种更加柔性化的生产方式。

1. 国内生产企业面对的已经不再是需求无限增长的市场条件，随着卖方市场向买方市场的转变，多品种小批量生产已经成为主导性的生产格局。在这种情况下，市场竞争已经不再是产品的竞争，而是生产方式的竞争，只有以最短的时间生产出符合消费者需求的产品，才能在市场立足。

2. 我国在技术研发能力上与西方发达国家相比还存在较大差距，如果单纯靠高技术机器设备来支持企业的生存发展，恐怕很难与国外企业竞争，并且成本非常高昂。

3. 我国廉价的劳动力资源不会一直保持下去，目前中国很多省市已经面临着劳动力短缺问题，依靠劳动力自身素质，而不是依靠增加劳动力数量来提高生产率的生产方式，已经成为中国企业现在和未来发展的方向。

作者认为，细胞生产方式可以有效解决这些问题。但是要在我国推广细胞生产方式，还需要注意以下几个方面的问题。

1. 细胞生产方式固然存在很多优势，但是也有一定的局限性，如果忽视了它的局限性，盲目推广，很可能会影响实施效果。它的局限性表现在以下几个方面：

（1）因为在生产车间中废除了传送带，物体的移动靠的是人力，所以细胞生产方式适用于体积较小、质量较轻的产品的生产及组装，对在大型机械设备等重型产品行业进行推广还存在诸多困难。

（2）由于在每一个细胞内都要配置基本的生产设备和工具，如果生产过程需要复杂的机械设备，企业就无法在所有的细胞单元内都配置价格高昂的设备。但是也可以通过相邻的工作细胞共享机械设备的原则来解决这一问题，这就需要对工作细胞进行合理的布局。

（3）对劳动者的培养难度加大。由于细胞生产方式依赖于员工的多技能，这使得企业的培训成本上升。传送带生产方式下的工人一般只需要1—2天培训就可以上岗，而细胞生产方式下的工人通常需要4—5天的培训才能投入生产。

（4）车间布局复杂。废除了传送带的细胞生产方式，车间布局要复杂得多，需要按照不同的产品规格、生产要求、人员情况等进行合理的布局，尽可能地降低场地占用面积，使各个细胞单元变得更加紧凑。如果布局不合理，会造成部件摆放零乱，带来生产上的混乱。所以这就需要企业具备更加科学的现场管理知识以及丰富的管理经验。

2. 要为推行细胞生产方式提供一整套制度作为保障。

（1）加强员工制度改革。企业要树立“员工第一”的经营管理理念。以往企业都强调“效益第一”、“客户第一”等经营理念，但是在细胞生产方式下，如何发挥员工的积极性和创造性，培养其工作热情，才是企业生存发展的关键。为此，企业要在意识上彻底改变，注视对员工的培养，使其最大限度地发挥潜力，提高生产效率。

（2）企业要改变过去层级式、部门式的管理模式，重视基层车间的作用。在大量生产方式下，企业组织的安排是以工序段、职能划分的部门结构，各部门间缺乏联系，而且是严格的层级管理，金字塔式的组织结构。在细胞生产方式下，基层车间的作用大大提高，与企业的管理部门不再是上级与下属的关系，其自主权大大提高，每个细胞从订货到销售，都可以独立运行，公司的管理部门更多地负责提供信息等工作。

（3）企业文化也要与细胞生产方式相配合。企业要努力培养员工的团队意识，建立团队合作的企业氛围。细胞生产方式虽然要求员工具备独立工作的能力，但是整个生产系统并不是分割的，员工必须具有全局观念，要求整个生产在一个团队中进行，包括物料配送与生产线之间的协作，各个细胞内员工之间的协作，各工作细胞之间的协作以及管理部门与工作车间的协作。这就要求企业文化随着生产方式的变革而变革，要从思想意识上改变过去孤岛式的生产方式，为产生“1+1>2”的效果创造一个良好的外部环境。

对我国来讲，目前广泛推行细胞生产方式还存在诸多困难，尤其是在“解放思想”方面，还有很多工作要做。根据我国自身情况，需要对细胞生产方式进行中国化的改造，以提高企业的经济效益和社会效益，促进我国经济的发展。

第五章

后福特制条件下劳动组织的新变化

人类的制造活动，随市场规模和范围的扩大和技术进步，生产方式经历了单件生产、福特制大规模生产和后福特制精益生产三种模式。与生产方式的演进相对应，劳动组织方式也经历了从工匠学徒制到泰勒制，再到团队作业的演化。三种劳动组织方式分别代表了三种不同的信息和知识传递及创造方式，即复制、适应与创新方式。

在概括生产方式变迁与劳动组织模式演化的基础上，本章将对福特制大规模生产与后福特制精益生产的劳动组织方式进行详细的对比分析，我们的结论是：团队合作是精益生产一种内部网络化安排，是精益生产高效率的主要来源。团队合作的共享式解决问题方式，适应了知识经济对企业知识创新能力的要求，使企业在面对不确定市场环境时能够实现持续创新，保持和获得持续竞争优势。

第一节

生产方式变迁与劳动组织的演变

考察人类经济发展史，我们会发现整个经济发展史就是一部社会分工和组织不断演化的历史。两百多年前，亚当·斯密在研究经济发展问题时，把劳动分工作为研究的对象：“劳动生产力上最大的增进以及运用劳动时所表现的更大的熟练、技能和判断力，似乎都是分工的结果。”[①] P. 克尔认为，“《国富论》就是围绕着两个不同经济分析领域的定理展开的，即生产中的劳动分工是财富增长的主要原因，而新的劳动分工取决于市场的扩大，斯密把这两者结合起来形成了凭借持续引进新的分工而自我维持的增长理论。”[②] 同样，马克思在有关社会形态发展的理论中，把经济发展看作是生产方式变革的结果，而分工和组织的发展则构成生产方式变革的主要内容。

劳动分工究竟是由什么因素决定？分工与组织之间到底存在着什么样的内在联系？为了回答第一个问题，本章首先从斯密定理入手，从市场范围的“外延”和“内涵”两个层面分析市场范围对分工的限制作用。然后考察历史上三种劳动组织形态，说明劳动分工与生产方式之间的逻辑关系。

一、劳动分工与斯密定理

1. 分工与经济发展。在斯密和马克思那里，是把劳动分工作为经济生活的核心内容来看待的。马克思指出：“一个民族的生产力发展水平，最明显地表现在该民族分工的发展程度上。任何新的生产力，只要它不仅仅是现有生产力的量的扩大，都会引起分工的进一步发展。”[③] 对于斯密的分工理论，熊彼特曾经指出的“不论在斯密之前还是之后，没有任何人曾经认为分工起到如此重要的作用，在亚当·斯密那里，它几乎是作为经济进步的唯一的因素。”[④] 斯密之所以把分工看得如此重要，是因为他认为，国民财富积累首要的也是最重要的原因是劳动生产率的提高，而劳

① 亚当·斯密：《国民财富的性质和原因的研究》（上卷），商务印书馆 1972 年版，第 5 页。

② 贾根良：《发展经济学》，南开大学出版社 2004 年版，第 34 页。

③ 《马克思恩格斯选集》第 1 卷，人民出版社 1972 年版，第 25 页。

④ 转引自贾根良：《劳动分工、制度变迁与经济发展》，南开大学出版社 1999 年版，第 1 页。

动生产率的最大提高则是分工的结果。斯密没有从抽象的分工提高生产率的一般机制入手，而是用制针工场作为例子，生动形象地解释这一思想。根据斯密的观察，进行个别细致分工的制针工人其生产效率是独立制针者的 240 倍，这种生产效率的惊人提高正是分工的结果。

为什么分工能够提高生产效率呢？斯密给出的经典解释是：第一，劳动者的技巧因业专而日精。分工使人们的工作单一化和简单化，从而使人们的精力和智慧得到了集中使用，其结果是极大提高了劳动者的技能。在这里，斯密强调了两点：技能上的差别更多的是分工的结果而非其原因；分工更有助于在边干边学过程中提高生产率。第二，节省劳动时间。“由于一种工作转到另一种工作，常常要损失一些时间，因节省这种时间而得到的利益，比我们骤看到时所想像的大得多。”① 斯密把时间的节约归结为消除劳动转换所浪费的时间，后来经济学家们则在更广的意义上运用了这一原理，节约劳动转换时间的同时也节省了没有分工时重复的学习成本，劳动者可以将更多的时间用于更有效地学习，其劳动生产率将随着他在这种活动中的专业化水平上升而增加。第三，机器的发明和采用。“简化劳动和节省劳动的那些机械的发明，看来也是起因于分工。人类把注意力集中在单一事物上，比把注意力分散在许多种事物上，更能发现达到目标的更简易更方便的方法。”② 分工使复杂的劳动分解为简单的甚至是机械式的劳动，这种标准化的机械操作为工具和机器取代人力提供了可能性。

与斯密主要关注企业内分工不同，杨格把企业内分工与产业分工的交互作用联系起来，论述整个社会的产业分工与经济发展和报酬递增的关系。杨格指出，斯密“忽略了主要之点，即分工使一组复杂的过程转化为相继完成的简单过程，其中某些过程最终导致机器的采用。在使用机器，采用间接过程时，分工进一步发展了”。同斯密相比，杨格特别强调迂回生产（roundabout product）在实现报酬递增中的重要作用。③ 在迂回

① 亚当·斯密：《国民财富的性质和原因的研究》（上卷），商务印书馆 1972 年版，第 9 页。

② 亚当·斯密：《国民财富的性质和原因的研究》（上卷），商务印书馆 1972 年版，第 9 页。

③ 阿林·杨格著，贾根良译：“报酬递增与经济进步”，《经济社会体制比较》，1996 年第 2 期。

生产方式中，虽然一部分人从消费品的直接生产中分离出来，不能直接生产人类消费的产品，但这种产品——能替代劳动的生产工具——的生产却能使最终产品的生产具有比原来更高的劳动生产率。分工所引起的这种生产率的提高称之为“迂回经济”。此外，分工使得劳动者对劳动工具的使用更为单一，改进劳动工具以进一步提高整个社会范围内的劳动生产率的可能性也大大增加。

2. 斯密定理及其扩展。分工对提高生产率乃至推动社会经济发展作用如此巨大，那么作为“国民财富增进的源泉”的劳动分工被哪些因素限制呢？在《国富论》中，亚当·斯密不仅论证了分工提高劳动生产率的效应，而且从商品交易的角度出发，分析了市场范围与劳动分工的互动关系，提出了“市场范围限制劳动分工”这一论断，后被[1]斯蒂格勒命名为“斯密定理”。斯密定理可以更为直接地表述为：市场范围扩大是分工深化的必要条件。

这一定理提出之后，受到了经济学家高度的评价和重视，如阿林·杨格（Allyn Young）称赞道：“我认为，在全部经济学文献中，最富有启发性、富有成果的一般法则就是斯密定理。”[2] 斯蒂格勒（George J. Stigler）也认为斯密定理是关于厂商和产业功能理论的核心。这一方面是由于斯密定理高度准确地概括了经济现实当中的一个最基本的问题，另一方面因为在此定理之上，经济学家们作出了众多极富创造性并对经济现实影响重大的理论发展。如马歇尔认为，市场范围的扩大可以使厂商从两个方面受益：一方面随着市场范围的扩大，劳动分工进一步细化，企业的生产成本相应会降低，使得更高的产量可以以更低的成本获得；另一方面，随着市场范围的扩大，企业的联合或者扩张加快，从而促使厂商规模扩大，与此同时，企业的竞争对手也会相应减少，从而为厂商带来规模经济和外部经济。而斯蒂格勒也在前人研究的基础上对斯密定理作了进一步的扩展，他构造了一个关于厂商功能的理论，并利用这个理论来解释一些经济中重要

---

① 阿林·杨格著，贾根良译：“报酬递增与经济进步”，《经济社会体制比较》，1996年第2期，第53页。

② 阿林·杨格著，贾根良译：“报酬递增与经济进步”，《经济社会体制比较》，1996年第2期，第53页。

的问题，如垂直一体化、经济的地理结构和厂商规模的决定等等，正式将斯密定理应用到产业组织理论研究当中。

尽管斯密定理对经济学发展产生了如此重大的影响，但是由于时代的限制，斯密定理同样存在缺陷。一方面，斯密定理并没有全面揭示分工与市场之间的关系。另一方面，它对市场范围的讨论只是从地理角度出发，认为交通运输条件是市场范围扩大的决定因素，同时从人口密度、人口规模谈到市场规模对分工的影响。

对分工与市场关系的全面揭示是由阿林·杨格在其经典论文《报酬递增与经济进步》中完成。杨格认为“根据广义的市场概念，斯密定理可以改写为分工一般地取决于分工……这决不是同义反复……这意味着不断战胜走向经济均衡的力量的反作用力在现代经济体制的结构中，比我们通常理解得更广泛和更根深蒂固。”“分工取决于市场范围，而市场范围又取决于分工，经济进步的可能性就存在于上述条件之中。”[①] 杨格的这一思想被称为“杨格定理”。杨格定理是对斯密定理的扩展，是斯密定理的动态化，第一次论证了市场规模与迂回生产、产业间分工相互作用、自我演进的机制，从而超越了斯密关于分工受市场范围限制的思想。

斯密对市场范围的理解，更多局限在地理因素上，认为运输的发展是市场范围的决定因素。当时经济发展相对落后，尤其是一些地区地形恶劣，交通闭塞，在客观上阻碍了地区间的市场联系，限制了市场范围扩大。随着交通运输的发展，市场范围早已突破地理位置的限制，运输成本只不过是交易成本中很小一部分，一些数字化产品甚至能够以接近零的成本传输，运输成本已经不再是决定市场范围的关键因素。

盛洪在评述斯密定理时认为，市场范围扩张的关键因素是交易费用。科斯在其经典论文《企业的性质》中，将交易费用解释为“运用价格机制的成本”。交易费用概念涵盖了区域间交通运输成本以及人们谈判、履约和监督的成本，使市场范围的概念不再仅仅局限于地理区位因素。杜贵阳在论述斯密定理与产业集聚、区域经济一体化时明确将市场容量理解为市场范围和市场深度，前者指地理空间的增加，后者指有利于市场交易发

---

① 阿林·杨格著，贾根良译：“报酬递增与经济进步”，《经济社会体制比较》，1996 年第 2 期。

生的因素降低各个经济主体之间交易费用，从而劳动分工有条件更加细密地展开。扩大市场范围要受到自然条件如地理区域的限制，而市场深度却是可以无限开发的。

本章对市场范围的理解包涵两个层面，一个层面是市场需求量，这个层面的市场范围受地理位置、人口规模密度因素限制，我们将市场需求量层面的扩大称之为“外延式扩大”。另一个层面是市场需求内容，在需求总量不变的情况下，需求内容发生了多样化、个性化的变化，我们把市场需求内容层面的变化称之为“内涵式扩大”。在不同历史阶段，市场范围两种变化先后推动生产方式由单件生产方式向福特制大规模生产，继而向后福特制的转变。

二、生产方式与劳动组织模式的变迁

生产方式变革总是在市场需求的推动下实现的，并以相应的技术进步为基础。迄今为止，人类制造活动经历了单件生产、福特制和后福特制三种生产组织方式。这三种组织方式先后成为当时生产组织方式的典型代表，构成当时占主导地位的生产方式。

1. 单件生产与工匠式劳动。20 世纪以前，制造业中占主导地位的生产方式是单件生产。手工作坊是单件生产组织方式的典型代表。

在单件生产方式下，劳动以手工作坊内工匠——学徒的组织形式进行。由于专用设备缺乏，生产必须依靠工人手工操作通用设备，对材料进行切、磨、削等加工，要求工人具备高超而全面的技术。大多数工匠都是从学徒开始，由师傅传授操作经验，学徒经过多年耳濡目染，最终掌握单件生产的全部技艺。这样一名工匠的培养至少需要 3—5 年的时间，如果达到技术精湛、手艺全面的水平则需要更长的时间。英国甚至在 1562 年颁布学徒制法规，强迫推行 7 年制的学徒制。这种劳动组织方式，偏重于师傅的示范和学徒的观察学习，是一种“边做边学”的方式，师傅扮演“知识和技能权威”、“知识和技术传递者”；知识由工匠师傅“复制”给学徒，学徒对师傅的教导和要求无条件接受，不存在“教学相长”。师傅与学徒之间的信息和知识传递是单向的，不存在互动交流。经过漫长的学习过程，学徒掌握全套生产技艺后，很多人学成出师自己成为作坊主，并开始招收学徒。

欧洲是单件生产方式的发源地。单件生产方式的产生不仅与技术水平密切相关，而且也与市场需求相关。受交通运输条件限制，当时的市场仅仅是地方性的，范围非常狭小，市场需求量小而精，通过缓慢而精益求精的生产供给与市场需求保持均衡。然而，在20世纪初，这一均衡被打破，生产和需求都发生了根本性变化。

2. 福特制与泰勒主义。20世纪初，在快速增长的单一市场需求驱动下，规模经济和范围经济成为企业获取竞争优势的主要手段。在这种条件下，以大规模生产为特征的福特制生产方式取代以手工作业为基础的单件生产方式，成为制造业占主导地位的生产方式。

以大规模生产为特征的福特制生产方式起源于1913年福特在底特律海兰公园汽车组装厂创建的自动流水线，其特点是依靠单品种大批量生产，通过规模经济降低生产成本。这种新的生产方式因技术和管理上的创新，在当时快速增长的单一市场环境下形成了高生产效率和低成本两大优势，被其他汽车厂商和制造业竞相模仿，并迅速成为整个制造业中占主导地位的生产方式。

支撑福特制大规模生产方式的是泰勒主义劳动组织模式。19世纪80年代泰勒倡导发起“科学管理运动”。其核心内容为：搜集整理工人积累的经验知识和传统技巧，对劳动过程进行分析。将原本完整、复杂的劳动过程分解为一系列简单的操作，去除隐藏在完整劳动过程中的一切多余动作和无效劳动，并对保留下来的必要成分，依据经济合理的原则加以改进和合并，以形成标准的作业方法。通过定额奖惩的办法和建立等级森严的管理层级，形成高效生产和对生产过程的严格管控。在这种专业分工要求下，生产工人只能按照既定规则操作，横向交流被持续运转的传送带取代，纵向交流被一条条规则、手册取代。生产工人唯一能做的就是“适应”流水线节奏，遵照规则操作。

在稳定单一的市场条件下，泰勒主义通过生产的标准化获取规模经济和范围经济，成为福特制获取竞争优势的主要来源之一。但这种优势随着20世纪70年代以后市场不确定性因素的增加而消失殆尽。全球市场变得日益动荡，消费者的需求变化迅速，原本在稳定市场环境下占据优势的大规模生产方式面临着巨大的挑战。生产方式由福特制大规模生产向后福特制精益生产转变。

3. 精益生产与团队作业。精益生产方式是二战后丰田公司在市场规模狭小、需求多样化等特殊背景下产生的。作为后福特制的代表，精益生产方式与福特制大规模生产，在生产目标、生产工艺、劳动组织、配套协作以及研发创新等方面存在巨大差异。

与大规模生产相比，精益生产方式的竞争优势在于低成本实现生产的多样化。支撑这种生产方式的是团队作业这种新型劳动组织模式。与大规模生产的专业化分工相反，精益生产采取灵活的团队工作方式，取消过细的劳动分工，还原劳动过程的完整性和内容丰富性。团队作业将整条生产线上的工人分成若干团队，每个团队有一名组长，组长不仅要协调整个团队的工作，本人也要承担组装任务；团队每个成员都共同参与工作的计划和执行，并承担责任。整个团队对某个相对完整的工作任务负责。团队的领导不再是生产的监督者，而是团队工作组织的协调者；生产工人不再仅仅被动接受指令、机械重复操作，而是生产的主人。员工的主动性和积极性得到最大激发，潜能得到最大发挥。

精益生产中团队作业模式通过对成员授权、岗位轮调，鼓励员工掌握多种技能、共同解决问题、共同承担责任，激发了员工的主动性和创造能力，最大限度地开发、利用和发展了员工的潜能。团队作业这种共享式解决问题方式有利于信息和知识的交流和共享，形成共同的知识基础，有助于知识的扩散和创新。

第二节

福特制的劳动分工和劳资关系

一、福特制的劳动分工

福特制流水线生产是对泰勒主义专业化分工理论的最佳应用，专业化分工是其劳动组织方式的本质特征。前面总结的福特制大规模生产方式"广泛使用非熟练劳动力"、"创新与生产分离"等特征，是泰勒主义专业化分工劳动组织模式的外在表现。

在福特制工厂内，把劳动分工细化到每个工人个体，强调工人单独按照由管理层事先规定好的操作程序和指令工作。在福特制中，组装线上的员工只从事一两项简单操作，工作周期由单件生产方式下的514分钟缩减到1.9分钟；领班本人不承担组装工作，但却要保证组装线上的工人按照严格的规定工作，这些规定或要求由工艺工程师制定；工艺工程师通过搜集工人多年积累的经验知识和传统技巧归纳整理，消除种种不合理的因素，找出共性和规律性的东西，同时对机器安排、环境因素等进行改进，并对工人的操作方法、使用的工具等进行标准化，以操作手册、规范、表格甚至数学公式的形式公布，并在全厂实行；各类工具的修理由专门的修理工负责；清洁工则定期清理工作场地；专职的检验员负责质量检测。同时各个职能部门还有一批替补人员随时准备接替缺勤的工人。福特制细致的专业化分工不仅缩短了工作周期，更重要的是减少了组装一辆汽车所需的工时，生产的汽车越多，每辆汽车的成本降低越多，规模经济的优势越明显。

劳动分工的细化使生产过程中制造、质检与维修部门相分离。公司总部根据产品产量和质量两项指标评定工厂的管理情况。产量通常指每天实际生产出来的汽车数量。质量则是指总装出的汽车经过检查返修后出厂时的品质。生产阶段强调产量的重要性，为保证流水线连续不停地运转，组装中存在问题的产品被送往下一个环节。问题留给生产线末端的质量检测部门和返修部门。流水线上某一环节的微小错误由于各个工序积累，要在末端检查、纠正，需要花费大量的时间和人力。更严重的是，在这一问题发现之前，同样的错误可能已经存在于许多产品中，造成极其昂贵的检测返修费用。返修部门只解决产品中存在的问题，并不追究问题产生的原因，即使发现质量问题，支付了昂贵的维修费，也无法保证彻底解决同样的问题。

福特制条件下，原本完整、复杂的劳动被分割为零碎、简单机械的重复操作。设计研发等脑力劳动从生产制造过程中剥离出去，由企业内部或外部独立的研发部门承担。通常在这些独立的研发部门内部，工程师之间也进行了极其具体而详尽的分工。这种分工制度存在两方面缺陷：一是设计与生产制造分离；二是容易造成部门之间的冲突和横向交流困难。设计、研发和生产的分离使得大规模生产方式下产品创新严重滞后。

福特制生产方式下，生产活动在劳动内容（水平方向）和劳动管理（垂直方向）两个维度上划分为细致的条块和森严的层级。在这种组织中，生产工人之间的交流被连续运转的传送带取代，管理层与生产工人之间的交流以管理、监督、决策、计划等单向指令进行，缺乏横向和纵向信息交流。工人只需被动适应流水线节奏，机械地按照管理层下达的指令完成操作。他们被剥夺了进行工艺改进与革新的机会和权利。“适应”流水线节奏，遵照规则操作是对泰勒主义专业化分工模式下工人劳动的生动写照。

当然，这种劳动组织模式适应了福特制在快速扩张的单一市场中尽可能保持生产稳定性和延长产品生命周期，以实现规模经济和范围经济的要求，是与需求单一且扩张迅速的市场环境相适宜的劳动组织模式。

二、福特制下的劳资关系

随着劳动组织方式的变化，劳资关系发生了一系列的变动。在这一过程中，伴随着工人技能的退化，资方对劳动的控制逐渐加强。双方经过争取劳动过程控制权、就业权和确定工资标准的斗争，最终形成了以劳资集体谈判制度为核心的劳资关系形式。

1. 工人技能退化。在单件生产方式下，每位工人都是手艺高超的工匠，他们不仅掌握产品生产各个环节的全套技能，还能够熟练维修、改进生产工具，充当检修工的角色。而流水线上的工人只是简单机械地重复同一操作，完全不必知道前后工序如何操作；自动化技术的采用使机器可以脱离工人的控制，无需人的判断、决策与调整，操作工从机器的使用者退化为机器看守者，越来越附属于机器。在这一过程中，资方逐渐控制整个劳动过程，不是工人的节奏调节流水线速度，而是根据流水线节奏安排、调节工人数目和工作节奏。

2. 工人地位下降。由于流水线作业方式和自动化技术的采用，工人在劳资冲突中的发言权逐渐丧失。流水线作业使工人成为可以随意替换的标准化的“一双手”；自动化技术进一步将工人从操作现场挤出，留下来的少数操作工也退化为毫无技能的机器看管人员。

3. 劳资集体谈判。“劳资关系经过了从劳资双方关于工作过程控制权的斗争到后来为保障就业权和工资决定的斗争的演变过程。”① 劳资冲突最先集中在劳动过程控制权上。在单件生产方式下，工人都是拥有一技之长的手艺人，具有手艺人的骄傲。生产过程必须依赖工人的手艺，他们成功地控制着生产过程。为了维护自身利益，这些手艺人联合起来限制产量。随着机器流水线作业方式的产生及推广，生产摆脱对手艺的依赖，甚至摆脱了人的生理限制，越来越不受制于手工艺人。对劳动过程的控制权逐渐转向拥有机器设备的资方手中。这种变化引发工人的反抗。反抗在私人武装、暴力的镇压下失败。劳资冲突的焦点，由争夺对劳动过程的控制权转向争取更高工资、更短劳动时间和更好工作条件。

20 世纪 30 年代后期，工会势力膨胀，因为凯恩斯国家干预政策的实施，在汽车行业最早达成协议：资方必须和工会共同决定工资结构，资历成为裁减工人的主要依据。这一规定于 1948 年汽车工会与通用签订的《工资制定方案》中正式明确，规定工资每年按照劳动生产率的增长和消费物价指数的变化而增加。该方案被其他工业部门广泛接受和模仿。

劳资集体谈判制度的形成一方面使工人可以通过集体谈判定期获得工资增长，个人购买力与社会生产力的增长保持协调关系，实现大规模生产与大规模消费的良性循环；另一方面，通过机械化、流水线作业资方不仅实现了对劳动过程的控制，而且还使工人由原来的机器操作者退化为机器的服务人员、看管人员，成为机器流水线的附属品。

随着福特制生产方式逐渐扩散，大规模生产与大规模消费形成良性循环，推动资本主义世界自 20 世纪 50 年代起长达 20 年的经济发展“黄金阶段”。到 20 世纪 70 年代，世界经济格局发生巨大变动，福特制生产方式存在的条件发生转变。由于内外因素的共同作用，福特制生产方式面临危机，资本主义世界开始了新一轮的调整。

① 谢富胜：《分工、技术与生产组织变迁》，经济科学出版社 2005 年版，第 206 页。

第三节

精益生产中的劳动组织

精益生产方式是一种柔性生产体制。与福特制刚性生产相比，精益生产方式能够在同一条生产线上以更低的成本生产不同种类产品，使连续性生产的潜力得到进一步释放。精益生产方式能做到这一点，并非20世纪80年代初期人们所猜测的因为采用更加智能的机器设备，而是通过内部劳动组织方式和工艺流程革新，依靠工作团队的集体智慧，在组织内部形成共享式问题解决方式，构建共同的知识基础，从而促进信息和知识的交流与共享，提升了组织的快速反应能力和创新能力。这种能力是不确定性市场环境下，企业获得“持续创新+柔性制造”能力的根源，也是企业获取竞争优势的核心能力。

精益生产方式下劳动组织采用团队作业方式，与之相适应存在一套行之有效的全员参与劳动管理和激励相容机制，这三者共同支撑着精益生产方式。

一、团队作业

与大规模生产的专业化分工劳动组织方式相对应，精益生产方式更强调工作团队的作用。在1950年丰田汽车公司与员工达成终身雇佣协议后，大野耐一认识到劳动力已经不再是可变成本，他们与机器设备一样成为长期不变成本，甚至是比机器设备更重要的固定成本。因为从长期来看，机器因折旧而贬值，但员工随着经验的积累，会成为公司宝贵的人力资源。公司要在员工在职的几十年内获得最大收益，就必须不断提高员工技能，使他们的经验、知识能够在公司范围内共享，从而产生更大效益。意识到员工的重要性，大野耐一对劳动组织模式进行改革，形成了以团队作业为核心的劳动组织模式，并广泛应用于生产制造与研发设计过程中。

1. 生产线上的团队作业。大规模生产的劳动组织方式存在巨大的浪费。在大规模生产中，存在数量众多的辅助性生产工人和庞大的管理层，这些组装线之外的专职人员，其劳动不会对汽车的生产带来任何增值，反而由于他们的存在增加了巨大的非必要支出。例如，由于返修工的存在，使得生产过程忽视产品质量，导致在流水线末端堆积大量问题产品，并为此支付高昂的检测返修费用；由于管理层级众多，增加了信息传递成本。实际上，组装线上的工人能够更好地完成这些专职人员承担的大部分工作，因为只有他们直接了解组装线的一切情况。然而这些真正创造价值的组装线工人却由于其工作内容的简单化被看作无足轻重，甚至认为之所以还需要组装工人是因为目前的自动化水平还不能替代他们。

精益生产首先将生产线员工分成若干团队，每个团队有一个组长，与福特制下的领班监督工人不同，组长除了担任协调整个团队工作之外必须从事工作。每个团队成员共同承担一套组装工序，当团队内有人缺勤时，团队成员要共同承担缺勤者的工作任务。每个团队除了承担日常组装线上的组装工序外，还要负责生产现场的清扫工作、工具的简单维修以及产品质量检验工作。而在福特制大规模生产下，这些工作都由专门的清扫工、维修工和质检人员承担。团队成员要定期召开集体讨论会，商讨解决工作中存在的问题，找出解决方案，并对工艺流程革新提出建议。在这种方式下，员工共同作业，依靠团队的力量集体解决各种问题，模糊了职责分工和职业界限。这与泰勒主义专业化分工强调工人按照事先确定的程序单独操作的方法存在根本差异。

精益生产方式的团队合作仍然是建立在劳动分工基础之上的，只不过通过岗位轮换、多工种操作打破了劳动者分工与劳动分工的统一性。团队作业要求成员掌握多种技能，并通过岗位轮调提供学习机会。由于各项操作已经标准化，掌握多种操作并不困难。在精益生产线上，员工可以同时扮演车工、钻工等多个工种角色。这种作业模式的优点在于生产线出现缺员情况，其他人员可以代替他来执行操作，不需要额外的替补人员。更重要的是，员工掌握多种技能，一旦某个环节出现问题，员工能够发挥团队集体智慧，共同解决。

2. 研发设计中的“主查”系统。团队作业方式不仅应用在组装生产中，也广泛应用于产品研发设计过程。作为一种极其复杂的由上万种零部件组装起来的汽车，产品的开发设计需要众多领域研发人员的共同协作。协作沟通很大程度上增加了新产品开发的周期。福特制公司内，为缩短新产品开发周期，通常通过组建由众多作了具体详尽分工的工程师组成的研发中心，进行新车型的研发。这种研发模式的弊端在于，过于具体详尽的分工阻碍了研发中心成员之间的交流。

精益生产方式通过设计和研发团队的方式克服以上弊端，即职能交叉的开发团队——“主查”系统。主查是团队的负责人，负责新产品的设计和工艺准备，并使之投产。主查的权限范围很广，可以指挥协调所需的全部研发团队成员，并对成员在团队中的表现给予评定，而这些评定影响成员升职以及是否能够获得下一项任务。而福特制研发团队负责人只是扮演协调员的角色，说服团队成员合作。由于负责人权力有限，对于成员不合作行为无可奈何，缺乏强有力的领导，成员之间沟通协调难度大，更谈不上不同部门领域之间知识共享，这是福特制研发模式的缺陷之一。

丰田研发团队成员广泛地来自于公司的设计、生产和零部件生产厂家，他们保留与各自职能部门的联系，但在整个开发任务完成之前处于团队“主查”调控之下。他们的表现由“主查”评定，这一评定对于他们的升迁有重要影响，以此促使团队成员积极工作，努力配合团队研发活动。开发团队成员包括各个职能部门，开发流程中不断进行信息交流，在产品开发早期各部门就达成了有关产品设计、开发和生产工艺方面的共识，从而为整个项目的顺利开展奠定了基础。与之相反，大规模生产方式下，各部门缺乏信息交流，可能在研发的最后阶段，研发部门仍然与其他职能部门在某些关键问题上未达成共识，使研发活动不断遇到困难和阻碍。

在“主查”系统下，由于开发团队的成员始终和各职能部门及协作单位保持密切的联系和信息交流，职能部门和协作厂能够及时了解项目的进展情况，根据研发进度及早做好工作准备，尤其是模具的设计和制造，大大缩短了产品投放市场的周期。

二、全员参与和分享体制

与大规模生产不同，精益生产必须依赖劳动者专用性知识和能力的长期积累。因而在精益生产方式下，劳动者不再被看作是可以随意替换的短期可变成本，而是和机器设备一样，成为长期固定成本要素。全员参与和分享体制作为一项重要制度安排，保证人力资源为企业提供长期增值服务，包括以下几项具体措施：

1. 终身雇佣制与年工序列工资制。20世纪50年代，日本的劳资对抗使双方最终达成协议：员工获得两项保障，一是终身雇佣，二是按资历评工资。终身雇佣制是指从各类学校毕业的求职者，一经企业正式录用直到退休始终在同一企业供职，除非出于劳动者自身的责任，企业不解雇员工。年功序列制是指员工工资随年龄增长和参加工作年限的延长而增加。这两项制度在日本战后特殊的劳动力市场情况下，得到众多企业的采纳，成为日本式经营的两个显著特色。在当时的条件下，这两项制度的采用，有助于企业对人力资本进行长期投资，保持员工队伍稳定化，增强企业组织内部稳定性。

这种雇佣制度和薪酬制度也存在一些弊病，例如，经济不景气时企业不能及时裁员，造成人浮于事，效率和效益锐减；少数人不思进取，工作按部就班，慢慢吞吞。针对这些弊端，20世纪80年代后期丰田公司采取了一系列步骤，对与“终身雇佣制”和“年功工资制”相关的组织机构、人事制度、考核办法、工资等级，率先进行了改革。“终身雇佣”改为“安定雇佣”，作为正式职工一旦被雇佣，只要企业没有经营困难和员工本人没有重大工作失误，就会一直被雇佣。但是这种雇佣制不是单纯的长期雇佣，而是重视雇佣保障。以继续雇佣为前提，这种继续雇佣是以前阶段企业与员工良好合作为条件的，员工在前一阶段必须努力工作，以良好的业绩去获得下一阶段的雇佣合同。在这个过程中，双方通过长期合作，进一步提升信任度，以促进双方合作效率的提升。如此良性循环，使双方依赖度逐步提高，形成互利互惠的信任关系，共同致力于长远利益投资，有利于培养员工对企业的忠诚。

在薪酬体系方面，在“年功序列工资制”基础上引入“能力工资制”，形成了以能力为导向、纵（层级）横（职能部门）定位明确的能力工资体系，为其全面推行能力标准、有效激发职工潜能提供了强有力的保证。

2. 全员参与管理。全员参与管理通过两项制度安排实现：一是提案制度，二是员工监督机制。

（1）提案制度。丰田公司的建议制度又称提案制度，其目的非常明确：改善质量，降低成本，启发员工的独创精神。产品质量是员工每一步操作物化的结果，没有全员质量意识，没有全员主动维护，就不可能有高质量的保证。浪费也是隐藏在每一个角落，只有全员参与和努力才能彻底消除浪费。在丰田公司工作团队提出建议通常采取以下步骤：

①确认问题。团队成员提出问题时，监督者要确认问题的困难程度，了解对其他业务和操作者的影响。

②调查问题。仔细研究现在的状况，明确问题的原因，调查的过程还可以弄清其他有关问题。

③提出办法。监督者鼓励和奖励操作者为解决问题出主意、想办法。对监督者来说，重要的是对想法进行仔细的研究。

④分析提出的解决办法。监督者应分析各种解决方案，从中挑出最好的。

⑤提出改善建议。由小组成员把选出的方案写在建议用纸上，投入建议箱。

事实上，丰田公司的职工建议制度是从福特引进来的。两者在关于建议的手续方面，分析的方法与美国几乎没有什么不同，但是在提案审查、评价系统方面有很大的区别，重要的是迅速处理。

丰田公司从1953年开展全面质量小组活动和合理化建议制度，大力推动了旨在提高质量、降低消耗的技术创新活动。公司对认真提建议的员工，不仅进行表彰，还对被采纳者给予500—1000000日元的奖励。据统计，第一年征集到的建议只有183件，1955年达到1000件，1965年达到10000件。1986年合理化建议达到2648710件，平均每人47.7件，员工参与率为95%，采纳率为96%。自1989年以来，因职工提出合理化建议而减少的生产成本累计达数亿美元，仅1997年这一年就节约了7200万美元。QC小组活动和合理化建议制度，使员工通过参与管理而体会到自身的价值，增强了员工对公司的忠诚度和归属感。

（2）员工监督机制。大规模生产方式下，对员工的管理监督由专门人员负责，监工不从事生产活动。在精益生产方式下，通过团队作业模式、目视化管理和严格的操作规则，实现团队成员相互监督和员工自我监督。

在丰田生产方式下，每一道工序都是上一道工序的供应者，当一道工序出现质量问题或异常情况时，整条生产线的生产就会中断，以查找问题的根源。一名员工出现失误，很快就会被下一道工序的员工察觉。另一方面由于零库存和小批量均衡化生产，没有库存零部件做缓冲，员工必须按所需数量在所需时间生产需要的零部件。一旦有员工操作跟不上流水线节奏，下一道工序就没有足够的“手头存活量”，影响生产进度。在这种生产管理体制中零部件在各工序之间运动极为脆弱，去除生产缓冲机制，各种隐患一一暴露出来。

丰田公司采取“目视化”管理，使生产现场的信息传递标准化、透明化、快捷化。例如对生产现场的零部件放置必须按照规定的区域和要求摆放，将合格品放在绿线标明的区域，不合格品放在红线标明的区域，返修品放在黄线标明的区域，并按照规定的要求进行码放，让人一看便知零部件是否合格，数量多少，再如让不同工种的员工穿不同颜色的服装以便于寻找，并起到监督员工是否处于正常工作位置的作用。

利用规则对员工的操作进行监督。丰田公司对一线员工的所有工作细节都有严格的规定，确保员工生产内容、程序、时间、控制和结果等具体明确。以工人安装丰田“佳美”的前座为例，按操作设计程序有 7 步，必须在 55 秒内全部完成，如果员工发现自己在做第 4 步（安装前螺栓）工作前做了第 6 步（安装后螺栓），那么他的操作就与规定不符，表示有地方做得不对。与此类似，如果 40 秒之后操作仍在做第 4 步（规定在 31 秒内完成），那么肯定某个地方出错了，为了让错误更容易发现，每个工作台的长度被分成了 10 个单位，因此当工人超过 6 个单位（等于他处于 33 秒状态）而仍停留在第 4 步上，那么他的组长就知道他落后了。由于丰田公司对员工操作的精细规定，使员工工作中的目标责任非常明确，有效遏制了员工操作中的机会主义行为，使得工作出现的问题无法推诿，也有助于员工自我监督、自我约束。

三、精益生产中信息共享与知识创新机制

精益生产中的团队作业改变了福特制严格的专业化分工体系，打破了

劳动分工与劳动者分工的统一性，恢复了劳动的完整性和丰富性。

1. 不同部门从事同一项工作。精益生产的研发设计工作，由来自各个部门的工程师组成的研发团队共同承担。由于研发团队包括各个职能部门，开发流程中不断进行的信息交流，有助于及早达成共识。

2. 企业员工进行战略性轮换。大规模生产中，员工管理的基础是岗位分析，在此基础上制定岗位说明手册，而在精益生产中则采取岗位轮换式管理，根据员工能力提高速度，逐渐扩大工作范围、增加工作职责、转换工作内容，促进其更快、更好、更全面地发展。如果员工仅局限在一个领域，就会造成只关心本职工作，其他工作事不关己，团队合作意识差。同时，如果熟悉一项工作后不能及时扩大其工作范围，增加其工作职责，就会逐渐滋长对工作的厌倦感，对其个人成长和公司而言都是不利的。

3. 建立自由获取知识和信息的机制。福特制生产方式下，了解工厂生产情况是管理人员的特权。而在精益生产中，全部的生产信息都对员工公开——信息显示在"电子显示屏"上，每位员工都能看到，以便随时了解生产线情况。当流水线上出现异常情况时，信息就出现在显示屏上，知道如何解决的员工就立刻赶到现场帮忙解决问题。在丰田工厂还授权给每位工人出现问题时叫停生产线的权力。当生产线出现异常情况而自己无法解决时，可以随时按下工作台位上的红灯让生产线停下来，以便团队成员赶来共同处理问题，保证及时解决问题，不至于使错误积重难返。

团队作业在组织内部构建起一套共享式解决问题机制，使知识和信息在成员之间交流共享，形成共同的知识基础，为企业内部知识创新提供了条件，这与以往单件生产和大规模生产方式存在本质差别。在单件生产方式下，工匠师傅与学徒之间信息传递是单向的，技能由工匠师傅教授给学徒，学徒无条件接受，知识从师傅"复制"给学徒；在大规模生产中，工人是生产线上孤立的点，之间彼此不存在信息交流；在精益生产中，团队生产实质上是一种内部网络化安排，每个员工都是内部组织网络上的节点。当员工处于一个网络中时，他会与网络中的其他成员相互作用，并在这种相互作用中从其他成员那里获取多方面信息，学习多种技能。这种劳动组织模式适应了知识经济对组织知识创造能力和快速应变能力的要求，成为企业竞争力的重要来源。

第四节

知识创造与劳动组织的新模式

20世纪70年代以来，经济全球化和信息技术的迅猛发展导致企业外部经营环境的变化速度更快、范围更广。这些变化包括竞争的新形态、市场经济的全球化、技术革新、新兴产业的涌现、人口结构的变化、劳动力的变化等等。企业的生存危机和持续成长，成为人们关注的焦点。提斯、皮萨罗和舒恩对20世纪80年代以来高科技企业发展的实证分析表明：企业对外部环境变化的反应能力是企业在新的市场环境中成功发展的关键，并将之称为企业动态能力。① 野中郁次郎从知识管理的角度解释企业动态能力的根源，他认为知识创新是企业获取持续竞争优势的根源，知识创新型企业才能获得最终的成功。②

在以上认识的基础上，作者认为，在不断变化的外部环境中，持续的知识创新是企业动态能力的真正来源，也是企业持续成长和竞争优势的根本途径。

一、企业知识和能力的积累

企业成长表现为在核心知识和能力积累基础上不断扩张和发展的过程。在经济思想史上，马歇尔和潘罗斯最早认识到企业内部的知识积累倾向，但二人关于企业内在成长中知识和能力积累的内在机制的描述存在重要差异：即知识积累和创造究竟是内在化过程还是外在化过程。马歇尔认为，企业新知识的产生是非正式的隐性知识转化为正式的显性知识的外在化过程。而潘罗斯则主张，企业知识和能力的积累是外部知识的内在化过

① David J. Teece. Cary Pisano and Amy Shuen, Dynamic Capabililies and Strategic Management, *Strategic Management Journal*, 1997, Vol. 18: 509 - 533.

② Nonaka, I. and Takeuche, H., *The Knowledge - creating Company*, *How Japanese Companies Create the Dynamics of Innovation*, Oxford: Oxford University Press, 1995.

程，表现为显性知识转化为非正式隐性知识。事实上，马歇尔和潘罗斯各自研究了企业知识积累内在机制的一个方面，实际上企业组织的知识和能力积累内在机制是这两方面的共同作用，是隐性知识和显性知识相互转化的双向循环过程，是知识内在化和外在化的统一。

野中郁次郎从个体隐性知识在知识创造中的重要性出发，探讨企业核心知识的形成和积累。他认为，企业知识和能力积累、知识创新不仅仅是简单处理客观信息，更重要的是不断挖掘组织成员头脑中潜在的想法、直觉和灵感，并加以系统化利用。野中郁次郎指出，新的知识总是来源于个体，个体知识能否转化为对整体有价值的组织知识是组织知识创造的关键。他认为，知识创新的起点是个体的隐性知识。这种知识属于高度个人化，它根植于个体行为本身，由行为性机能组成，即非正式的难以形式化表述的习惯性诀窍。但是这种知识只有通过外在化过程，转化成显性化知识才能构成企业的核心知识和能力。继而这种显性化后的知识通过组织成员的学习、交流等过程，内在化为成员个体的专用性知识和能力，知识内在化和外在化过程的统一完成一个完整的知识创造循环。

根据隐性知识和显性知识的差别，企业知识和能力积累过程中内在化和外在化过程可以分为四种基本的知识转化形式：

1. 共同化（socialization）：从隐性知识到隐性知识。企业组织成员之间通过“干中学”、观察、模仿等活动，隐性知识在组织成员有限的范围内传播。单件生产中的师傅的技能就是通过共同化过程，传授给学徒。这种模式存在很强的局限性，即无法领会和掌握习惯性技能背后的系统性科学原理，难以被组织广泛有效地利用。

2. 表出化（externalization）：从隐性知识到显性知识。通过解释习惯性技能背后的科学原理，把隐性知识转化为能够被组织成员共享的显性知识。

3. 联结化（combination）：从显性知识到显性知识。这种知识的转化形式主要表现为局部知识的简单综合，并没有扩展原有的知识储备基础。大规模生产中，企业充当的就是这样一种信息综合处理机器。

4. 内在化（internalization）：从显性知识到隐性知识。随着显性知识在组织成员之间的贡献，成员将其内在化，扩展和重构个体的知识体系。

两类知识相互转化的四种模式也被称为 SECI 过程。四种知识转换形式是共存的，其相互转化运动形成一种螺旋而不是单纯的循环。共同化和表出化过程增加了组织知识存量。联结化和内在化过程是组织知识在成员间的传播利用过程，在这一过程中，又可能激发新一轮的知识创造。在四种转化过程中，隐性知识和显性知识之间转化的两种形式最为重要，构成了知识创造的双向循环过程。在这一过程中，企业的核心知识和能力沉淀下来并构成企业竞争力的基础。我们从知识创造的角度，探讨如何通过组织革新加速企业核心知识和能力的积累，提高知识创造能力。

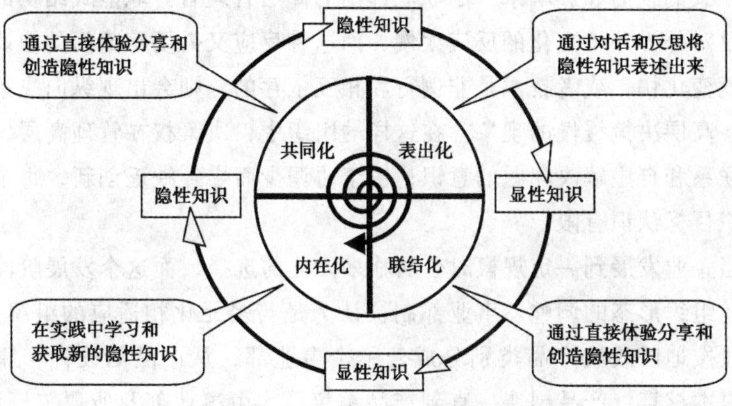

图 5－1　知识创造的螺旋

资料来源：竹内弘高、野中郁次郎的《知识创造的螺旋》，知识产权出版社 2006 年版。根据讨论内容的需要做了改动。

二、网络化组织

与制造业生产方式的转变相伴随的不仅仅是制造技术的变革，更表现为劳动组织模式的创新和演化。随着大规模生产向精益生产的转变，福特制下纵向一体化的职能式、事业部制和矩阵式结构逐渐转化为“专业化＋网络化”的后福特制组织形式。事实上，两种生产方式的转变更多地可以理解为网络组织对职能式、事业部制、矩阵式和纵向一体化组织结构的替代。在后福特制生产方式中，组织网络化有两种基本表现形式：企业内部组织网络化和外部网络化。从企业内部来看，网络化是对企业内部的职能式、事业部和矩阵式组织结构的替代。从企业外部看则是企业之间合作关系对纵向一体化的替代。

大规模生产体系下，企业被看作是信息处理机器，内部组织结构以职能式、事业部式和矩阵式科层制组织结构为代表。职能式组织是企业最常见的组织结构形态，其本质是将企业的全部任务分解成分任务，并交与相应部门完成。当外界环境稳定，技术属于例行程序，而不同职能部门间的协调相对简单时，这种结构是最有效的。组织的目标在于职能部门的规模经济，内部的效率和技术专门化。在职能型组织中，纵向控制大于横向协调，正式的权力和影响来自于职能部门的高层管理者。职能式结构的主要劣势是对外界环境变化的反应太慢，而这种反应又需要跨部门的协调。如果环境变化快，或者技术是非例行和相互依存的，则会出现纵向决策信息超载，高层决策缓慢的现象。在这样的组织中，决策权在管理高层，缺少横向联系和自主解决问题的意识；由于协调少而导致缺乏创新，每个职员对组织目标认识有限。

当企业发展到一定规模时会面临多元化的选择，而这个发展阶段往往会伴随组织形态的调整。事业部制被认为是与多元化相适应的组织方式，即企业按地区或按产品类别分成若干个事业部，从产品的设计、原料采购、成本核算、产品制造一直到产品销售，均由事业部及所属工厂负责，集团总部只保留人事决策、预算控制和监督大权，并通过利润等指标对事业部进行控制。这种组织结构形式最突出的特点是“集中决策、分散经营”，即公司集团决策，事业部独立经营。这种组织结构的缺点是：职能机构重叠，管理层臃肿；事业部之间缺乏协作；信息传达不畅，市场反应迟滞。

职能式和事业部制组织弊端日益暴露，一种交叉、双向的管理模式越来越被较多的企业运用，即矩阵组织形式，它代表了围绕产品线组织资源及按职能划分组织资源二者之间的一种平衡。这种组织结构有利于更加有效地利用人力资源，迅速解决问题，员工也有更多机会接触不同部门。

随着知识经济的崛起，企业内知识型员工不再满足于重复性工作；等级森严的层级制，弱化了员工之间的协作和知识、信息交流共享；不同核心业务板块各自为战，削弱了企业的反应速度。在这样的情况下，企业内部网络化组织成为企业组织革新的趋势。

传统层级组织的运作是以职能为中心，完成一项任务需要按照组织层次规定的路径来进行，员工关注的是部门的职能目标，而非最终结果。层级组织的运作往往会导致业务流程繁杂、信息传递环节过多且失真、效率低下、顾客不满意等问题，无法满足复杂多变的市场竞争要求。网络化组织的核心思想是以任务为中心，只要有利于任务的完成，可以越过组织层次。运作上，强调业务流程短、快捷，关注最终结果，关注客户的需求。

按照传统的组织原则，职责划分要讲求明确和稳定。而在网络化组织中，职责并不要求太明确，应留有一定的弹性，而把握这种弹性的原则就是把事情做好，令顾客满意。而且网络化组织中的职责也是动态的，随时会根据任务形成各种规模、各种形式的团队来完成工作。矩阵组织可以认为是网络化组织的雏型。但矩阵结构只是两个维度的交叉，而网络化组织的结构是纵横交错的，信息在网络中的传递更加快速，业务运作更加快捷、高效。

网络化组织结构实现了从传统的命令与控制型组织向信息型组织的转变。传统的科层组织适合于对具体事务进行预测和管理，这在稳定市场环境中更有效率。新型网络化组织则适合于把握或利用不确定性，它强调在一个不断变化的复杂环境中实现组织的快速反应，这种快速反应能力是网络化组织的主要优势。网络化组织模糊了企业组织内部各部门之间的界限，打破了知识、信息和人员在部门之间的交流障碍，为企业内部资源整合提供了条件，是企业组织发展的趋势。

总结和需要进一步讨论的问题

本章考察了单件生产、福特制和后福特制三种生产方式条件下劳动的组织模式。我们的研究表明，劳动组织方式历史演变的决定因素是市场需求条件和技术条件。其中，如何利用现有的技术条件，通过劳动组织的变革适应市场需求的变化，是不同历史条件下企业获得竞争优势的重要来源。在后福特制条件下，团队作业和共享式解决问题的方法，实现了企业生产的柔性化和持续创新。

团队作业和共享式解决问题的方法产生了丰田的精益生产，但是在全球金融危机的情况下，如何看待丰田生产方式面临的问题或者困境，是一个值得深入思考的问题。在与日本相关专家的接触和讨论中，许多学者认为，当前日本汽车企业面临的问题是背离了传统的精益生产方式。特别是1985年成功实现跨国经营以来，使日本企业盲目地向美国学习，追求高能耗技术的研发和应用，生产过程不再精益求精和临时工的大量使用。这些问题将是我们今后研究的重点。

第六章

动态组织能力与企业组织的创新和演进

企业组织的创新和演进是提升一国或地区企业和产业国际竞争力的重要来源。无论是新古典经济学的价格理论还是作为其补充和发展的交易成本经济学，都把企业组织的创新和演进看做外生的。而作为民间协调机制的重要组成部分，现实的企业组织创新和演进是内生的，是企业应对外部环境变化、积累动态组织能力、进行新业务扩张和获得持续竞争优势的过程。20 世纪 70 年代以来，随着资本主义生产方式从福特制向后福特制的转型，出现了新一轮企业组织创新浪潮。其中，获得动态组织能力是此次企业组织创新浪潮的主要驱动力。

第一节 组织创新和演进的外生性分析

一、人类制造业发展史上的两次组织创新浪潮

迄今为止，在人类制造业发展的历史进程中，出现过两次大规模的企业组织创新浪潮。第一次企业组织创

新浪潮发生在19世纪末、20世纪初的美国，企业组织由U型企业演变为M型企业[①]。通过第一次组织创新浪潮，制造业摒弃了以U型企业为主体的单件生产方式，创造出以M型企业为主体的福特制生产方式。[②] 第二次企业组织创新浪潮首先发生在20世纪70年代之后的日本、意大利和美国。通过第二次企业组织创新浪潮，制造业实现了从福特制向后福特制生产方式的转变，企业组织开始由一体化的M型组织向非一体化的系列制、集群生产、虚拟制造和战略联盟等N型或网络组织的演变。

当我们用组织专业化活动的范围这一维度刻画企业组织演进时，现实中的企业组织和企业是两个不同的概念。企业组织的存在以专业化活动是否有计划为依据，而企业概念则以是否存在统一的所有权为标准。[③] 在对企业和企业组织作出简单区分的基础上，作者发现，上述企业组织演进过程有一个重要的而又看似矛盾的发展趋势：一方面企业组织在由U型、M型向N型的演进过程中，其专业化活动的范围是不断扩大的；另一方面，从单个企业的角度看，企业从事专业化活动的范围却存在着一个由专业化到多元化再到专业化的过程。这一单个企业经营范围逐渐缩小而企业组织的范围却逐渐扩大并存的趋势，是企业组织不断创新、演进和日益多样化的根源。但是问题的关键是，出现上述企业组织演进趋势的动因及其内在逻辑是什么？

从企业组织演进的历史进程看，我们会明显地发现，企业组织创新和演进的动因是应对外部环境变化实现企业和产业的持续竞争优势。因为，与企业组织创新和演进的历史进程相伴随的是国家或区域之间企业和产业国际竞争力的消长变化。

钱德勒对第一次企业组织创新浪潮及其对国家之间企业和产业国际竞

① 钱德勒著，重武译：《看得见的手》，商务印书馆1994年版，第3页。

② 从人类制造业发展史的角度，可以把制造业不同发展时期占主导的生产方式划分为单件生产、福特制和后福特制。

③ 例如，现实中，我们既可以把摩托罗拉看做是一个企业组织，也可以把它看做是一个企业。当把它看做是一个企业组织时，其组织活动包括其管理和控制的整个产业链或供应链。这一区分的意义在于，可以使我们在考察企业组织的演进时打破正统经济理论企业和市场简单两分法的束缚。

争力的影响，进行了详尽的历史性描述和分析[①②③]。他指出，M型组织的创建和大规模投资，使大规模生产方式在美国形成和发展起来，并成为两次世界大战之间美国企业迅速崛起并获得市场竞争优势的关键。

20世纪70年代以来，以日本、意大利和美国为代表，在第二次组织创新中发展起来的系列制、分包网络、供应链、虚拟组织、集群生产、合资和战略联盟等新型企业组织形式，则成为全球经济条件下企业、产业和区域国际竞争优势提升的重要途径。福斯和韦沃曼的实证研究表明，1980年日美汽车产业的单位成本相差34.4%。[④] 存在如此巨大差距的根源是日本的汽车工业出现了以“即时制”为核心的企业组织创新。萨克森宁对硅谷和128公路地区电子信息产业不同发展绩效的分析表明，分散的以地方性生产网络为基础与独立的以大公司为基础的工业体系的差异，是第二次世界大战结束以来硅谷和128公路地区经济出现不同发展轨迹的根源。[⑤] 与此同时，波特对集群生产的研究表明，一种新的被称为“簇群”的空间生产组织形式正在支配着当今世界的经济版图，它使全球经济中持久性竞争优势根植于远方竞争者无法匹敌的当地要素：知识、关系和动机之中。[⑥]

问题的关键是，在正统经济理论的逻辑分析框架内，对上述重大现实问题的反映是匮乏的。之所以出现这种情况，是因为正统经济理论的基础是新古典价格理论。为了论证价格是惟一有效的资源配置机制，新古典经济学把现实中的企业假设为由外在技术等条件决定的完全相同的最优化生产者。通过企业同质性假设，新古典经济学把企业组织的演进看做是外生

---

① 钱德勒著，重武译：《看得见的手》，商务印书馆1994年版。

② 钱德勒著，张逸人译：《企业规模经济与范围经济》，中国社会科学出版社1999年版。

③ 钱德勒著，天则经济研究所译：《战略与结构》，云南人民出版社2002年版。

④ Fuss, M. and L. Waveman., The Extent and Sources of Cost and Efficiency Differences between U. S. and Japanese Automobile Producers, *Journal of the Japanese and International Economies*, 1990, (4).

⑤ 安纳利·萨克森宁著，曹蓬、杨宇光等译：《地区优势：硅谷和128公路地区的文化与竞争》，上海远东出版社1999年版。

⑥ Porter. M., Clusters and the New Economics of Competition, *Harvard Business Review*, 1998: 76 (6).

的，从而把该问题抛弃在其研究视野之外。而经济发展的历史和现实却表明，作为民间协调的组成部分，企业组织在社会资源的配置中发挥着非常重要的作用。企业的创新性竞争及其组织方式的多样化和演进是经济发展的真正根源。企业组织的创新和演进不是外生性的，而是企业为了适应外部环境变化和获得持续竞争优势而不断试错并积累动态组织能力的内生性过程。

二、从“斯密定理”到交易成本经济学：对企业组织创新和演进的外生性分析

哈耶克从两个基本命题出发讨论经济组织：第一，经济问题的产生总是而且仅仅是由于情况发生了变化所引起的；第二，在适应各种变化的过程中，问题的关键不在于是否制定计划，而在于由谁制定计划。[①] 经济组织的核心是适应性问题，因而，对变化采用什么样的适应机制或方式是理解经济组织及其演进的出发点。

从对适应变化所建立的机制看，经济组织可以划分为两类：一是自发性组织；二是有目的的合作性组织。这两种组织分别被哈耶克称为“自发秩序”和“计划秩序”。亚当·斯密“看不见的手”属于典型的自发组织，这种组织在适应外部环境变化的过程中，不依赖于个人计划，即独立于个人计划并在个人之间的互动过程中偶然生成的组织形式。对于这种组织，价格竞争是组织协调和解决适应性问题的根本途径。与哈耶克不同，巴纳德关注的则是人们之间的那种有意识的、经过深思熟虑的和有目的的合作组织或企业组织，其基本特征是企业内部和企业之间通过有目的的计划或权威协调，以合作的方式适应环境的各种变化。[②]

根据哈耶克和巴纳德对经济组织的界定，我们把企业组织定义为，通过计划和合作有目的地适应各种变化的协调方式或系统。该定义区分了企业组织和单个企业，企业组织不仅包括企业内部而且包括企业之间的各种

---

① Hayek, F. A. von., The Use of Knowledge in Society, *American Economic Review*, 1945, 35.

② Barnard, Chester., *The Functions of the Executive*. Cambridge, MA: Harvard University Press, 1938.

有目的的协调活动和形式。因而，在第二次企业组织创新浪潮中出现的系列制、分包网络、供应链、虚拟组织、集群生产、合资和战略联盟，都属于企业组织的具体形式。

在理论发展史中，对企业组织演进最早进行理论考察的是亚当·斯密。在《国富论》中，斯密提出了“市场范围限制劳动分工”的著名论断，即“斯密定理”。斯密特别强调分工或专业化对提高经济效率的作用，但是，他同时又认为，分工和专业化是有限制的，其发展将受到市场规模的制约。但是“斯密定理”与“看不见的手”的原理至少在表面上存在着一个潜在的逻辑矛盾：假定该命题成立，在市场规模一定的条件下，竞争的结果是高效率企业的扩张和垄断；如果现实中企业之间的竞争是普遍性的，“斯密定理”则不成立。

施蒂格勒指出，亚当·斯密有关“市场范围限制劳动分工”的观点，是企业和产业功能理论的核心，是解释企业活动和功能范围的基本原理。[①] 针对“斯密定理”可能存在的潜在逻辑矛盾，施蒂格勒对该定理的内容和含义作出了重新阐释。施蒂格勒认为，在规模经济的约束下，企业的扩张不会造成垄断。因为，市场规模的扩大对分工和专业化生产效率的提高有一个临界点，一旦达到了规模经济水平，专业化生产的效率将达到极限，市场规模的进一步扩大只会增加现实经济活动中从事相同专业化生产的企业数量。因而，现实经济活动中企业之间的竞争是普遍性的。

无论是“斯密定理”的最早表述还是施蒂格勒的重新阐释，对企业组织演进的分析存在着一个局限，即把制约企业组织演进的外在变量仅仅归结为市场需求量或由技术决定的规模经济的变化。

交易成本理论在新古典经济学的分析框架下，对企业组织的适应性及其演进给出了较为完整的分析。科斯指出，企业组织存在的根本原因是利用价格机制是有成本的。[②] 与生产成本相对应，科斯把利用价格机制的成本定义为交易成本，它包括相对价格的搜寻成本和每一笔市场交易的谈判和签约成本。企业之所以替代市场，是因为企业内部以权威为特征的适应

---

① 施蒂格勒著，吴珠华译：《施蒂格勒论文精粹》，商务印书馆 1999 年版，第 16 页。

② Ronald, Coase., The Nature of the Firm, *Economica*, 1937 (4).

或协调机制能节约或降低市场交易成本。威廉姆森发展了科斯的上述思想，并运用交易成本这一分析工具深入地考察了企业组织的适应性及其演进。

威廉姆森指出，交易是经济组织分析的基本单位。在有限理性和机会主义假设条件下，交易活动是异质的或多样性的。[①] 这种异质性或多样性可以用不确定性或风险程度来衡量，并构成交易活动固有的成本和收益特征。有三个基本因素决定交易活动的成本状况或交易成本的高低：交易的频率、不确定性和资产专用性。其中，资产专用性和不确定性对考察经济组织行为具有十分重大的理论意义。“资产专用性不仅会引起复杂的事前激励反应，而且更重要的是，它还会引起复杂的事后治理结构反应”。[②] 在合约不完备条件下，不确定性与连续性交易过程中资产专用性造成的事后竞争相关。在连续性交易过程中，资产专用性投资往往使连续性交易转变为备选数目很少的交换关系或双边垄断关系。在机会主义威胁下，备选数目很少的交换过程将因为“要挟问题”而出现交易的锁定，而对“要挟问题”的担心又将导致对生产具有重要意义的专用性资产投资的不足。因而，市场交易过程的“要挟问题”是企业替代市场组织交易活动的根本动因。当然，企业组织内部组织专业化活动也是有成本的，在威廉姆森看来，这种成本主要由官僚主义带来的。交易成本经济学认为，企业组织的演进决定于对某项专业化活动的市场交易成本和组织成本的边际比较。

相对于“斯密定理”，交易成本理论从交易活动出发考察问题，扩大了企业组织演进研究的理论视野。企业组织的演进或效率边界的确定不仅决定于由外在技术和市场规模决定的规模经济，而且决定于与交易活动的风险相关的交易成本。但是与“斯密定理”一样，交易成本经济学同样认为企业组织的演进是外生性的，即外生于交易活动所固有的成本和收益特征。在交易成本经济学看来，交易活动固有的成本和收益特征与经济组织形式之间存在着某种对应关系，企业组织形式和范围的选择就是找到这

---

① 奥利弗·E. 威廉姆森著，王健等译：《治理机制》，中国社会科学出版社 1999 年版。

② 奥利弗·E. 威廉姆森著，王健等译：《治理机制》，中国社会科学出版社 1999 年版，第 52 页。

种对应关系。

为了更清楚地说明问题，本章通过图 6 - 1 对“斯密定理”和交易成本理论的相关探讨进行比较和综合，考察了新古典分析范式对企业组织演进的外生性解释及其局限性。① 在图 6 - 1 中，纵轴表示成本（C），横轴表示专业化活动的范围（S）。C_0 和 C_m 分别表示企业组织和市场组织专业化活动的成本。其中，C_0 包括企业组织专业化活动的组织成本和生产成本。C_m 则包括市场组织专业化活动的市场交易成本和生产成本。$\Delta C = C_0 - C_m$，即企业和市场组织专业化活动的总成本差额。

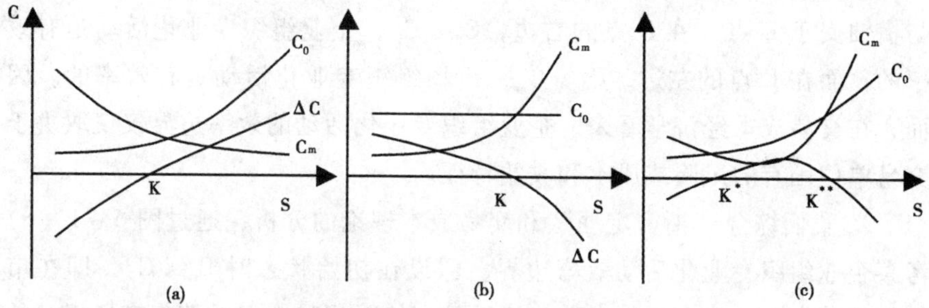

图 6 - 1　关于企业组织演进的外生性分析模型

1. 我们通过图 6 - 1（a）来表达“斯密定理”的逻辑含义。假设专业化活动的企业组织成本和市场交易成本忽略不计，那么，企业组织专业化活动的效率边界仅仅决定于两种专业化组织方式的生产成本差异。在规模经济的作用下，随着市场规模的扩张，C_0 曲线是递增的，而 C_m 曲线则是递减的。作为 C_0 和 C_m 差额点的轨迹，ΔC 曲线是递增的，并与横轴交于 K 点。当市场规模较小，在 K 点的左边，$C_0 < C_m$，企业组织专业化活动是有效率的。当市场规模扩张到 K 点的右边，$C_0 > C_m$，即市场组织专业化活动是有效率的。因而，在“斯密定理”看来，企业组织专业化活动的范围及其演进，仅仅取决于决定既定技术条件下两种专业化组织方式生产成本差异的市场规模的大小。

---

① 威廉姆森曾经用图 6 - 1 解释资产专用性与企业纵向一体化的关系，参见奥利弗·E. 威廉姆森著，王健等译：《治理机制》，中国社会科学出版社 1999 年版，第 131 页。

2. 我们通过图 6－1（b）考察交易成本理论的分析。假设规模经济或专业化活动的生产成本不变，在某一既定的产出水平上，企业组织专业化活动的效率边界仅仅决定于两种专业化组织方式的组织成本和市场交易成本的比较。根据交易成本经济学的分析，两种成本的大小取决于作为交易单位的专业化活动所固有的成本和收益特征。由于交易频率、资产专用性和不确定性的作用，C_m 曲线随着市场组织专业化活动范围的扩张而增加。尽管 C_0 曲线也随着企业组织专业化活动的范围的扩张而增加，但在存在“要挟问题”的场合下，C_0 曲线的变化是微不足道的。为此，我们假设 C_0 曲线是不变的。ΔC 曲线则随着专业化活动范围的增加而递减，并与横轴交于 K 点。在 K 点的右边，$C_0 < C_m$，企业组织专业化活动是有效率的；而在 K 点的左边，$C_0 > C_m$，市场组织专业化活动是有效率的。因而，在交易成本经济学看来，企业组织专业化活动的效率边界仅仅取决于交易单位固有的风险或成本和收益特征。

3. 我们综合“斯密定理”和交易成本理论的分析，通过图 6－1（c）考察企业组织专业化活动效率边界。假设在初始状态时 $C_0 < C_m$，即在市场规模较小时，企业组织专业化活动具有绝对优势。但是随着市场规模的扩大，C_0 曲线递增，C_m 曲线则递减，当两条曲线第一次相交时，ΔC 曲线与横轴交于 K^*。在 K^* 的右边，$C_0 > C_m$，市场组织专业化活动是有效率的。但是当市场组织专业化活动范围的扩大趋势受到交易的频率、资产专用性和不确定性增加的影响时，C_m 将快速递增，并与 C_0 曲线再次相交，ΔC 曲线再次与横轴交于 K^{**} 点。在 K^{**} 点的右边，$C_0 < C_m$，企业组织专业化活动是效率的。

通过上述分析，我们可以归纳出新古典经济学框架下企业组织演进理论的核心观点：企业组织演进是外生性的，是由外在的技术条件、市场规模和交易单位固有的风险特征共同决定的。但是这一观点是建立在企业的同质性和要素市场的完全竞争性两个基本假设基础之上的。在新古典理论分析框架中，企业本身是一个没有任何实质意义的抽象概念，企业对外在技术和市场规模条件变化的适应是完全理性的和最优化的，企业之间是完全同质的最优化生产者。在企业的同质性假设条件下，新古典理论否认企业组织创新、演进和形式的复杂性和多样性，也否认企业组织创新与企业竞争优势的内在联系。此外，无论是“斯密定理”还是交易成本经济学的分析，都内含地假设作为交易单位的专业化活动可以任意由企业和市场组织，即要素市场是完全竞争性的。企业可以在市场上廉价地获得生产经营中所需要的一切生产要素。而现实中的要素市场则是非竞争性的，企业组织某些专业化活动的关键性生产要素无法通过市场公开获得，是企业组织长期内部积累的结果。①

上述两个基本假设使新古典经济理论既没能充分认识到外部环境变化，更忽略了企业内部组织能力积累和演变对企业组织创新和演进的影响。因而，新古典经济理论对企业组织演进的分析是静态的，而从动态的角度看，无论是外部环境还是内部条件的变化都会引起生产和交易活动不确定性或风险特征的改变。而面对这些变化，企业组织不断地尝试通过新知识的积累和组织结构及形式的创新，化解或利用不确定性中所隐藏的潜在盈利机会获得竞争优势。而企业之间的组织创新和竞争格局的改变又会造成新的环境变化，并诱发新的创新性竞争行为。在这一动态演进中，变化仅仅是诱因，问题的关键在于企业组织如何适应变化。

与新古典经济理论的上述分析不同，彭罗斯从企业组织的内在条件出发讨论企业组织的演进。② 她指出，企业是在一个管理框架中用来满足组织发展的专用性资源的集合。作为包括多种专业化操作活动的集合，企业组织成长的关键是存在差异化的专业化活动的协调和整合。当企业把某项新的专业化活动纳入组织内部后，由差异化所引起的新的管理和决策问题将占用管理人员大部分的时间。但是一旦这些管理人员熟悉了这些新问题，就会把它程序化为一般的管理操作问题。通过程序化，企业积累了管理知识和经验，释放出稀缺的管理资源，并产生管理剩余。管理剩余的出现是企业吸纳新的专业化业务活动和实现扩张的前提。因而，在彭罗斯看来，企业组织的演进是通过决策的程序化积累管理知识和逐渐扩张其生产

---

① 生产要素市场的非竞争性既适合企业也适合企业组织，例如，在集群生产中，其竞争优势的重要来源是当地网络所积累的包括知识、关系和动机在内的当地要素。

② Penrose, E, T. *The Theory of the Growth of the Firm*, *Oxford*: Oxford University Press, 1959.

可能性边界的内生性过程。

纳尔逊和温特为了说明不确定性条件下企业组织的发展和演变，把企业假设为在任何给定时间具有一定能力和决策规则的生产者，即生产性知识和能力的集合。[①] 企业长期积累的生产性知识和能力属于默示性知识，具体表现为企业活动中的“惯例”。在纳尔逊和温特看来，企业组织的演进不是外生性的，而是内生性的，它表现为通过知识能力积累实现内部多种专业化业务活动及其协调的惯例化，并实现持续扩张的过程。

理查德森指出，这种通过知识和能力积累扩张生产可能性边界的倾向，不仅存在于单个企业内部，而且存在于企业之间或把企业联系在一起的合作和隶属网络。[②] 提斯、皮萨罗和舒恩对20世纪80年代以来高科技企业发展的实证分析表明，对外部环境变化的反应能力和快速的资源整合能力是解释企业成功和持续发展的关键。[③] 野中郁次郎进一步从知识创新的角度解释这种能力，他认为，在一个不确定是惟一确定因素的经济环境中，知识创新无疑是企业获得持续竞争优势和发展的源泉。[④]

在承认外部环境变化影响的条件下，无论是彭罗斯、纳尔逊和温特，还是提斯、野中郁次郎，强调的都是内部知识、能力的创新和积累对企业组织演进的决定性作用。企业组织内部知识、能力的创新和积累要解决两个问题：一是应对外部环境的变化；二是有效地协调和整合各种差异化的专业化活动。从历史和现实的角度看，企业组织的演进表现为外在环境变化条件下专业化活动范围的持续性扩张。无论是外部环境变化和专业活动范围的扩大，都意味着企业组织专业化活动差异性的增强。因而，面对内部和外部条件的变化，组织能力的动态发展或动态组织能力的形成和积累是企业组织演进和发展的关键。在一定时期内，占主导的企业组织形式的形成不是企业组织根据外在条件变化最优化选择的结果，而是不断试错并

---

① Nelson, R., and S. Winter., *An Evolutionary Theory of Economic Change. Cambridge*, Mass. The Belknap Press of Harvard University Press, 1982.

② 理查德森把企业之间的合作和隶属网络称为产业组织协调，在本章中，作者则把它包括在企业组织范围之内。

③ Teece, D. J, Pisano, G. and Shuen., A. *Firm Capabilities, Resources and the Concept of Strategy*, Mimeo, University of California, at Berkeley, 1990.

④ 野中郁次郎著，杨开峰译：《知识管理》，中国人民大学出版社1999年版。

积累动态组织能力的过程。

第二节

企业组织创新和演进的内生性及其外部环境影响

一、市场条件和制度环境的变化与企业组织创新

作为企业组织创新和演进的诱因，外部环境变化至少包括两个方面的内容：一是包括市场完善程度、产权和法律等在内的外部制度环境的变化；二是包括技术、市场需求和要素供给及其相对价格变化等因素在内的市场条件变化。任何重大的外部环境变化都会给企业的经营活动带来扰动或不确定性，并为企业通过组织创新获得竞争优势提供潜在机会。我们首先讨论外部市场条件变化对企业创新的影响。

钱德勒指出，第一次企业组织创新之所以发生在19世纪末和20世纪初的美国，其根本原因在于被铁路和电报等新技术一体化的大规模国内和国际市场的形成和快速扩张。[①] 与20世纪70年代不同，这一历史时期的市场变化仅仅表现为数量或规模上的快速扩张。市场条件变化的这一历史特征，决定了第一次企业组织创新浪潮的主题是通过一体化和大规模生产实现规模经济和范围经济。

为了实现规模和范围经济，美国企业对三个相互关联的方面进行了大规模投资："第一是对大得足以利用技术的规模或范围的潜在经济的生产设施进行投资。第二是对本国和国际的销售和批发网络进行投资，这样，销售量就可能与新的生产量并驾齐驱。最后，为了充分地从这两种投资中获利，企业家还必须对管理进行投资：他们必须征聘和培训管理人员，这不仅是要在生产和经销上管理扩大投放和增加人员，而且要监督和协调这

① 钱德勒著，重武译：《看得见的手》，商务印书馆1994年版，第2页。

两种基本职能活动，并且要为将来的生产和经销进行计划和配置资源”。[①]三重投资的结果是企业获得实现大规模生产的组织能力。与U型企业相比，M型组织的优势是有利于企业对从事大规模生产所需要的生产制造、管理组织和分销系统进行大规模投资并构建相应的组织能力。这种大规模生产组织能力的获得，是二次世界大战之间美国企业迅速崛起，并战胜英国和法国企业获得市场竞争优势的关键。

因而，从U型组织向M型组织的转变是在单一市场需求快速扩张的条件下的企业组织创新和演进过程。但是这一创新和演进过程是在单一企业内部的组织扩张中完成的，即企业通过高度一体化实现大规模生产和多元化的业务活动范围扩张。但是20世纪70年代中期以来，在新的外部市场变化面前，这种高度一体化的M型组织开始面临严峻的挑战。

戴维斯、迪克曼和廷斯利的研究表明，进入20世纪80年代，美国大公司的经营范围出现了明显的集中化而不是多元化趋势。[②] 同时，波特的研究成果也表明，在20世纪70年代末至80年代初的世界性经济萧条面前，意大利等地区却依赖中小企业的集群实现了经济的持续繁荣和发展。[③] 无论是集中化战略还是集群生产，并不表现为企业组织范围的缩小，而是更大范围的扩张。只不过这种扩张不再表现为单个企业规模的扩大，而是表现为以一种“专业化+网络化”的新的企业组织在更大规模甚至是全球范围内的专业化活动，即N型组织对M型组织的替代。以“专业化+网络化”或以N型组织为依托进行更大范围的业务范围扩张，才是对20世纪70年代末以来美国和意大利等国企业为代表的第二次组织创新和演变趋势的更为准确的概括。

上述组织创新和演变的根源，是20世纪70年代末期出现的企业外部经营环境的若干重大变化。其中，客户需求的个性化、多样化和市场的快

---

① 钱德勒著，张逸人等译：《企业规模经济与范围经济》，中国社会科学出版社1999年版，第1页。

② Dvis, G. F., K. A. Dieckman, and C. H. Tinsley., The Decline and Fall of the Conglomerate Firm in the 1980s: A Study in the De - Institutionlization of an Organizational Form, *Working Paper*, 1993.

③ Porter. M., Clusters and the New Economics of Competition, *Harvard Business Review*, 1998: 76 (6).

速多变是外部经营环境新变化的集中体现。在新的经营条件下，时间和速度已经取代价格、成本、质量和服务成为竞争的第一要素，它要求企业快速而低成本地满足客户的个性化和多样化需求。因而，以持续创新和柔性制造为核心的动态效率（而不是以规模和范围经济为核心的静态效率）日益成为企业持续竞争优势的新来源。而以“专业化 + 网络化”为特征的 N 型组织则使企业组织动态效率的实现有了极大的可能性。

市场条件变化对企业组织演进的影响仅仅是问题的一方面，外部制度环境的变化同样会诱发和促进企业组织的创新和演进。20 世纪 80 年代以来，日本和新兴市场国家企业组织发展的现实表明，与美国公司相比，日本和韩国等新兴市场国家的公司进行业务范围扩张的方式是不一样的。20 世纪 70 年代以来，日本和许多新兴市场国家的企业是通过系列制或集团化成功地实现多元化业务扩张的，多元化而不是集中化构成了这些国家企业组织演进和发展的趋势。[①] 美国与日本和新兴市场国家企业组织方式上存在重大差异的背后，是制度环境的不同，其中，市场发育或完善程度的差异起到了至关重要的作用。[②]

以日本为例，现有的日本企业集团基本上都形成于 1955 ~ 1979 年的经济高速增长时期，市场机制的不完善或广泛存在的市场失灵是这一时期的重要特征。为了考察市场完善程度对企业组织演进的影响，我们首先对日本企业集团的共同特征进行概括，然后考察这些共同特征与市场发育程度的内在联系。

为了比较和归纳日本企业集团的共同特征，今井贤一把日本企业集团划分为三种基本类型：财阀型、独立型和分离型企业集团。[③] 尽管在实际运行中，三种类型的企业集团存在着差异，但是却拥有两点至关重要的一般特征：一是日本企业集团的经营是多元化的，大都涉及比较广泛的产业

① 与美国企业组织形式不同，日本的集团化和系列制介于一体化的 M 型和网络化的 N 型组织之间。从实际运行看，日本系列制企业组织的网络化特点更为明显。

② William P. Wan and Robert E. Hoskisson., Home Country Environments, Corporate Diversification Strategies, and Firm Performance, *Academy of Management Journal*, 2003 (1).

③ 今井贤一、小宫隆大郎著，陈晋，随清远等译：《现代日本企业制度》，经济科学出版社 1996 年版。

领域；二是在企业集团内部，存在着母公司和子公司之间的职能分工。母公司的主要职能是制定发展战略，提供金融支持，进行品牌管理、开拓国际市场，长期性技术研发和人事管理。而在具体的业务经营活动中，子公司则具有较强的甚至是完全的自主性。

日本企业的这一特殊组织形式产生或创新的诱因源于制度环境的不完善，尤其是市场发育的不完善或广泛存在的市场失灵和政府失灵。日本学者桥本寿朗、长谷川信和宫岛英昭指出，经济高速增长和制度环境不完善的并存是20世纪50—70年代日本经济高速增长时期的基本特征，作为民间协调的重要组成部分，企业组织创新则是克服制度环境不完善和实现经济高速增长的关键。①

表6－1描述美国和日本企业在制度环境方面的区别，以及在制度不完善环境条件下日本企业的组织创新及其结果。

表6－1　　制度环境对企业组织创新和演进的影响

制度环境	美国	日本	日本企业组织创新
资本市场	完善的证券市场；充分的信息披露；有效的控制权市场	证券市场的不完善；信息不对称；恶意接管的威胁	依靠银行融资；降低融资成本；稳定企业的经营
产品市场	有效的信息传递机制；供求关系平衡	信息不对称；供求关系失衡	品牌共享和管理；有效地传递产品信息；相互持股和系列化稳定供求关系
劳动力市场	劳动力供求平衡；存在对人力资本进行确评估的市场机制	年轻劳动者和受过正规教育的工程技术人员和经营人才的缺乏；人力资本在市场上得不到准确评估	集中招聘；内部培训、提升和配置

① 桥本寿朗、长谷川信、宫岛英昭著，戴晓芙译：《现代日本经济》，上海财经大学出版社2001年版。

续表

制度环境	美　国	日　本	日本企业组织创新
政府职能	完善的社会保障；完善的基础设施	低水平的社会保障；基础设施供应不足	集团的社会保障的内部化；自己提供部分基础设施
结　果	多元化战略不具有竞争优势	多元化战略具有竞争优势	较强的集团组织优势

资料来源：根据 Tarun Khnna and Krishna. Why Focused Strategies Emerging Markets, *Harvard Business Review*, 1997, July - August：pp. 41 - 50. 文中表 1 和 2 的整理而成。

从某种意义上说，日本企业集团的发展更多地表现出企业对市场的替代。但是，企业替代市场的关键，是以集团公司职能的构建和内部协调能力的强化为核心的组织能力的形成和发展。企业替代市场或交易风险的降低仅仅是问题的表象，问题的本质则是应对制度环境缺陷的特定组织能力的形成和演进。因为，我们现在所讨论的日本企业组织代表的仅仅是在日本经济高速增长和快速国际化过程中的胜出者。面对同样的制度环境变化，胜出者对环境的适应源于其内部组织能力的形成和构建。

二、一个基于动态组织能力的企业组织内生性演进模型

在前面的分析中，我们是把企业看作一个抽象的整体，考察了外部环境变化对企业组织创新和演进的影响。企业组织的创新和演进是应对外部环境变化、积累组织能力和获得竞争优势的过程。其中，组织能力的积累或动态演变是企业组织创新和演进的关键。因为企业组织能力是动态演变的，我们称之为动态组织能力。动态组织能力的"动态"一词既包括外部环境变化的因素，也包括组织能力自身的更新和演进性。如果更具体地考察问题，把企业组织看作是一个个体，我们会发现相同的外部环境条件下企业组织之间的效率是有差异的。面对同样的新业务领域，有的企业新业务扩张活动是成功的，而有的企业则是失败的。因而，对企业组织演进的完整的理论考察，还应当包括对既定外部环境条件下企业组织发展和演进的内在逻辑分析。

当我们把企业组织看作是一个个体时，在特定的外部环境条件下，企业组织发展或业务范围成功扩张的关键，是能否使新业务单位比竞争对手更迅速和低成本地建立具有长期竞争优势的非竞争性战略资产。[①] 在外部环境不变的条件下，企业组织的动态组织能力表现为对新业务单位建立战略性资产的催化作用，即能够以较低的成本协助新业务单位建立战略性资产。

为了对企业组织创新和演进作出完整的理论分析，本章首先假设企业组织是一个以动态组织能力为基础的多业务活动的集合，企业组织的创新和演进表现为动态组织能力的积累和新业务扩张的过程。在企业组织演进过程中，多业务活动及其扩张的前提和关键是通过动态组织能力的积累降低企业组织专业化活动的成本。其次，假设企业组织业务范围扩张的结果是企业组织内部差异性的增强和协调的困难，[②] 企业组织专业化活动的成本随着企业组织业务活动范围的扩张而递增。而动态组织能力的积累则会提高企业组织的协调效率，降低企业组织成本。因而，本章把能够有效地促进企业组织业务范围扩张，降低企业组织专业化活动的成本的能力，称为动态组织能力。动态组织能力的形成和发展，是企业组织有效协调不同的专业化活动和新业务扩张的前提和基础。通过上述假设，新业务扩张和动态组织能力积累既包括外部环境变化因素，也包括既定外部环境条件下企业组织之间的差异。

在上述理论假设的基础上，本章试图通过图 6－2，讨论企业组织演进的内在逻辑及其决定因素。

在图 6－2 中，纵轴表示成本，横轴表示企业组织的专业化活动范围，中间轴则表示动态组织能力或外部环境条件的变化程度。与图 6－1 一致，ΔC（包括 ΔC_1 和 ΔC_2）曲线代表企业组织和市场组织相同的专业化业务活动的成本差额（$C_0 - C_m$）。如果用 x 表示动态组织能力，ΔC 则是动态组织能力的函数，即 $\Delta C = \Delta C(x)$。因而，ΔC 曲线表示随着动态

① Constantinos C. Markides and Peter J. Williamson., Related Diversification, Core Competencies and Corporate Performance, *Strategic Management Journal*, 1994, vol. 15.

② 阿玛尔·毕海德著，魏如山、马志英译：《新企业的起源与演进》，中国人民大学出版社 2004 年版。

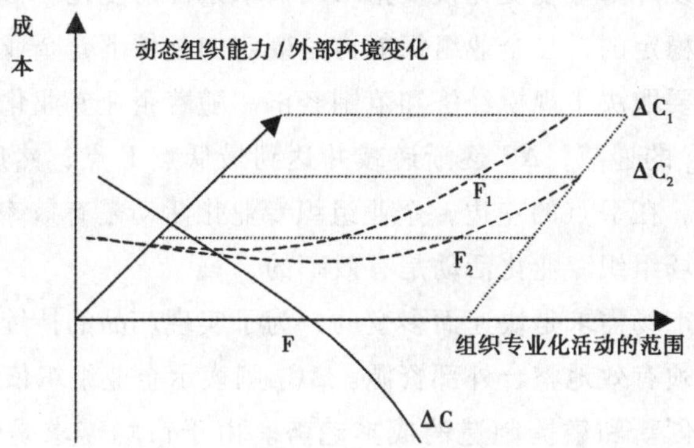

图 6－2　一个基于动态组织能力的企业组织内生性演进示意图

组织能力的积累，企业组织专业化业务活动效率的长期变动趋势。

我们首先考察外部环境变化对企业组织演进的影响。

假设组织专业化活动的外部环境是变化的，这种变化既可以表现为市场发育的不完善，也可以表现为市场需求条件的快速变化。为了能够更具体地分析问题，首先假设外部环境变化仅仅指市场发育不完善程度的增加，那么，企业组织的范围或效率将随着市场不完善程度的增加和动态组织能力的积累而变化。

图 6－2 中的 ΔC 曲线的变动表达了上述假设条件下的企业组织的演变趋势。在 ΔC 的左端点，企业组织的动态组织能力处于较低的水平，而市场则较为完善，因而 C_0 较高而 C_m 较低，市场组织专业化活动具有比较优势。随着市场不完善程度的增加，C_m 逐渐增加。而同时，随着企业动态组织能力的提高，C_0 则降低。因而，ΔC 随着企业组织专业化活动范围的增加而降低，企业组织专业化活动具有比较优势。但是越来越多的业务活动，将最终导致 C_0 的增加的速度超过 C_m，使企业组织丧失进一步组织专业化活动的效率。

结论 1：在制度不完善的条件下，市场失灵和政府失灵的广泛存在是企业组织专业化活动拥有比较优势的根源，即企业对市场的替代程度是制度环境不完善程度的增函数。企业组织的动态组织能力主要表现为克服市场和政府失灵的能力。

现在，假设外部环境变化仅仅指市场需求条件的变化。再假设市场需求及其增长是稳定的，在企业组织能力是既定的条件下，企业组织专业化生产的优势主要取决于规模经济和范围经济。随着企业专业化活动范围的扩张，由于 C_m 的递减，ΔC 逐渐递减并达到最低点 F 点，然后则随着 C_0 的递增而递增。在 F 点的左边，企业组织专业化活动是有效率的，而在 F 点的右边，市场组织专业化活动是有效率的。

但是如果市场需求是快速而多变的，为了实现产品的持续创新和柔性制造，企业必须有效地整合外部资源。ΔC_1 则表示企业组织依托其动态能力，实现产品创新和敏捷制造的成本趋势。由于市场需求是快速而多变的，市场交易的风险或不确定性是增加的，因而市场交易成本是递增的。为了应对市场交易风险，企业组织必须依赖其动态组织能力的积累降低交易成本。随着动态组织能力的积累，交易成本的降低，ΔC_1 逐渐降低并达到最低点 F_1。然后，由于专业化活动范围的扩大和内部差异性的日益增加，组织成本将逐渐上升，从而导致 ΔC_1 曲线的上升。

结论 2：在市场需求稳定增长的条件下，为了实现静态的规模和范围经济，一体化企业组织是有效率的。而在市场需求快速变化的条件下，为了实现动态的持续创新和柔性制造，非一体化的网络组织将替代一体化的企业组织。

下面我们假设外部环境是不变的，考察不同的企业组织从事某项专业化活动时的效率。假设有两个企业组织，分别为 A_1 和 A_2，ΔC_1 和 ΔC_2 分别表示两个企业组织对相同的专业化业务活动组织的成本变动趋势。如果 ΔC_1 曲线低于 ΔC_2 曲线，即 A_1 企业组织专业化活动的成本低于 A_2 企业组织相同的专业化活动的成本，则 A_1 具有组织专业化活动竞争优势。

结论 3：在相同的外部环境条件下，对于相同的专业化业务活动范围，拥有较高水平动态组织能力的企业组织拥有竞争优势。

假设在相同的外部环境条件下，A_1 和 A_2 企业组织具有相同的成本水平或竞争优势，现在它们都面临进入某一新的业务领域的选择。假设 A_1 拥有某种动态组织能力，能够为新的业务单位进入新领域快速而低成本地构建战略性资产，而 A_2 则不具备这种能力，那么 A_2 企业组织进入新业务领域的成本要高于 A_1 企业组织，即 $\Delta C_1 < \Delta C_2$。

结论 4：在相同的外部环境条件下，两个具有相同竞争优势的企业组织，其进入新的业务领域的竞争优势取决于某个企业组织能否比别的企业组织快速而低成本地为新的业务单位构建战略性资产。

在上述分析及其结论中，结论 1 和结论 2 考察的是作为抽象群体的企业组织在不同的外部环境条件下的演进趋势。而结论 3 和结论 4 考察的则是在相同的外部环境条件下，单个企业组织在拥有不同的动态组织能力时的演进趋势。在有限理性假设条件下，企业组织之间是异质的。这种异质性主要来源于企业组织内部长期积累的知识和能力的差异。因而，在外部环境变化和拥有不同的动态组织能力的条件下，现实中的企业组织是多样性的和具体的。企业组织的创新和演进取决于为了应对外部环境变化获得持续竞争优势而积累的不同的动态组织能力。因而，企业组织的演进是内生性的。

总结和今后要研究的问题

本章的研究表明，企业组织创新和演进不是新古典经济理论所描述的外生性过程，而是内生性的。组织创新和演进是企业自身应对外部环境变化、积累动态组织能力和获得持续竞争优势的过程。无论从抽象的企业群体还是具体的个体的角度看，企业组织创新是提升一国或地区企业和产业国际竞争力的重要途径。

本章的研究还表明，与二次企业组织创新浪潮相伴随的是福特制大规模生产和后福特制柔性生产的兴起和创立。在市场需求单一而增长稳定的条件下，为了实现静态的规模和范围经济，一体化的企业组织是有效率的。而在市场需求快速变化的条件下，为了实现动态的持续创新和柔性制造，非一体化的网络组织将替代一体化的大企业组织，成为企业竞争优势的来源。

第七章

20世纪70年代以来的新乡村工业化

新产业区是20世纪70年代以来新乡村工业化的成功模式。与传统工业化以追求规模和范围经济为目的的大规模生产不同，新产业区强调生产的柔性化和持续创新。因而，新产业区在本质上是生产组织方式的创新，是对大规模生产的替代。新产业区的兴起和发展打破了传统发展经济学“城乡二元结构”和乡村发展依附城市的观点，表明20世纪70年代以来的新乡村工业化和乡村经济发展并不依赖城市，而是内生或相对独立的，拥有自身独特的发展路径。在新乡村工业化过程中，乡村经济的自组织所呈现出的报酬递增和路径依赖，构成了新产业区形成和发展的基本特征和内在机制。

第一节 新乡村工业化中的组织变革因素

一、问题的提出

20世纪70年代中期，面对福特制大规模生产的危机及其所引起的全球性经济萧条，新产业区的兴起及其所带来的区域经济繁荣引起了人们的广泛关注。皮埃尔和塞伯尔（Piore and Sable）根据这一产业发展的现象和趋势敏锐地指出，以柔性专业化生产为特征的新产业区的出现代表了人类制造业发展的第二个分水岭，预示着一个新的经济时代的到来。[①] 更为重要的是，伴随着市场趋向的改革，20 世纪 70 年代末期以来中小企业在特定区域的空间集聚、结网和互动所形成的专业化产业区，是转型经济过程中中国乡村工业化发展的基本组织形式，同样成为中国经济快速增长和发展的重要支撑。

对新产业区的早期研究是基于第三意大利[②]新乡村工业化的实践[③④⑤⑥]。Becattini 指出，与传统工业化不同，20 世纪 70 年代第三意大利的新乡村工业化与 20 世纪初马歇尔所描述的“产业区”非常相似，并借用马歇尔的产业区理论考察了第三意大利的新乡村工业化模式。在 Becattini 看来，产业区是一个社会和地域的统一体，它以自然和历史形成的同一地域的社区人口与大量企业的生产性活动的集聚为特征，在产业区内，社会和企业有机融合并相互依赖。在对产业区作出上述界定的基础上，Becattini 概括出意大利产业区的四个基本特征：（1）产业区拥有相对一致的价值观、共享的知识和信念；（2）企业之间是高度专业化的，并在特定空间集聚和互动；（3）大量中小企业在特定区域的集聚，使产业区内部具有明显的外部经济效应；（4）存在着鲜明的专业化产业氛围，

---

① Piore, M. and Sabel, C. *The Second Industrial Divide: Possibilities for Prosperity*. New York: Basic Books, 1984.

② “第三意大利”是指意大利的东北部和中部地区，该地区在 20 世纪 70 年代快速崛起。“第一意大利”一般指意大利西北部传统工业发达的地区，而“第二意大利”则是指以农业为主的南部欠发达地区。

③ Bagnasco, A. *La Problematica Territoriale Dello Sviluppo Italiano*. Bologna: Il Mulino, 1977: 1-6.

④ Carofoli, G. Politica ed Economia, 1983, 29 (14), pp. 57-60.

⑤ Becattini, G. Dal Settore Industriale al Distretto Industriale. Alcune Considerazioni Sull' unita di Indagine Dell' economia Industriale. *Rivista di Economia e Politica Industriale*, 1979, n. 1.

⑥ Becattini, G. The Marshallian Industrial District: An Socio - economic Notion. In F. Pyke et al: *Industrial Districts and Inter - firm Co - operation In Italy*, *International Institute for Labor Studies*, Geneva, 1990.

例如大量熟练工人和专业生产者的集聚，有利于相互学习和干中学。而高度的专业化、空间的邻近性和对同一文化的共享，有助于企业的创新、创业和技术诀窍的快速扩散。

在 Becattini 的研究中，一方面强调第三意大利新乡村工业化模式的特殊性，即把新产业区看作是一个经济和社会结构的整体，尤其强调产业氛围和社会文化等因素对经济发展所发挥的重要作用；另一方面又试图概括出这一模式在经济结构上的一般特征，即中小企业集群生产的柔性专业化和网络化。

皮埃尔和塞伯对意大利学者的早期研究进行了理论抽象，把以柔性专业化为特征的第三意大利、德国南部的新产业区和日本丰田生产方式看作是一种新的生产组织方式，即后福特制。后福特制生产方式是在新的市场条件下对福特制大规模生产的替代。波特则从产业竞争优势的角度，把新产业区进一步抽象为中小企业新的产业空间组织形式，即产业集群（industrial clusters）。[①②] 波特对产业集群的界定是：一组在地理上靠近的相互联系的公司和关联的机构，这些公司和机构同处于一个特定的产业领域，因为共性和互补性而联系在一起。在波特看来，中小企业集群生产中的网络化和互动中的默示性知识、关系和动机，是产业和区域竞争优势的根本来源。萨克森宁通过硅谷与 128 公路地区经济发展的对比，强调中小企业之间专业化和网络化的组织结构安排是硅谷信息技术产业快速发展和获得持续竞争优势的根源。[③] 尽管研究的视角存在差异，但是上述理论研究都把新产业区抽象为生产组织方式的创新。而马库森（Markusen）在结合美国的区域发展经验的基础上，通过产业区类型的划分把新产业区泛化为区域经济增长的模式。[④] 从近期的文献看，这种泛化趋势越来越明显，早期意大利学者所关注

---

① Porter, M. *The competitive Advantage of Nations*, The Free Press, 1990.

② Porter, M. Clusters and Competition: New Agendas for Companies, Governments, and Institutions. *In On Competition*, Michael E. Porter. Cambridge, MA: Harvard Business Review Books, 1998.

③ Saxenian, A. *Regional Advantages: Culture and Competitive in Sillicon Valley and Route* 128. Cambridge: Harvard University Press, 1994.

④ Markusen, A. Sticky Places in Slippery Space: A Typology of Industrial Districts. *Economic Geography*, 1996, 72.

的新产业区的乡村工业化内涵逐渐消失，新产业区概念被逐渐一般化为特定空间的企业和产业集聚。①

二、新产业区：新乡村工业化的组织形式

理论界对新产业区概念泛化研究的趋势至少说明两个问题：一是在经济全球化背景下，区域经济增长和发展的重要性；二是新产业区内涵的多样性，既可以从新乡村工业化的特定模式出发进行分析，也可以从区域产业发展和竞争优势提升的角度进行总结，因为新乡村工业化过程本身就是区域产业的形成、发展和获得竞争优势的过程。其中皮埃尔和赛伯对新产业区生产组织方式特征的概括，明确了20世纪70年代以来发生于第三意大利的新乡村工业化和日本的丰田制一样，在本质上是一次生产组织方式的革命。萨克森宁则证明了，同样的生产组织方式革命也发生在美国硅谷的高新技术产业领域。

综合上述研究，本章对新产业区的一个基本假定是：从一般性上看，新产业区在本质上与日本的丰田制和美国的硅谷一样，是新的生产组织方式革命；而具体看，作为后福特制柔性生产方式的具体形式，新产业区是20世纪70年代以来新乡村工业化的成功模式。如果把福特制大规模生产看作是第一次工业化的结果，新产业区则是新乡村工业化发展的成功范例。因而，自20世纪70年代以来的新乡村工业化和新产业区的形成和发展足以说明，与传统发展经济学“城乡二元结构”和乡村发展依附城市的观点不同，乡村经济的发展具有自身的特征。

新产业区作为20世纪70年代以来新乡村工业化的成功模式，是内生于乡村经济的生产组织方式创新和演化的结果。只有从生产组织方式创新的角度，才能真正解释新产业区的起源和演进的逻辑。因而，考察新产业区起源和演进的理论意义和实践价值，在于揭示经济全球化条件下新乡村工业化过程中生产组织方式创新的外在条件和内在机

---

① 这种泛化研究很容易使人们混淆第一次工业化和新乡村工业化的区别，例如在Esposti and Sotte的研究中，把新乡村工业化混同于城市化。参见Esposti，R and Sotte，F. Institutional Structure，Industrialization and Rural Development：An Evolutionary Interpretation of the Italian Experience. *Growth and Change*，2002，Vol. 33，No. 1. pp. 3－41.

制。其研究的结论将有助于揭示欠发达国家或地区乡村工业化的一般过程和规律，也有助于我们深入探讨当前中国新农村建设中与乡村工业化相关的重大现实问题。

当把新产业区看做是20世纪70年代以来乡村工业化的新模式时，要想解释新产业区的起源和演进过程，必须从理论上回答以下三个基本问题：一是为什么新产业区起源于20世纪70年代？其生产组织方式创新的外在条件是什么？二是为什么在相同的社会经济背景下，新产业区并没有出现在全球或一国的所有区域？而仅仅出现在少数地区，尤其是欠发达地区？三是新产业区是如何起源和演进的？其内在机制是什么？

回答第一个问题涉及新产业区所处的社会环境尤其是市场环境的变化，回答第二个问题涉及新产业起源的特定区域的经济与社会结构的特征，而回答第三个问题则涉及具有某种经济和社会结构特征的乡村如何实现工业化的路径和机制。与新产业区的早期研究相一致，对上述三个问题的回答都需要坚持历史的和演进主义的观点和方法。

第二节 新产业区的起源和演化

一、经济演化中的报酬递增和路径依赖

在人类社会的经济发展进程中，到目前为止曾经出现过两次工业化浪潮，而主导两次工业化浪潮（过程）及其结果的是生产组织方式的创新。由于第二次工业化主要发生于20世纪70年代以来的乡村，区别于以城市为依托的第一次工业化，本章把第二次工业化称为新乡村工业化。

在前工业化时期的制造业中占主导的生产组织方式是单件生产，其市场需求主要局限于本地，规模狭小且多样化。单件生产的技术基础是传统

手工业，生产者是家庭和手工业作坊式的小企业，它们广泛地存在于工业化之前的乡村和城市。

第一次工业化首先发生在19世纪中后期到20世纪初期的英国和美国，在此次工业化过程中，诞生了以流水线生产为基础的福特制大规模生产，并逐渐替代了前工业化时期占主导的单件生产。现有的工业化理论主要基于第一次工业化的历史经验，着重考察市场、技术和生产组织方式变革对工业化和经济发展进程的决定作用。

对第一次工业化过程如何从单件生产过渡到大机器生产，马克思曾作出过精辟的分析，“生产方式的变革，在工场手工业中以劳动力为起点，在大工业中以劳动资料为起点”。① 钱德勒对发端于19世纪中后叶的第一次工业化进行了详尽的分析和描述，他指出，工业资本主义的快速发展之所以出现于19世纪80年代，是因为在这一时期出现了铁路和电报、轮船和海底电报等一系列重大技术变革。② 交通运输和电报等通讯技术革命，首先打破了前工业化时期各自封闭的狭小的本地市场，市场需求不再是小规模和多样化的，而是转化为单一而快速增长的大规模需求。早在1776年斯密出版的《国富论》中，根据工业化初期的经验就明确指出，劳动分工或生产的专业化受到市场范围的限制，其中水运等交通条件的改善是市场规模扩张的基本驱动力。③ 随着铁路、蒸汽机车和轮船的发明和广泛使用，工业产品的市场规模开始由国内迅速扩展到全球。其次，市场规模的扩张又催生了大规模生产技术，规模经济和范围经济成为企业和产业竞争优势的基本来源。第三，为了追求规模经济、范围经济和交易成本的节约，企业开始对能够充分利用规模和范围经济的生产设施、本国和国际市场销售网络和组织管理能力进行大规模投资，通过横向兼并和纵向扩张，从事标准化大规模生产的高度纵向一体化的大企业逐渐替代了家庭、手工作坊和业主制中小企业，成为制造

① 马克思著，中央编译局译：《资本论》第一卷，人民出版社1975年版，第408页。

② 小艾尔弗雷德·D. 钱德勒著，张逸人等译：《企业规模与范围经济：工业资本主义的原动力》，中国社会科学文献出版社1999年版，第2页。

③ 亚当·斯密著，唐日松等译：《国富论》，华夏出版社2005年版，第16页。

业中占主导的生产组织方式。[①]

经过近半个世纪的持续改进，1913 年标准化流水线生产在福特公司海兰公园工厂的成功运转，标志着大规模生产在工艺上的成熟。1925 年，针对大规模生产方式所面临的在追求规模经济和范围经济中多产品生产和销售的管理难题，斯隆创造性地提出了 M 型组织的构架，使大规模生产方式最终成熟。到 1955 年，大规模生产已经在几乎世界各国得到普及。[②]

沃麦克、琼斯和鲁斯概括了成熟形态的福特制大规模生产所具有的四个典型特征：（1）最大限度地运用了劳动分工。通过详尽的劳动分工，大规模生产流水线上的生产者是半熟练的操作工；（2）组织结构的高度纵向一体化；（3）生产设备的高度专用性。为了实现单品种和大批量生产的规模经济，生产设备甚至整个生产流水线都仅仅是为某个单一产品设计、制造和安装的。如果产品需要转换，整个生产流水线都可能被废弃掉；（4）产品的标准化和低成本。[③] 在单一而稳定增长的市场需求条件下，为了追求规模和范围经济，福特制生产组织方式的唯一目标是廉价地制造产品。

在第一次工业化过程中，由大规模生产的内在要求所决定，制造业活动的空间分布趋向于拥有交通区位优势的商业城市，并把它发展为在一国经济中具有优势地位的工业城市。[④] 一般而言，决定或影响制造业向某一特定空间集聚的主要因素包括自然资源、劳动力、交通和市场。由于大规模生产所需要的是流动性极强的半熟练工人，生产中的规模经济是由技术和市场决定的，因而交通运输成本的节约是传统工业化区位选择的首要因素。在第一次工业化过程中，交通条件优越的商业城市就成为制造业的聚

---

① 在《企业规模和范围经济：工业资本主义的原动力》一书中，钱德勒同时指出了大规模生产在满足需求和式样变化上存在着不够灵活的缺陷，尤其是在劳动密集型工业中，大企业的优势并不十分明显。参见小艾尔弗雷德·D. 钱德勒著，张逸人等译：《企业规模与范围经济：工业资本主义的原动力》，中国社会科学文献出版社 1999 年版，第 53 页。

② 沃麦克、琼斯和鲁斯著，沈希瑾等译：《改变世界的机器》，商务印书馆 1999 年版，第 48 页。

③ 沃麦克、琼斯和鲁斯著，沈希瑾等译：《改变世界的机器》，商务印书馆 1999 年版。

④ 尽管也存在着由自然资源，例如矿产资源形成的工业城市，但是这种城市在第一次工业化过程中并不占主导。

集地。由于企业是高度纵向一体化的，企业之间的边界清晰，尽管存在着大规模生产在城市的空间集聚，但是在城市集聚体内部，企业之间却缺乏足够的结网和互动。

随着制造业向工业城市的集聚，“城乡二元结构”和乡村发展依附城市的格局逐渐形成。因而，第一次乡村工业化的结果是城乡分离的加剧、乡村对城市的依附和乡村手工业的衰落。Luta 和 Graziani 对 20 世纪 70 年代之前的意大利经济的研究表明，20 世纪 60 年代末期之前，意大利经济是典型的南北“二元结构”。[①] 北部是以制造业为主体的发达的城市经济，而南部则是以农业生产和手工生产为主体的落后的乡村经济。在第一次工业化过程中，南部意大利具有传统优势的乡村手工业逐渐被大规模生产所替代，到 20 世纪 50—60 年代，仅仅剩下以满足当地市场需求为目的少数手工业作坊式的小企业。

传统工业化模式存在和持续发展的前提，是市场对单一而标准化产品的稳定需求。一旦这一前提条件发生了变化，福特制大规模生产的危机就开始显现。20 世纪 70 年代以来，随着消费者收入水平的提高、信息技术的发展和经济全球化程度的加深，市场的需求条件发生了重大变化，消费者的需求开始从标准化产品转向个性化和多样化非标准的定制产品，大规模生产的危机开始出现。安德森和派恩指出，当今的市场环境是多变的，为了取得经营成功，企业必须理解并低成本地满足单个客户不断增长的多样化愿望和需求。[②] 因而，能够满足客户个性化和多样化的柔性生产和追求以持续创新为核心的速度经济，是新的市场条件下生产组织方式变革的方向。在新的市场条件下，日渐衰微的乡村经济出现了新的发展契机，以第三意大利为代表的新乡村工业化和新产业区的起源和发展，正是这一时代背景条件下的产物。表 7－1 描述了人类经济发展过程中的两次工业化的市场条件和内在特征。

---

① 转引自 Alberti，F. *The Concept of Industrial District：Main Contributions*，2006，Http：//insme.org/documenti/.

② 大卫·M. 安德森，B. 约瑟夫·派恩二世著，冯涓、李和良和白立新译：《21 世纪企业竞争前沿：大规模定制模式下的敏捷产品开发》，机械工业出版社 1999 年版，第 4 页。

表7-1　　传统工业化和新乡村工业化的比较

	前工业化	第一次工业化	新乡村工业化
市场需求条件	规模狭小且多样化	单一而稳定	个性化和多样化
占主导的生产组织方式	单件生产	福特制	后福特制
生产组织过程	非标准化；技艺精湛的工匠；简单的通用设备；松散的管理；生产者之间关系的松散	标准化；半熟练操作工；专用设备和刚性生产；详尽的劳动分工和严格管理；高度纵向一体化的大企业	定制化；熟练和多技能工人；柔性生产设备；团队作业和人性化管理；中小企业的专业化和网络化
基本经济规律	连续的固定收益	规模经济和范围经济	速度经济
结果	品种繁多和成本高昂；生产活动分散于城市和乡村	单品种、大批量和低成本；工业城市的集聚	多品种、小批量、低成本和高价值；新产业区

到目前为止，理论界对乡村经济的认识，仍然深受以第一次工业化过程中工业区位选择地理位置优势论的影响。无论是以韦伯为代表的传统区位理论还是以克鲁格曼为代表的新地理经济学，都把乡村看作是城市的对立物，强调距离和运输成本是决定制造业部门地理集中和农业部门地理分散的关键因素。[①②③] 地理位置优势论认为，决定生产活动区位选择的主要因素包括当地市场需求规模、产品的可运输性、资源的可获得性、资源成本和资源的可运输性。尽管在生产和营销环节都存在的规模经济，但与生产相比，消费是分散的。同时资源的可获得和运输性本身属于运输成本问

① 马克思·韦伯著，李刚剑等译：《工业区位论》，商务印书馆1997年版。

② Krugman, P. Increasing Returns and Economic Geography. *Journal of Political Economy*, 1992, Vol. 99, No. 3, pp. 483-499.

③ Krugman, P. Comples Landscapes in Economic Geography, *The American Economic Review*, 1998, Vol. 84, No. 2, pp. 412-416.

题，因而在生产的区位选择中，起关键作用的是交通运输成本，企业区位选择中的成本最小化本质上就是运输成本的最小化。

根据地理位置优势论的分析逻辑，与城市相比，乡村经济只能以农业生产为主，在发展工业上存在着距离遥远、技术落后和市场范围狭小的劣势。距离遥远增加了工业生产的交易成本，而技术落后和市场范围狭小则限制了乡村工业化可能获得的规模经济。因而，在“城乡二元结构”条件下，乡村经济受到城市经济的抑制，只能从事与城市经济相比具有比较优势的农业生产。尽管存在着随城市规模的扩张和产业的转移实现工业化的可能，但是受到距离的限制，即使存在乡村工业化的可能，也仅仅限于城市的近郊。因而，在城市经济的抑制下，受到农业生产报酬递减规律的支配，乡村经济将越来越弱小，只能依附于城市。除了服务城市，乡村经济的发展只能靠城市和工业对农业的反哺。

但是，20世纪70年代以来的现实情况却恰恰相反，无论是第三意大利还是中国的乡村工业，都是在与强大的城市经济竞争中取得了乡村工业化的巨大成功。地理位置优势论存在上述局限的根本原因，是因为它仅仅是对第一次工业化及其结果所做的理论总结。与第一次工业化不同，新乡村工业化表现为大量中小企业在特定乡村的空间集聚，并通过专业化和网络化进行柔性生产，其选择的区位不是城市，而是位于乡村的专业化产业区。同时，启动和支撑新产业区形成和持续发展的，不再是标准化和大批量生产的规模经济和范围经济，而是以柔性生产和持续创新为目的的速度经济。更为重要的是，新乡村工业化和新产业区的形成和发展并不依赖于城市，而是拥有自身独特的发展路径。

针对地理位置优势论的局限，许多学者从不同的角度探讨影响或决定新产业区起源和发展的关键因素。

Esposti and Sotte 试图从乡村经济的比较优势出发，强调能否达到工业生产的关键或最低规模经济要求是新乡村工业化成功的关键。① 他们认为，尽管与城市经济相比，乡村经济存在着诸多劣势，但是乡村经济也拥

① Esposti, R and Sotte, F. Institutional Structure, Industrialization and Rural Development: An Evolutionary Interpretation of the Italian Experience. *Growth and Change*, 2002, Vol. 33, No. 1, pp. 3-41.

有自身的比较优势，例如劳动力和土地的低价格。只有在要素的低价格抵消了交通运输成本劣势的情况下，乡村经济才可能吸引某些低技术工业企业的投资。同时只有吸引到的工业生产达到一定规模的时候，才能获得规模经济，并最终把乡村经济的比较优势转化为竞争优势。但问题的关键是，新产业区的行为主体是通过网络化集聚的大量中小企业，其竞争优势的首要来源不是规模经济和范围经济，而是生产的柔性专业化。即使存在着规模经济，更多地属于外部规模经济，它表现为已经获得市场成功的中小企业集聚和网络化的结果。

新熊彼特学派从技术创新的角度考察问题，认为新产业区的发展依赖于劳动密集型产业技术的创新和运用。克里斯坦森以钢铁产业的发展为例指出，中小企业通过技术创新把资本密集型技术还原为劳动密集型技术，从而创造性地破坏了大企业的竞争优势基础。① 新产业区的发展确实与技术创新有关，但是更重要的是通过生产组织方式的创新充分利用了现有的技术并引致新的技术创新。正如皮埃尔和塞伯已经指出的，产业技术的应用往往不依赖于科学和技术本身的发展逻辑，而在于市场的选择和有效的组织利用。②

新制度主义强调制度安排在新产业区形成和发展中的作用。Tappi 指出，新产业区的演化建立在正式和非正式制度网络嵌入的基础之上，影响新产业区发展的制度既包括传统习俗、文化和道德信仰在内的非正式规则，也包括银行、当地政府和法律规范在内的正式规则。③ 布鲁斯科（Brusco）认为，构成新产业区活力及其发展基础的是企业之间的竞争与合作关系，而这些竞争与合作关系是由一系列正式和非正式规则协调的。④ 制度安排确实在新产业区的发展中发挥着十分重要的作用，但在许

---

① 克里斯坦森著，吴潜龙译：《创新者的困境》，江苏人民出版社 2001 年版。

② Piore, M. and Sabel, C. *The Second Industrial Divide: Possibilities for Prosperity*. New York: Basic Books, 1984, p4.

③ Tappi, D. Evolutionary Path of Italian Industrial Districts: The Importance of Formal and Informal Institutions in the Background of Technological Innovation. *Working Paper*, Presented at the Schumpeter conference, Manchester, 28th June – July 2000.

④ 塞巴斯蒂安诺·布鲁斯科："产业区的规则"，载于安娜·格兰多里主编，刘刚等译：《企业网络：组织和产业竞争力》，中国人民大学出版社 2005 年版。

多情况下，这些制度或规则本身既主导着新产业区的发展的又是新产业区演化和发展的产物。

上述理论分别从规模经济的实现、技术和制度安排的角度，考察了影响或决定新产业区起源和发展的基本因素。但是问题的关键是，如何从理论上解释，面对新的市场需求条件变化，为什么以柔性专业化为特征的新生产组织方式首先出现在乡村并演化为新产业区，而不是起源于已经具有诸多优势的城市①。

上述理论分析都是从新产业区的某一特征或因素出发，而不是把它当作一个经济、社会和区域的整体。当从整体上看问题时，我们会发现乡村不是一个抽象的空间概念，也不是由某一要素支配的机械组织，而是一个具有自身经济和社会结构的经济系统。新产业区的起源和发展，是在特定的经济和社会结构基础上进行生产组织方式创新，并引致经济系统持续演化的过程。其次，在经济系统的演进过程中，作为新产业区基本特征的生产的柔性专业化，既发源于乡村特定的经济和社会结构，又是乡村经济各行为主体面对新的市场机遇互动和重新组合的结果。最后，围绕着生产组织方式创新，与新产业区的形成和演进相伴随的是乡村经济的转型。因而，作为新乡村工业化成功模式的新产业区的起源和演化，是经济系统的演化和转型过程，更多地属于熊彼特所描述的“经济发展”。

熊彼特指出，与经济增长不同，经济发展是一个动态过程，是经济的一种质变或生产方法的新组合，是事物内部自行变化的结果。② 所谓的新组合是指，对“经济体系中的现有生产手段的供应作不同的使用，因而，就其本质而言，所谓经济发展，在于对现有人力及土地的服务以不同的方式加以利用”③。从这个角度看，新产业区的起源和发展是一个动态演化过程，在本质上是一种生产组织方式的创新。生产的柔性专业化并不是因为在技术上出现了某种突破，而是因为实现了生产要素的新组合，即对人力、土地、技术和空间等要素的重组。与第一次工业化根本不同，新乡村

① 从后福特制生产方式的创立过程看，无论是日本的丰田公司的所在地还是硅谷，都不是严格意义上的传统工业城市，而是带有更强烈的乡村经济特征的地区。

② 熊彼特：《经济发展理论》，商务印书馆1990年版，第71页。

③ 熊彼特：《经济发展理论》，商务印书馆1990年版，第106页。

工业化的新组合强调的不是规模和范围经济，而是以持续创新和柔性生产为特征的速度经济。为了实现持续创新和柔性生产，大量中小企业在特定的乡村空间集聚、结网和互动，其生产组织形式是专业化和网络化，而不是纵向一体化的。尽管这一新组合起因于外部市场需求的新变化，却是乡村经济内部各要素自发重组的结果。

上述基于熊彼特"经济发展"概念的思考仍然过于简单，更深入的分析则是要考察乡村经济内部的创新或新组合究竟是如何自发产生的，即从逻辑上解释新产业区的起源和演进的自发性和路径的独特性。而要做到这一点，必须弄清楚如下三个相互联系的关键问题：一是柔性专业化的基因信息是否隐藏或嵌入于某些乡村的经济和社会结构特征之中，这些基因是如何与外部环境的变化相耦合的？二是作为各种经济行为个体的聚集体，如何从个体行为出发解释中小企业以及其他行为主体在新产业区中专业化生产的结网和互动，规范和主导这些中小企业结网和互动的制度框架是什么？它是如何形成的？三是中小企业在特定地理空间的结网和互动为什么能够把乡村经济的比较优势甚至是劣势转化为竞争优势，并形成与传统工业化和城市经济相抗衡的新乡村工业化模式？

马克思对资本主义生产方式产生和发展的历史和演进主义分析方法，为我们的研究提供了启示。[①] 马克思指出，以劳动分工和机器生产为特征的资本主义生产方式起源于前资本主义的简单协作，"资本主义生产实际上是在同一个资本同时雇用较多的工人，因而劳动过程扩大了自己的规模并提供较大量产品的时候才开始的。较多的工人在同一时间、同一空间（或者说同一劳动场所），为了生产同种商品，在同一资本家的指挥下工作，这在历史上和逻辑上都是资本主义生产的起点。就生产方式本身来说，例如初期的工场手工业，除了同一资本同时雇用的工人较多而外，和

---

① 在《资本论》第一卷第一版序言中，马克思就明确指出，"我要在本书研究的，是资本主义生产方式以及和它相适应的生产关系和交换关系"。参见马克思：《资本论》第一卷，人民出版社1975年版，第8页。尽管在《资本论》中，生产方式一词具有比重涵义，但在产品的生产过程中的劳动组织方式涵义上与本章的生产组织方式是一致的。马克思对资本主义生产方式产生和演进的研究主要集中在第四篇"相对剩余价值的生产"，参见马克思：《资本论》第一卷，人民出版社1975年版，第347－551页。

行会手工业几乎没有什么区别。行会师傅的作坊只是扩大了而已。”① 但是在资本家的控制下，简单协作在量上的扩大所带来的生产资料的节约和个人生产力的提高或集体生产力的出现，使剩余价值和资本主义生产过程的产生成为可能。

在追求剩余价值的过程中，资本主义生产方式先后经历了工场手工业和机器大工业两个阶段。其中，工场手工业以劳动为起点，其发展表现为劳动分工的出现和不断细化。而机器大工业则以劳动资料为起点，其发展表现为机器的出现、分工和工厂制的建立。

与西方主流经济理论的分析不同，马克思的历史和演进主义的分析传统更多地被现代演化经济学的最新理论进展所继承。早在20世纪50年代初，阿尔钦（Alchain）对经济理论过多地关注对现有的已经尝试过的解决方案集合中选择或思考问题的思路提出了质疑，强调研究经济组织的起源对经济理论发展的重要性，因为经济组织起源中所包含的创新是过去人们没有经历过的。② 更为重要的是，在演化经济学看来，经济组织是由相互联系或适应的经济行为个体所构成的集合，经济组织的起源和演进内生于经济行为个体的行为及其互动，即经济组织的整体行为特征是个体之间相互作用中集聚和涌现的结果。③④

霍兰把经济组织的起源和发展看作是，组织中个体之间的互动以适应环境变化的自组织过程。环境的变化，会引起经济行为主体与环境以及经济行为主体之间的相互适应性活动。在相互适应性活动中，涌现是协同的结果，而协同依赖于经济行为主体主观模型的改变或新的行为规则和惯例的形成。因而，决定经济组织起源和发展方向的创新表现为新的行为规则

① 马克思：《资本论》第一卷，人民出版社1975年版，第358页。

② Alchian, A. A. Uncertainty, Evolution and Economic Theory. *Journal of Political Economy*, 1950, 58, pp. 211 – 222.

③ 约翰·H. 霍兰著，周晓牧、韩晖译：《隐秩序：适应性造就复杂性》，上海科技教育出版社2000年版。

④ 约翰·H. 霍兰著，陈禹等译：《涌现：从混沌到有序》，世纪出版集团上海科学技术出版社2006年版。

的探索、试错、发现、信用分派和强化的过程。[①][②] Pelikan 进一步讨论了导致组织起源和发展的新的行为规则或惯例的来源，他认为，经济组织的“自组织过程是指所需要的部分或全部组织过程信息由构成组织的个体自己来提供的”。[③] 组织过程信息是指源于个体，并引导特定的经济行为主体形成某种组织，而不是别的组织的信息。这种信息能够被已经形成的组织所表达，因而，“探讨成功的经济组织的起源就是寻找组织形成过程中的组织过程信息的来源。”[④] 从内涵上看，组织过程信息，就是关于组织行为规则或惯例的信息。因而，作为经济组织的起源和发展过程，新产业区的起源和演进是乡村经济系统适应外部环境变化，内部经济行为主体及其之间互动中主导重新组合或创新的新的行为规则或惯例的发现和强化的过程。新产业区起源于新的市场条件变化的乡村经济内部的经济行为主体的个体行为及其之间的互动，而主导新产业区起源、演进和发展的组织过程信息来源于内部，并通过信用分派机制形成和转化为新的行为规则、惯例和制度安排。

同时，经济系统演化的自组织理论还对自组织过程的内在机制给出深入的分析，强调经济组织的自组织过程是内部各行为主体在一定条件下的相互适应或互动中通过新的行为规则或惯例的发展，从无序中自发地形成有序结构的过程。经济组织起源和发展的自组织过程呈现出两个方面的特征：对初始条件的高度敏感性，因为初始状态是一个无序的结构，存在多种选择的可能性，外部环境的一个偶然扰动所引起的微小变化可能导致一个巨大的难以预期的结果；而产生这一结果的前提，是组织内部的个体之

---

① 在霍兰看来，环境变化包括两个方面：一是组织的外部环境变化；二是内部环境变化，从每个组织成员个体看，其他成员的活动本身就构成了其活动的外部环境。

② 新的行为规则和惯例的形成本身就包含着新的组合，因而，霍兰的讨论与熊彼特在本质上是一致的。

③ 约翰·福斯特，J. 斯坦利·梅特卡夫著，贾根良、刘刚等译：《演化经济学前沿：竞争、自组织与创新政策》，高等教育出版社 2006 年版，第 136 页。

④ 在更早的演化经济学企业理论研究中，Nelson and Winter 把引导经济组织起源和发展的规则和组织过程信息称为组织惯例，组织的起源和发展在本质上是一个组织惯例的探索、复制和创新的过程。参见 Richard R. Nelson and Sidney G. Winter. *An Evolutionary Theory of Economic Change*. The Belknap Press of Harvard University Press, 1982.

间的相互作用在新的规则或惯例主导下存在着正反馈。①②③ 正反馈，使源于乡村经济内部的新产业区的起源和演进过程呈现出报酬递增和路径依赖特征。

根据上述演化经济学对经济组织起源和演化的相关论述，作为新乡村工业化的成功模式，新产业区的起源和演进是内生的，经济行为主体及其互动结网中的正反馈，使新产业区的发展表现出报酬递增和路径依赖特征：

1. 在新产业区起源和演进的孕育阶段，传统的乡村经济对某些外部初始条件的变化具有高度的敏感性。一个偶然的历史事件或外部扰动引起的经济主体的适应性行为所带来的微小变化或创新，可能启动新乡村工业化，并导致乡村经济的分化和新产业区的起源和发展。而启动新乡村工业化或新产业区起源和演进的组织过程信息，来源于传统乡村经济系统内部，它表现为主导新乡村工业化和新产业区起源和演进中经济行为主体之间的有序结网和互动的新的行为规则或惯例。

2. 作为中小企业在特定空间的柔性专业化生产组织，新产业区的起源和发展是一个复杂适应系统的自组织过程。在经济系统或组织的演进过程中，由多样性经济行为主体所组成的系统会通过对行为的预期对它们所创造的规则或模式作出适应或反应。在经济系统或组织多样性成员个体的相互作用中所形成的新的有效行为规则或惯例，主导着组织从无序到有序的演进过程。因而，作为一个复杂经济系统，新产业区的有效行为规则或惯例所主导的经济行为主体之间有序的结网和互动，推动了乡村经济和社会结构转型，并表现出与传统工业化不同的模式。

3. 新产业区从产生到发展壮大的关键，是新的行为规则或惯例主导下的经济行为主体与环境以及主体之间的相互作用存在正反馈。新产业区的起源和演进过程中的正反馈包括两个方面：一是新的行为规则或惯例的

---

① Arthur, W. B Competing Technologies, Increasing Returns, and Lock - in By Historical Events. *Economic Journal*, 1989, 99, pp. 116 - 131.

② Arthur, W. B Increasing Returns and the New World of Business. *Harvard Business Review*, 1996, July - Aug.

③ Arthur, W. B Complex and Economy. *Science*, 1999, 2 April, 284, pp. 107 - 109.

强化；二是在新的行为规则和惯例的约束下，企业之间的协同所带来的企业和产业竞争优势的持续改进和提升。

二、生产组织方式创新与新产业区的起源和演进

为了简化分析，本章把新产业区的起源和演进划分为：新产业区的孕育、形成和发展三个阶段。其中，新产业区的孕育主要考察新乡村工业化初始阶段乡村经济行为主体的经济和社会结构特征，其中某些特征包含了新产业区起源和演进的信息，它决定了乡村工业化产生的可能。

但是对于工业化过程而言，初始状态的乡村经济行为主体之间的关系是机械的和无序的，信息是隐藏的。但是外部环境的变化打破了乡村经济活动中的既有秩序，经济行为主体通过新的行为规则重新组合，使隐藏于特定乡村经济中的潜在组织过程信息被激活，并引导经济行为主体之间的结网和互动，形成中小企业柔性专业化集群生产。在中小企业专业化集群生产中所形成的新规则，主导着特定区域的经济活动，并诱致乡村经济结构的转型和新产业区的形成。随着外部条件的不断变化，新产业区通过经济行为主体结网和互动持续发展和演化。新产业区起源和演进的内在机制表现为，在特定行为规则主导下各经济行为主体之间的结网和互动中的适应、学习、模仿和创新性模仿中的报酬递增和路径依赖。图 7－1 描述了新产业区起源和演进的过程及其机制和路径。

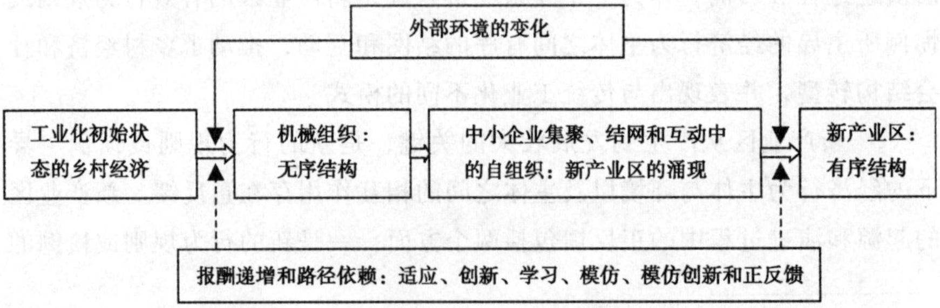

图 7－1　新产业区起源和演进的机制和路径

20 世纪 70 年代之前，在福特制生产组织方式占主导的传统“城乡二元结构”条件下，乡村存在着诸多发展工业的劣势或不足，例如地理

位置遥远和本地市场规模狭小。由于人口分散，狭小而多样化的市场需求难以达到传统工业生产所要求的最低规模水平。而与城市距离的遥远，使乡村发展工业面临着高昂的运输成本约束。因而，在福特制条件下，以农业生产为主、经济活动水平及就业人口的持续下降和对城市经济的依附，是乡村经济发展的常态。

然而，即使在福特制条件下，乡村仍然蕴涵着某些发展工业的潜在优势，其中最重要的优势包括关键要素的低价格和发展空间的充分弹性。

相对于城市较高的土地和劳动力价格，乡村的土地和劳动力的使用是低成本的。更为重要的是，与以大规模生产为主体的刚性的城市经济相比，乡村经济在制造业生产组织方式的选择上具有充分的柔性，尤其是在小农经济为主的国家或地区。Esposti and Sotte 把决定乡村经济柔性生产特征的关键因素归结为小社区的范围经济。[①] 在“城乡二元结构”条件下，乡村经济是一个相对封闭的经济系统，[②] 其内部市场需求既是规模狭小的又是多样性的。为了满足小社区内规模狭小而又多样化的市场需求，在农业生产的基础上，家庭和手工作坊式的小企业同时从事多种手工业生产。家庭和手工作坊的生产活动具有两个方面显著的特征：一是在一般情况下，无论是家庭还是手工作坊都是采取自我雇佣的方式从事生产和经营。自我雇佣中内含的风险意识和市场意识，孕育了新乡村工业化过程中最为重要的企业家精神；二是由于生产是多样性的，传统手工业的生产者大都是多技能的，因而他们具有很强的柔性生产能力。

作为一个演化的经济系统，乡村经济主体不仅包括家庭、手工作坊式的小企业，还包括乡村基层政府、银行和其他中介机构。乡村经济中的各行为主体之间的关系是机械的或无序的，乡村经济的上述优势仅仅处于潜在状态。如何适应外部环境的变化，充分利用经济转型中出现的新的市场和技术变化的机遇，围绕着乡村经济中特殊的生产柔性特征，通过各行为主体的结网和互动进行生产组织方式的创新和形成新的行为规则，从而把

① Esposti, R and Sotte, F. Institutional Structure, Industrialization and Rural Development: An Evolutionary Interpretation of the Italian Experience. Growth and Change, 2002, Vol. 33, No. 1, pp. 3-41.

② 根据作者对中国乡村工业化的实际观察，作为一个相对封闭的经济和社会系统的乡村共同体，大致的范围相当于一个乡镇。

乡村经济的比较优势转化为竞争优势，是解释20世纪70年代以来的新乡村工业化和新产业区形成和发展的关键。

假设一个偶然的因素，家庭或手工业作坊式的小企业通过创新或技术引进，开始生产与城市竞争的产品。由于缺乏规模经济效应，乡村小企业产品的竞争优势只能来源于两个方面：一是土地和劳动力的低成本带来的低价格优势；二是与城市产品相比的差异化优势，即产品满足客户的个性化或多样化需求的能力。

单纯的低成本优势难以成为20世纪70年代以来新乡村工业化的主要推动力，[①] 主要原因表现在以下三个方面：一是与第一次工业化根本不同，20世纪70年代的世界经济正因为生产的普遍过剩而陷入长期经济萧条，市场上充斥着大批量生产的价格低廉的工业产品；二是乡村企业的低成本在20世纪70年代之前就已经长期存在；三是即使通过低成本扩张达到了城市企业相同或更大的规模经济，如果生产的产品是过剩的，在运输成本约束下也难以获得持续的发展。因而，一般情况下，新乡村工业化的启动常常是因为乡村企业通过生产工艺、产品或技术创新，生产出低成本的差异化产品，通过柔性生产快速满足客户的个性化或多样化的市场需求，从而抓住了20世纪70年代出现的市场条件变化所带来的机遇。

再假设乡村中的某个企业通过创新生产出差别化的产品并取得市场成功，由于集体企业家精神的存在，相邻的生产者会通过学习和模仿生产相同或类似的产品，分享创新企业带来的市场成功。因为在乡村工业化初期，无论是产品还是工艺方面的创新相对而言是简单的，主要表现为产品生产中的某种工艺诀窍、技巧和新的产品创意，其他拥有大致相同技术和经验的生产者很容易学习和模仿。更为重要的是，任何企业的学习和模仿都不是简单的学习和模仿，因为在许多情况下，技术和诀窍属于默示性知识，企业在解读其他企业的成功诀窍的过程中往往结合自己的实际经验作

---

① 当然，处于从计划经济向市场经济转型中的中国经济有些例外，在20世纪70年代末中国新乡村工业化启动阶段，中国经济是典型是因为计划经济的低效率所造成的短缺经济。在这种背景下，乡村的低成本优势成为中国新乡村工业化的最初推动力，但是随着乡村工业化的深入进行，能否形成具有柔性生产能力的专业化产业区是新乡村工业化最终成功的关键或标志。对于这一特殊现象，限于本章的篇幅，作者将专文讨论。

出主观的猜测和改进，从某种意义上说，任何成功的学习和模仿都是创造性模仿，学习和模仿本身就带有创新的内涵。对成功企业的学习、模仿和创造性模仿，导致企业在某一特定乡村空间的集聚。由于集聚所带来的市场规模扩张，特定空间的企业结构开始发生变化，即出现横向和纵向的扩散。横向扩散表现为同类产品中生产不同品种企业的增加，而纵向扩散则表现为产品零部件等相关配套厂商的出现和增加。

在不考虑市场需求变化的条件下，新乡村工业化对企业组织结构和生产组织方式的选择至少存在着两条路径：一是某个成功的企业通过自身的发展和兼并其他企业实施横向和纵向一体化，最终形成高度一体化的大企业；二是大量集聚于某一特定空间的中小企业采取专业化和网络化的方式相互协作，通过柔性生产和持续创新中所产生的外部规模经济效应实现市场的扩张。但是在新的市场需求条件下，只有后者才最终能够发展为新乡村工业化成功的典型模式。为了清楚地说明问题，本章借用诺特鲍姆（Nooteboom）对创新周期变化及其对企业组织选择影响的分析，解释为什么 20 世纪 70 年代以来的新乡村工业化采取的是“专业化和网络化”的集群生产这种特殊生产组织方式。[①]

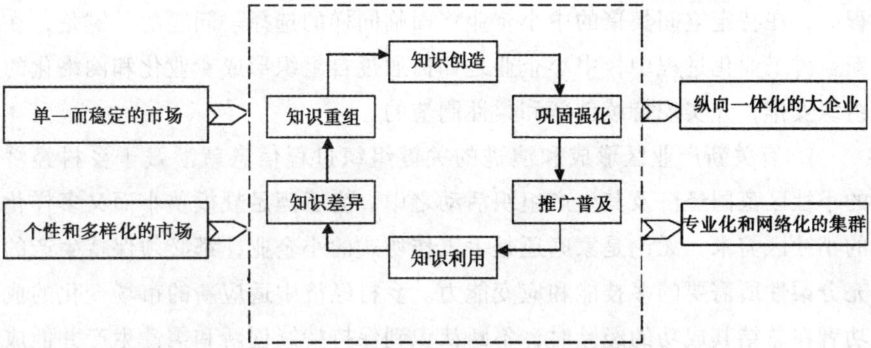

图 7－2　市场需求和产品创新周期变化对生产组织方式选择的影响

① 巴特·诺特鲍姆：“网络的动态效率”，载安娜·格兰多里主编，刘刚等译：《企业网络：组织和产业竞争力》，中国人民大学出版社 2005 年版。

图7－2的中间部分是诺特鲍姆对创新周期的描述。一个完整的创新周期包括知识创造和知识利用两个阶段，其中知识创造表现为新技术和新产品的产生，而知识利用则表现为新技术和新产品的规模和范围的扩张。当新知识出现后，为了使新技术或新产品获得市场成功，企业会通过新知识的强化和推广普及实现生产的规模经济。当新技术或新产品在市场上通过推广普及获得成功时，企业又试图把这种新技术或新产品运用于不同的市场或领域，以实现范围经济。新技术或新产品在不同市场或领域的运用将导致知识的差异化，当这种差异化达到一定的程度时，就会出现知识重组，并导致新的知识创造。

当市场需求是单一而稳定的条件下，创新周期相对较长。企业完全可以在内部通过巩固强化、推广普及、差异化和重组实现规模经济和范围经济，并再次进行知识创新。知识的外溢或扩散对知识创新企业而言，意味着竞争优势的削弱和利润的流失。

而在市场需求是个性化和多样化的条件下，市场的快速多变导致创新周期的缩短，持续创新和柔性生产成为企业竞争优势的来源。为了让新知识快速创造出规模和范围经济，企业发现外包、分包、合资和战略联盟等网络化组织的效率远远高于纵向一化组织结构安排。而在新乡村工业化过程中，在特定空间集聚的中小企业将面临同样的选择。问题的关键是，在新乡村工业化过程中，中小企业是如何通过自组织形成专业化和网络化的组织安排，并实现持续创新和柔性制造的。

1. 有关新产业区形成和演进的关键组织过程信息就潜藏于乡村经济的小社区范围经济及其生产组织活动之中。为了满足规模狭小而又多样化的小社区需求，无论是家庭还是手工作坊式的小企业，都必须保持生产的充分柔性所需要的多技能和应变能力。乡村经济中适应新的市场变化的成功者在总结其成功的经验时，不断认识到保持持续创新和柔性生产并低成本地满足市场的个性化和多样化需求是企业成功的关键。对成功者而言，上述信息会不断得到强化，而对于学习和模仿者而言，会通过观察、分析和判断破解和掌握这一关键信息。通过不断的试错，生产者会通过信用分派机制不断强化新乡村工业化过程中持续创新和柔性生产的重要性，并把它作为一项主导生产行为的新的行为规则。

2. 面对激烈的竞争，乡村生产者在实践中意识到，企业之间相互结网、互动和协作，不仅有利于保持持续创新和柔性生产能力，而且有利于通过外部规模经济和范围经济降低成本。

为了应对不断变化的市场需求，企业发现通过横向和纵向分包网络，能够快速而低成本地满足市场需求，有效地实现转瞬即逝的规模经济和范围经济。同时，大量中小企业在知识储备存在差异的条件下，将产生更多的知识重组和知识创造的潜在机会和可能。经过生产实践中的试错和信用分派机制，专业化和网络化而不是纵向一体化逐渐成为新乡村工业化中主导生产者之间行为的另一项新的重要行为规则。

在特定乡村空间的集群生产中，上述两个基本行为规则构成了新乡村工业化的制度框架基础，并主导着新乡村工业化进程和新产业区的形成和演进。这些行为规则是生产者主观模型的基本组成部分，决定或规范着他们之间的相互适应性行为。在新的行为规则的主导和约束下，新乡村工业化过程中的各经济行为主体之间的行为是有序的，表现为新产业区形成和发展中持续的自组织过程。新行为规则主导下的生产者之间（包括适应、创新、学习、模仿和创造性模仿在内）合作与竞争行为的协同呈现出正反馈，并使新乡村工业化表现出报酬递增和路径依赖特征。

新乡村工业化过程中的报酬递增和路径依赖，可以解释在同样面对 20 世纪 70 年代的市场条件变化的条件下，为什么只有少数乡村地区尝试工业化并最终形成新产业区。

1. 一般而言，启动新工业化的地区都是具有小社区范围经济特征的乡村地区。因为只有这种类型的乡村才存在着柔性生产和持续创新的基因。根据已有的经验研究，这些地区往往拥有长期从事手工业生产的历史传统，具有创新所必需的企业家精神。

2. 一旦某个企业洞察到市场需求的变化并实施了创新，并不一定都会取得市场成功。因为初始的创新性活动具有高度的不确定性，受到各种条件的限制，创新可能失败。只有获得初步市场成功的创新，才会吸引当地众多生产者的学习和模仿，并引发中小企业在特定乡村空间的集聚、结网和互动。

3. 在对环境和其他企业的相互适应中，企业之间必须通过试错、学习、模仿和信用分派，形成主导新乡村工业化过程中生产者有序活动的有关竞争与合作的基本行为规则和制度安排。其中，构成新产业区的基本规则是“持续创新和柔性生产”和“专业化和网络化”。这些新的行为规则的形成和强化，是在新产业区形成和发展中出现报酬递增和路径依赖的关键。

在新产业区的形成和演进过程中，对初始条件的依赖和早期创新的成功是引发报酬递增和路径依赖的前提。而对早期成功者的学习、模仿和创造性模仿所带来的一系列市场成功，使报酬递增效应开始显现和放大，使路径依赖得到强化。归纳起来，新产业区的形成和演进过程中的报酬递增和路径依赖效应主要表现在以下几个方面：

1. 无论是对早期成功者的学习和模仿，还是企业之间的相互学习和模仿，都会使产业区积累大量的有关持续创新和柔性生产的默示性知识。这些知识积累不仅使区域内企业获得“远方的竞争者所无法匹敌的当地要素：知识、关系和动机”，① 而且使产业区内部的创新活动更为活跃。

2. 关键要素、供应商和营销的网络效应。大量中小企业在特定空间的集聚、结网和互动，吸引和积累了大量具有多种技能的熟练劳动力、专业的供应商和营销商。无论是作为熟练劳动力的人力资本还是专业供应商和营销商的投资，对产业区的企业而言都是专用性的。投资的专用性不仅有利于企业通过外部规模经济降低成本，而且有利于企业的产品创新和新企业的孵化。产业区产品的市场成功和共同的营销网络，有利于企业降低新产品进入市场的进入成本，产地的品牌效应很容易使新产品获得客户的认同。新产业区的上述网络效应，不仅降低了企业的生产成本而且降低了市场交易成本。

3. 企业在结网和互动中对有效行为规则的惯例遵循，使得生产网络的非线性作用产生巨大的协同效应。新产业区是大量中小企业的集聚，企业之间的适应、学习、模仿和协作中的协同是实现持续创新和柔性生产的关键，而协同生产的前提是企业之间特定行为规则主导下的有序互动和协

① Porter, M. Clusters and Competition: New Agendas for Companies, Governments, and Institutions. In *On Competition*, Michael E. Porter. Cambridge, MA: Harvard Business Review Books, 1998.

作。对这些特定行为规则的惯例遵循，不仅可以减少各行为主体之间无效或低效率的冲突，提高专用性投资和降低交易成本，更为重要地是能够通过正反馈放大某一网络和产业链节点出现的比较优势和竞争优势，使企业和产业获得持续的竞争优势。

因而，在新乡村工业化过程中，报酬递增和路径依赖是新产业区把乡村经济的比较优势转化竞争优势和持续放大竞争优势的内在机制。

总之，新产业区是 20 世纪 70 年代以来新乡村工业化的成功模式。与以城市为依托的传统工业化的大规模生产方式根本不同，新产业区在新的市场条件下通过大量中小企业在特定空间的专业化和网络化集群生产，实现了以持续创新和柔性生产为目的速度经济。因而，新产业区的起源和演进，在本质上是生产组织方式的创新和发展过程。

围绕着生产组织方式的创新，新产业区的起源和演进是一个经济系统的自组织过程，其发展和演化的基因是隐藏于乡村小社区范围经济中的家庭或手工业作坊式小企业所特有的柔性生产能力。在新的市场条件下，新乡村工业化的启动表现为乡村经济中柔性生产基因的激活和重组，通过各经济行为主体之间的结网、互动和正反馈，传统乡村逐渐通过经济转型和演化为新产业区。与传统发展经济学的“城乡二元结构”和乡村发展依附城市的观点不同，20 世纪 70 年代以来的新乡村工业化和新产业区的起源和演进是内生的，拥有自身独特的发展路径。

对于新产业区的有序结构而言，新乡村工业化之前，乡村经济各行为主体之间的关系是机械的。为了适应新的市场条件变化，某个企业早期创新活动的成功及其所引发的学习和模仿行为，启动了乡村工业化进程。为了追求持续创新和柔性生产，企业之间的专业化结网和互动中特定行为规则或惯例的形成促进了集群生产中合作与竞争关系的涌现和发展。围绕着集群生产，乡村经济中各行为主体的适应和互动带动了整个乡村经济和社会的转型，并最终形成新产业区的有序结构。其中各行为主体结网和互动中对已经形成的有效行为规则的惯例遵循带来的协同效应，使新产业区的发展呈现出报酬递增和路径依赖特征，从而把乡村经济中的比较优势转化为竞争优势。

对中国而言，新产业区已经成为转型经济条件下中国乡村工业化的重要组成部分。从中国经济转型和未来的发展看，新乡村工业化和新产业区是中国新农村建设的重要依托。对20世纪70年代以来新乡村工业化和新产业区起源和演进的研究，将有助于我们深入思考中国新农村建设的若干重大问题。

第八章

资本主义新一轮经济不平衡增长中的组织和制度变革因素

20世纪70年代以来，经济全球化的持续深化和信息网络技术的广泛应用，资本主义经济增长的外部环境发生了深刻变化。大规模生产和消费对应机制的局限性逐渐暴露出来。为了应对市场需求的新变化，西方发达国家的生产组织方式开始从福特制向后福特制转变。在经济转型过程中，产品竞争在本质上表现为生产组织方式创新的竞争，生产组织方式创新成为企业、产业和国家竞争优势的重要来源。生产组织方式的创新和扩散及其所引发的组织和制度变革在国家之间的差异，成为当代资本主义经济新一轮不平衡增长中的决定性变量。

第一节

对资本主义经济增长动因的理论分析

一、引　言

20世纪70年代以来，资本主义经济出现了新一轮不平衡发展。意大利传统制造业的兴盛和繁荣、以日本和韩国为主体的东亚经济奇迹和美国的新经济，先后成为资本主义经济新一轮增长的代表。随着后福特制生产方式变革中知识经济的兴起和确立，对当代资本主义经济新一轮经济增长及其不平衡的理论探讨，深化了对经济增长和发展根源的认识。

经济增长的动因、机制以及实现经济增长的途径，一直是经济理论关注的焦点。亚当·斯密在其经典著作《国民财富的性质和原因的研究》中就论及经济增长问题，强调经济增长的动因在于劳动分工、资本积累和技术进步。李嘉图在《政治经济学与赋税原理》中指出，由于规模报酬递减规律的作用，人口增长、资源消耗与资本积累、市场扩大之间的竞争，最终将使资本积累停止，人口保持稳定，经济进入均衡状态。其后，马尔萨斯、拉姆齐、阿林·杨、奈特和熊彼特等经济学家的研究工作，为经济增长理论提供了新的研究方法与思想。

古典经济增长理论强调物质资本积累在经济增长中的决定作用，把稳定的均衡增长过程看作在“锋刃上的游走”。而依赖外部力量推动和维持长期增长的新古典增长理论，同样无法科学地解释世界经济增长及其不平衡问题。因此，20 世纪 80 年代中期，以罗默、卢卡斯为代表的一批经济学家在对新古典经济增长理论模型重新思考的基础上，提出了内生经济增长理论。内生增长理论的诞生，标志着现代经济增长理论进入了一个新的发展阶段。以诺斯为代表的新制度学派，将制度变迁纳入到经济增长的逻辑框架中，强调制度因素是经济增长的重要解释变量。这一理论较好地解释了转型国家的经济增长问题，将经济增长理论向前推进了一步。经济增长理论的发展表现出随经济发展而演进的趋势，先后经历了以物质资本积累解释经济增长的古典主义经济学，以外生技术进步为特征的新古典主义经济学，技术内生化的内生经济增长理论和以制度作为其解释变量的新制度学派经济增长理论。

除主流经济增长理论之外，以熊彼特、哈耶克、纳尔逊和温特为代表的演化经济学作为非主流经济学的一个重要分支，对经济增长理论产生了重大影响。他们以达尔文进化论和拉马克的遗传基因理论为思想基础，以自然界的演化规律为借鉴，研究和模拟人类经济社会系统的动态演化规律和发展趋势。钱德勒对西方主要资本主义国家经济发展的比较研究指出，“组织能力是核心动力”是“工业资本主义的原动力”，从企业组织的演化的角度揭示了世界经济增长的微观基础。[①]

作者认为，新古典增长理论针对哈罗德—多马模型对充分就业增长的悲观假设，指出了经济增长中存在着技术进步改变生产函数的可能性。新古典经济增长理论的技术进步观点，成为主流经济学解释当代资本主义经济增长及其不平衡的关键变量。针对新古典经济增长理论仅仅从技术进步出发考察资本主义经济增长的局限，纳尔逊（Nelson）指出，在技术进步推动经济增长这一景象背后隐藏的是一套组织制度，它们构成了现代资本主义制度，维持并引导着经济增长各主要阶段的正常运行。[②] Fuss and Waverman 的实证研究表明，1980 年日本汽车产业的单位成本低于美国汽车产业 34.4%。[③] 这种同一产业中如此巨大的成本差异，是主张技术可以迅速转移，各国都可以采用同一生产函数进行生产的新古典经济理论及其贸易理论所无法解释清楚的。因而，单纯的技术进步和制度变革都无法完整地解释当代资本主义新一轮经济增长及其不平衡现象。本章试图从生产方式及其相应组织和制度变革的角度展开分析，对当代资本主义新一轮经济增长中的不平衡现象作出新的理论解释。

二、生产方式及其组织和制度变革与经济增长的长波

划分社会经济发展的时代标志不是看它生产什么，而是看它怎样生产。生产方式及其组织和制度变革和演化推动着社会经济的发展。1990 年，美国麻省理工学院的学者结束了长达 5 年耗资 500 万美元的“国际汽车项目”（IMVP），发表了题为《改变世界的机器》的研究报告，对社会需求与生产方式之间的互动关系进行了科学的描述和解释。

从微观层面上讲，在谈到如何创造企业的竞争优势时，最先想到的可能是先进的技术和企业的技术能力。技术变革确实是企业竞争的主要驱动力，如索尼、NEC、佳能和摩托罗拉等大型跨国公司，确实因为它们拥有

---

① 钱德勒著：《看得见的手》，商务印书馆 1999 年版。

② Richard R. Nelson, The Sources of Economic Growth, *Harvard University* Press, 1996.

③ Fuss, Melvyn & Waverman, Leonard, The extent and sources of cost and efficiency differences between U. S. and Japanese motor vehicle producers, *Journal of the Japanese and International Economies*, Elsevier, 1990, vol. 4 (3), pp. 219 - 256, September.

的先进技术而在国内和国际市场上脱颖而出。20 世纪 80 年代以来，技术在相当大的程度上改变了企业竞争的环境和实力。但是，更为关键的问题是，这些成功企业的先进技术从何而来？企业又是如何将先进技术转化为竞争优势的呢？在现实中，技术和竞争的关系常常没有得到科学的认识。高科技不一定就能够保证企业赢利。例如，在美国汽车工业的发展中，通用汽车公司技术最先进，其业绩恰恰是最令人失望的。这说明，仅仅依靠新设备和技术投资难以保证企业竞争力的提升。新技术的投资和运用必须与企业的生产方式及其组织和制度创新相结合，才能取得良好的效果和绩效。

第二次世界大战以来，资本主义经济增长出现了两次长周期或长波，其中福特制和后福特制生产方式是两次长波的基础。在新的经济和社会发展条件下，新的生产组织方式创新是企业竞争优势的来源，也是新一轮国际竞争中一国经济增长和发展的关键。20 世纪 70 年代以来，伴随着世界经济环境的变化，生产组织方式实现了从福特制向后福特制的转变。后福特制依托其柔性生产和持续创新能力，适应了快速变化的市场环境和多变的市场需求，是各国经济快速发展的基本驱动力。

1. 福特制大规模标准化生产的危机和 20 世纪 70 年代的经济滞胀。福特制依赖的是不断扩张和稳定的产品市场环境，需要企业、劳动者和政府之间的合作和妥协。20 世纪 70 年代以来，随着全球经济一体化的不断加深和信息网络技术的持续发展，企业的经营环境发生了重大变化，福特制刚性的生产体制和庞大的管理系统已经无法适应个性化和多样化的市场需求，大规模标准化生产体系的危机开始出现。

福特制条件下，经济增长的良性循环建立在生产率与工资共同增长的基础之上。然而，随着生产率的下降，生产率的增长水平不足以补偿工资成本。工资等成本的增长和利润率的下滑，最终导致工资和利润增长之间的矛盾。劳动与资本的冲突和生产效率的低下，成为福特制条件下经济增长良性循环的障碍。

大规模标准化生产的前提，是单一而稳定的市场环境。20 世纪 60 年代中期之后的通货膨胀，使市场部分丧失了稳定性和可预测性。1967—1971 年，美国的通货膨胀率从 2.8% 上升到 4.3%，德国从 4.0% 上升到

6.1%，法国通胀率增加了近一倍，达到5.9%，英国上升至9.4%，瑞典从4.3%上升至7.4%。到1973年，欧美国家的利润占净增加值的比例与20世纪50和60年代相比，减少了近1/4。而利润份额的下降是工资净增加值中份额增加的结果，同样也是利润率增长减缓的结果。投资水平的下降构成了福特制经济增长良性循环的又一裂缝。

20世纪60年代末期至70年代初期，通货膨胀迫使政府实行紧缩的经济政策，对工资进行管制。经济增长下滑的直接结果是工人对福特制本身的质疑，福特制时代的妥协不再为普通工人所接受，工人的反抗加剧了市场环境的不稳定性。

福特制崩溃的另一因素，是以美国为代表的发达国家工业产品的过剩和市场饱和。福特制时代迅速增加的生产能力，超过了消费市场的增长，供需失衡，以大批量标准化生产为主导的产业开始陷入困境，简单的投资扩张不再是生产率增长和国内需求相应增长的基础。

20世纪70年代以来，随着全球经济一体化的发展，海外市场需求占发达国家国内的比例逐渐增大，国内市场对福特制公司的重要性相应降低。国内员工工资水平的提高，不再是需求的来源，并日益转变为某种经营成本，这一切都破坏了福特制劳资妥协和集体谈判制度的基础。

另一方面，20世纪60年代之后，因为越南战争的失败和国内经济危机，美国的国际收支连年逆差，黄金外流。20世纪70年代布雷顿森林体系的崩溃，使大批量生产方式的国际投资和国际贸易所需的稳定性环境丧失，成为福特制经济危机产生的另一个重要原因。

1973年和1979年的国际石油危机，对资本主义经济造成了更加严重的后果。在石油危机的冲击下，发达资本主义国家紧缩的经济政策使资本主义经济开始衰退。经济衰退导致了市场需求的萎缩，利润下滑，失业率上升，进一步抑制了需求。动摇了福特制劳资妥协的基础，劳动的高工资和广泛的福利措施被逐渐取消。20世纪70年代初的经济衰退和滞胀，标志着以福特制为基础的第二次世界大战之后资本主义“黄金时代”的结束。

在福特制生产方式条件下，企业的决策权高度集中，形成了金字塔型的高度纵向一体化的等级组织形式。20世纪70年代以来，面对迅速多边的市场环境，这种等级制表现出巨大的局限性。例如在大规模生产体制中，产品的创新和生产过程是分离的。产品设计部门和生产部门各成体系。生产工人在工作组织中没有发言权。工人面对的是简单重复的机械式工作，没有创新的动力。

在福特制条件下，企业的流水线生产及其设备往往只为某一单一产品的生产而设计。生产流水线的设备具有很强的专用性，往往只能生产或加工某种产品或零部件。只要某种产品投入生产，必须通过大规模的连续生产才能达到设备投资的规模经济要求。生产线一旦投入使用，很难转产其他产品。面对快速多变的市场需求，刚性的生产体制，使其丧失了竞争的优势。

生产的刚性和创新的不足，使福特制生产方式无法满足市场需求的个性化和多样化。再加上石油危机和国际经济秩序的变化，最终导致福特制的危机。

2. 后福特制与20世纪70年代以来资本主义经济的新一轮不平衡增长。相对于福特制而言，后福特制是对经济全球化和信息经济条件下新的生产方式及其组织和制度变革的概括。后福特制生产方式不仅包括萌芽于20世纪50年代和形成于70年代的以精益生产为核心的丰田生产方式，还包括20世纪80年代以后涌现的大规模定制，集群生产、网络化和分包制等一系列新的生产组织方式。

与生产组织方式相伴随的，是资本主义经济的新一轮不平衡增长。20世纪初，与福特制生产方式替代单件生产方式相伴随的，是欧美经济的崛起。20世纪70年代以来，面对石油危机的冲击和全球经济萧条，精益生产方式的诞生使日本汽车和家电等制造业创造了经济增长和发展的东亚奇迹。同时，意大利北部的集群生产，依托服装等传统产业成为世界最发达国家排名靠前的国家。20世纪90年代以来，以硅谷为代表的高科技产业的兴起，使大规模定制为特征的新的生产方式在美国推广和普及，造就了美国的“新经济”时代。

与生产组织方式变革相伴随的，是资本主义经济增长的长周期或长波。在每一轮经济增长长波中，因为生产组织方式创新及其推广普及在国际之间的差异，资本主义经济增长在国与国之间是不平衡的。与古典经济增长理论、新古典经济增长理论和其他经济增长理论的观点不同，本章的研究表明，生产组织方式的变革是资本主义经济发展的原动力。生产方式的变革和推广普及，构成了资本主义经济增长长波的基础。例如，1929—1933 年大危机之后到 20 世纪 70 年代中期，福特制的兴起和推广普及，使资本主义经济维持了长达几十年的高增长。20 世纪 70 年代中期，后福特制逐渐成为占主导的生产组织方式，再次引发了当代资本主义的经济增长的长波。更为重要的是，在新一轮经济增长长波中，生产组织方式变革和推广普及过程中的国际差异，是资本主义国家之间不平衡增长出现的关键因素。

第二节

生产组织方式变革与当代资本主义经济增长新一轮的不平衡

一、新的生产方式变革与资本主义国家经济实力在新一轮增长中的消长变化

20 世纪 60 年代中后期以来，主要资本主义国家在新一轮经济增长中出现了新的不平衡。第二次世界大战之后，经过迅速的恢复和调整，发达资本主义国家进入了长达 20 多年的高速增长时期，美国经济取得了世界霸主的地位。1973 年的能源危机和 1974—1975 年的周期性经济危机为标志，美国经济进入“滞胀”时期。经过 20 世纪 70 年代末—80 年代初的调整，美国经济在 20 世纪 80 年代处于较长时间的低速增长状态。当美国和欧洲经济处于普遍的“滞胀”时，精益生产方式在日本的创立和推广普及，使日本经济迅速崛起，成为仅次于美国的第二大经济强国。① 到 20 世纪 90 年代中期，美国以硅谷为代表的后福特制的出现和发展，迎来了以大规模定制为特征的“新经济”的到来。而在美国经济的带动下，经

① 日本经济的崛起始于明治维新，但是真正使日本成为世界强国的是第二次世界大战之后经济恢复和发展时期，尽管存在着诸多环境因素，其中精益生产方式的创立和推广普及起到了关键作用。精益生产不仅成就了日本第二次世界大战之后的快速恢复和发展，而且使日本克服了 20 世纪 70 年代的经济危机，充分利用第二次石油危机对西方发达资本主义国家经济的冲击，实现了经济的稳定而快速的发展，最终在 20 世纪 80 年代，成为能与美国比肩的世界经济强国。

济全球化和高科技产业的快速发展，使世界主要发达资本主义国家的经济驶入了快车道。进入21世纪，世界经济受美国“新经济”泡沫破灭的影响，各国在经济调整中进入了短期的衰退和复苏期。

虽然20世纪70年代以来，当代资本主义经济遭受了多次短期经济危机或萧条的打击，但都没有改变经济增长的趋势。其中的重要原因在于后福特制生产组织方式的产生和发展，推动了发达资本主义国家经济的转型、复苏和发展。

后福特制首先发生在日本，20世纪70年代，当主要资本主义国家陷入“滞胀”时，首先出现后福特制的日本却实现了经济快速发展的奇迹。[①] 在20世纪70年代，受石油危机的冲击，美国、英国、联邦德国、意大利、日本和加拿大等发达资本主义国家的工业生产年平均增长率分别降到3.2%、1.2%、3.4%、2.7%、3.6%、5.1%和4%，大约只相当于20世纪60年代的1/2。1979—1982年，在经济滞胀条件下，世界再次爆发了严重的经济危机，员工失业率和企业倒闭率都创20世纪30年代大萧条以来的历史最高纪录。

正当西方国家在经济危机中苦苦挣扎之际，东亚的日本却创造了经济发展的奇迹，顺利实现了国家经济从轻工业向重化工化的转型。精益生产的产生和推广普及，使汽车和家电成为日本最具有国际竞争优势的产业。以日本汽车产业为例，1953年，日本汽车年生产仅50000辆。到了1960年，日本汽车年产量增长了9倍，达到了50万辆。经过10年的努力，到了1970年，日本汽车产量又迈上了一个新台阶，达到了年产500万辆。到了1980年，达到了1100万辆，标志着日本已经成为世界头号汽车制造国。随着汽车和家电等产业的发展和推动，日本经济逐渐成长为仅次于美国的第二大经济强国，到了20世纪80年代初，日本经济的部分重要经济指标已经赶上甚至超过了美国。

20世纪80年代，后福特制开始向日本其他产业和其他国家扩散，处于转型时期的世界经济保持了持续增长。日本的成功经验，尤其是制造业

① 日本GDP年均增长率，从1957年到1973年为9.6%，从1974年到1980年为5%，从1981年到1987年为3%。

的成功经验，在 20 世纪 70 年代开始广泛地影响到台湾、韩国、新加坡和香港等东亚地区。这些地区经济的快速发展与日本经济一起，共同构成了东亚经济“奇迹”的主体。

在经历了 20 世纪 70 年代的滞胀和 80 年代初期严重的经济危机之后，西方主要资本主义国家相继在 1982 年底、1983 年初走出低谷，经济缓慢增长。这种低速的经济增长一直持续到 90 年代初期，成为战后和平时期西方经济增长持续时间最长的一次。1983—1990 年，经济合作与发展组织（OECD）国家的经济年均增长率为 3.4%，其中美国为 3.2%，加拿大为 3.6%，法国为 2.7%，德国为 3.0%，意大利为 2.9%，英国为 3.1%，日本情况最好，达到了 4.6%。参见表 8－1。

表 8－1　1980—1989 年主要资本主义国家或地区 RGDP 增长率　单位:%

国家或地区 \ 年份	1980	1981	1982	1983	1984	1985	1986	1987	1988	1989
美国	n. a.	2.519	－1.936	4.519	7.188	4.131	3.476	3.375	4.133	3.541
日本	n. a.	2.990	2.781	1.637	3.069	5.069	3.015	3.371	6.824	5.284
西欧	n. a.	0.100	0.700	1.900	2.600	2.600	2.800	2.600	4.100	3.600
德国	n. a.	0.100	－0.800	1.600	2.800	2.200	2.400	1.500	3.700	3.900
英国	n. a.	－1.455	1.911	3.522	2.562	3.537	3.974	4.582	4.999	2.169
意大利	n. a.	n. a.	0.323	1.372	3.216	2.852	2.967	2.954	4.296	3.485

数据来源：EIU Market Indicators and Forecasts －EIU 各国竞争力指南库。

仍以汽车产业为例，到了 20 世纪 80 年代，日本汽车工业在产品开发方面开始领先。按公司在美国申请的专利数量来计算，1985 年，丰田、日产和本田三大公司均领先于美国的竞争对手。1982—1987 年，日本汽车制造商引进了 70 多种车型，而同期，美国制造商只引进车型 20 种左右，欧洲制造商大约引进了 40 种。日本公司成功将高效率生产和高效率设计相结合，与欧美国家的竞争对手相比，大大减少了对资源的消耗，日本取得了世界汽车产业的霸主地位。

在这一时期，美国经济地位进一步下降，而日本则迅速崛起，成为世界第二大经济强国。到了20世纪80年代末，欧共体和日本的国民生产总值与美国的差距进一步缩小。从1988年起，日本的人均国民生产总值开始超过美国。而与美国相比较，欧共体的工业生产水平基本上保持不变。在国际经济中，日本经济快速崛起，确立了美、日、欧三足鼎立的局面。

20世纪80年代，随着日元升值和日本企业的跨国经营，精益生产开始在世界范围内推广和扩散。其中，美国的福特和通用公司在20世纪80年代初开始向日本学习新的生产方式，德国、瑞典和英国等汽车大国也纷纷响应，带来了制造业生产方式的新一轮变革。后福特制在发达资本主义国家的推广和普及，推动了当代资本主义国家新一轮经济增长。

二、后福特制的扩散和"知识经济"的崛起

如果说20世纪80年代属于日本工业的时代，那么到了90年代，伴随着信息技术的发展和经济全球化进程的加速，硅谷模式则标志着知识经济的诞生。后福特制生产方式的再创新造就了20世纪90年代美国的"新经济"。世界经济发展的驱动力，开始从日本转向了美国。参见表8－2。

表8－2　1990—1999年主要资本主义国家或地区RGDP增长率　单位：%

国家或地区＼年份	1990	1991	1992	1993	1994	1995	1996	1997	1998	1999
美国	1.878	－0.169	3.324	2.673	4.020	2.504	3.700	4.498	4.175	4.450
日本	5.264	3.334	0.952	0.200	1.339	1.938	2.822	1.568	－2.148	－0.020
西欧	3.100	4.200	1.300	0.100	2.700	2.700	1.800	2.800	2.900	2.800
德国	5.700	15.600	2.226	－0.796	2.654	1.891	0.991	1.801	2.034	2.018
英国	0.773	－1.367	0.214	2.266	4.317	2.934	2.785	3.103	3.353	3.042
意大利	1.954	1.534	0.635	－0.886	2.282	2.905	0.591	1.968	1.321	1.886

数据来源：EIU Market Indicators and Forecasts －EIU各国竞争力指南库。

发达国家经济在经历了20世纪80年代的低速增长之后，进入90年代，除日本等极少数国家之外，以美国和欧盟为代表的西方发达资本主义

国家都相继步入了快速增长的轨道。20 世纪 90 年代，发达资本主义国家经济增长的主要推动力，是以高新技术为基础的“知识经济”的快速发展。其中，美国的经济增长相对较快，出现了所谓的高增长、低膨胀和充分就业的“新经济”。随着欧洲一体化进程的加快和欧共体的形成，欧洲经济发展也进入了快速增长的通道。日本则由于深陷“泡沫经济”，出现了长达 10 年的经济萧条。1991—2000 年，美国、欧盟和日本的国内生产总值年均增长率分别为 3.8%、2.1% 和 1.2%。其中，美国 1999 年的增长率最高，为 5.1%；欧盟 2000 年经济增长率达到最高点 3.4%；日本从进入 90 年代以来，受“泡沫经济”破灭的影响，经济增长率一直处于低位，1998 年 GDP 增长率曾一度达到 -2.5%。

进入 20 世纪 90 年代，发达国家经历着由工业经济向“知识经济”的转型。日本经济体制中的团队作业、人力资本的深度开发、终身雇佣制和年工序列制，在保持汽车和家电等传统优势产业国际竞争优势的同时，由于难以适应知识资本化、创新个体化、个性和自由的经济发展环境，在高新技术产业的发展上没有什么大的作为。在美国高新技术蓬勃发展的同时，日本整体高新产业的技术进步相对缓慢。尤其是 20 世纪 80 年代日本曾经处于领先地位的微电子技术及其产业领域，随着美国在高新技术产业上的突破性进展逐渐超越日本。

而 20 世纪 90 年代，欧盟一方面面临美日经济发展的严峻挑战，开始加速产业结构调整，实施高新技术产业的追赶战略；另一方面通过启动欧元实现了欧洲统一市场的建立。两者共同推动了长期增长迟缓的欧盟经济恢复了活力，并实现了较快增长。欧盟主要的三个核心国——德国、英国和法国，1995 年、1998 年和 1999 年的 GDP 增长率分别为：德国，1.7%、2.0%、2.0%；英国，2.9%、2.9%、2.4%；法国，1.8%、3.5%、3.2%。

20 世纪 90 年代，世界经济发展最引人注目的是美国的“新经济”。“新经济”是对美国 20 世纪 90 年代经济现象和经济增长模式的概括，主要指以高新技术产业发展为基础的经济快速增长和发展。从 1991 年 3 月到 2001 年 6 月，美国实现了长达 120 个月的持续经济增长。这是自 1854 年以来，美国经济史上 32 个周期中最长的一次。20 世纪 90 年代，美国经济持续增长的根本原因是美国企业进行了旨在面向21世纪的调整和改革—运用先进信息技术，以网络组织为基础，以规模经济降低成本的同时适应市场迅速变化的市场需求，进行个性化的产品制作。大规模定制时代到来，是后福特制生产组织方式在美国应用的结果。

进入21世纪，后福特制在世界范围的扩散，带动了全球经济的复苏和发展。日本也开始逐渐摆脱泡沫经济的影响，实现了低速的经济增长。参见表8-3。

表8-3　2000—2006年主要资本主义国家或地区RGDP增长率　单位:%

国家或地区 \ 年份	2000	2001	2002	2003	2004	2005	2006
美国	3.66	0.751	1.599	2.51	3.637	3.07	2.871
日本	2.833	0.16	0.261	1.463	2.718	1.872	2.179
西欧	3.9	1.7	1.1	1.1	2.4	1.8	2.9
德国	3.209	1.235	-0.003	-0.214	1.061	0.784	2.865
英国	3.802	2.372	2.053	2.77	3.259	1.839	2.843
意大利	3.771	1.724	0.334	0.108	1.02	0.233	1.939

数据来源：EIU Market Indicators and Forecasts -EIU各国竞争力指南库。

2000年初，世界经济体同时告别了20世纪90年代以来的高速增长，进入了所谓增长衰退期。直到2002年经济才开始缓慢地回升。2001—2003年世界经济增长率分别为2.4%、3.0%、3.9%。

2000年第2季度以来，美国消费需求和固定资产需求的增长速度急剧下滑，再加上“9·11”事件和安然等大公司会计丑闻等对美国经济的打击，使美国经济增长速度急剧下滑。2001年的美国经济增长率仅为0.3%。2002年之后，美国消费和投资对经济的拉动作用才开始逐渐恢复，GDP增长率达到了2.4%。2003年初的伊拉克战争和SARS没有对美国经济增长带来过多的阻力，2004年美国经济开始出现了强劲的增长，从而摆脱了通货紧缩的威胁。

1999年4月之后日本经济开始回升，但是从2000年8月开始再次出现滑坡。特别是2001年年初起，受美国经济发展减缓和石油价格上升的影响，日本的出口和设备投资下降，个人消费低迷，物价持续下跌。直到2002年后，美国经济的缓慢回升和中国经济的高增长，推动了日本对外贸易的迅猛发展，长期低迷的日本经济复苏步伐开始加快。

欧盟经济自1999年出现回升以来，发展势头一直稳中见涨。2000年欧盟15国经济增长为3.4%，比上一年高出一个百分点，虽然不及美国的5%，却远远超过日本的1.5%。由于受到美国经济的负面影响，到2001年第二季度经济增长速度开始显著放缓。欧盟地区的三个最重要国家—德国、意大利和法国2001年的经济状况不是很理想，特别是德国，由于投资需求急剧下降，2001年的经济增长率只有0.8%，大大低于2000年3.0%的水平。2002年后，虽然美国、日本经济都开始缓慢回升，但欧盟经济发展形势仍不容乐观。直到2003年，欧盟经济才实现了大的好转，这一年欧盟的GDP（折合成美元）达到了（合110060亿美元），第一次超过美国，成为世界最大的经济体。同时，伴随着欧元的逐渐走强，欧元在国际金融体系中的地位大幅度提升，这些都表明欧盟在提升实力地位和统一欧洲的道路上实现了一次历史性的跨越。

2006年以来，美国次贷问题开始暴露，随着美国紧缩政策的实施，最终导致了2008年的全球金融危机。这是否预示是新一轮经济增长及其不平衡趋势的逝去，需要做更深入的研究和探讨。但是总的看来，20世纪70年代以来当代资本主义经济的新一轮经济增长及其不平衡，来源于后福特制生产方式的变革及其推广普及。后福特制生产组织方式变革及其推广普及在国际之间的差异，是造成新一轮经济增长不平衡的重要原因。

总之，全球经济一体化的深化，不仅给各国企业带来了机遇，也带来了更大的风险和竞争压力。企业的市场环境变幻莫测，信息技术快速传播，生产也跨越国界，寻求世界资源的优化配置，这些都意味着企业已经不能仅仅在成本和价格上进行竞争。其中，通过生产组织方式的创新，系统性地探索企业、产业和国家的竞争优势来源，是这一轮经济增长及其不均衡性带给我们的启示。

生产组织方式的创新，优化了企业的资源配置，灵活的生产组织结构，适应了快速多变的市场环境，最大可能地挖掘企业潜在的竞争优势。

中国加入 WTO，使中国企业直接面临国际大企业集团的竞争和挑战。在世界一体化的竞争环境中，中国企业要想发挥后发优势，生产组织方式的变革势在必行。从生产组织方式看，中国经济的变革，本质上就是一个企业组织和产业组织的变革过程。中国企业和国际大型企业集团之间存在资源和技术上的现实差距，结合企业自身特点和经济发展需要，充分寻求和利用生产组织方式变革中的后发优势，是提升中国企业和产业国际竞争力的有效途径。

第九章

后福特制与全球经济发展中的地理位置“悖论”

20世纪70年代以来，经济发展的全球化和区域化的并存，成为世界经济发展的新趋势，以国际贸易、跨国投资、国际金融和国际治理为特征的经济全球化的发展与区域经济的复兴并行不悖。本章从生产组织方式创新和演化的角度，解释全球化与区域化共同发展的“地理悖论”产生的根源，分析它对全球和区域产业发展的意义。无论是全球化还是区域化，从生产组织方式看，都表现为专业化生产的网络化。在后福特制生产方式条件下，企业处于一个因合作而建立的密集的协作和隶属关系网络中。无论是全球生产网络还是本地生产网络，都不再是企业的“外部环境”，而是企业治理结构的一部分。

第一节

全球经济一体化条件下的地理位置“悖论”

20世纪70年代以来，随着需求多样性、知识经济、全球经济一体化的发展与新兴经济体的兴起，企业的外部经营环境发生了重大变化。企业为了在全球竞争中获得竞争优势，积极变革生产组织方式，形成以专业化和网络化为特征的后福特生产体制。① 网络化是后福特制的基本特征，它是实现柔性专业化的基础。后福特制的网络既指企业集聚形成的"小网络"，也指企业之间以外包、战略联盟②和以母公司与国外分支机构、国外分支机构之间的技术、产品流动为主要形式的全球生产网络。

后福特生产方式促进了贸易与外国直接投资（FDI）的发展以及全球市场的形成。反过来，全球市场又深化了空间上的劳动分工—经济行为的区域集聚。产业集群作为全球网络的节点，与外包和战略联盟一样，构成了企业竞争优势的重要来源。它有利于网络中的企业更有效地利用与开拓自身的竞争优势。

经济活动的全球扩散，并没有引起财富分配的全球扩散，国家内部和国家之间的不均等现象在不断增加。③ 虽然全球化能够提高整体福利，区域优势的积累和利用通常是以其他区域的欠发展为代价的，因而全球化伴随着区域力量的此消彼长，为参与到跨国公司的全球网络而展开的区域之间的竞争更为激烈。④ 发展中国家的产业需要适时升级，建立新的竞争优势以应对激烈的同质竞争和产业转移的趋势。后福特制生产方式为发展中国家的产业升级提供了新机遇。

1. 全球化与区域化并存的世界经济。世界经济一方面是失去特定国

---

① 刘刚著：《后福特制研究——生产组织方式创新与企业竞争优势》，人民出版社2004年版。

② 严格地说，稳定的外包契约、以获得外国企业部分股权或者建立合资企业为目的的FDI都是战略联盟表现形式。

③ 全球化引起的技术扩散以及各国在全球产业链中的重新定位不可避免地引起收入在一国内部和各国之间重新分配。由于使用的变量、分析技术以及样本选取的差别，关于全球化与不均等之间的关系一直存在分歧。对这一问题的综述见，Ravallion, M., The Debate on Globalization, Poverty, and Inequality: Why Measurement Matters. *World Bank Policy Research Working Paper*, 2003, No. 3038. Wan, Guanghua; Lu, Ming and Chen, Zhao., Globalization and Regional Income Inequality: Empirical Evidence from Within China'. *Review of Income & Wealth*, Mar, 2007, Vol. 53 Issue 1, pp. 35 – 59.

④ Enright, M. J., The Globalization of Competition and the Localization of Competitive Advantage: Policies toward Regional Clustering, in N. Hood and S. Young (eds.), *The Globalization of Multinational Enterprise Activity and Economic Development*, Basingstoke: Macmillan, 2000, pp. 303 – 331.

家和区域特征的覆盖全球的大企业支配的一体化的全球经济，另一方面是被称作“区域经济复兴”的地理集聚的发展和壮大。① 所谓全球化既表现在广度上也表现在深度上，它一方面是经济行为过程在更广泛的全球范围内进行；另一方面，它意味着经济行为的相互作用、联系和依赖的加强。② 全球化最明显的表现是全球产品市场和要素市场的形成。国际贸易比世界总产出以更快的速度增长，而FDI流量的增长速度比国际贸易增长速度还要快。③

20世纪60年代早期，世界出口不到10000亿美元（以2000年的美元币值计算），此后逐步扩张，到2005年已超过100000亿美元，年增长率大约是5.5%。而在此期间，世界总产出的年增长率大约只有3.1%。1970—2004年，出口占世界总产出的比重扩大了一倍多，现在这一比重超过了25%。最值得一提的是全球服务贸易的发展。服务业的出口额从1984年的3580亿美元发展到2004年的20000亿美元，占出口的比重从16%上升到17.5%。④

虽然与贸易相比全球要素市场的发展要慢得多，全球仍然形成了一体化的金融和资本市场。FDI占世界固定资本形成的比重，从2003年开始反弹，2005年达到10%。在发展中国家，近几年，内向FDI每年大约有2000亿美元，大约占到发展中国家GDP的2.5%和固定资本形成的13%；发展中国家流出的外向型FDI同样迅速发展，从1990年的22亿美元增长到2004年的410亿美元。⑤ 跨国金融交易的数量更为庞大，近十年来一直是全球GDP总量的1000倍左右。⑥

跨国公司在全球化中扮演着重要角色。据保守估计，跨国公司支出了

---

① Storper, M., The Limits to Globalization: Technology Districts and International Trade, *Economic Geography*, 1992, Vol. 68, pp. 60-93.

② McGrew, A. G., Conceptualizating Global Politics, in A. G. McGrew and P. G. Lewis (eds.), *Global Politics: Globalization and the Nation State*, Cambridge: The Polity Press, 1992, p23.

③ Enright, M. J., The Globalization of Competition and the Localization of Competitive Advantage: Policies toward Regional Clustering, in N. Hood and S. Young (eds.), *The Globalization of Multinational Enterprise Activity and Economic Development*, Basingstoke: Macmillan, 2000, pp. 303-331.

④ World Bank., *Global Economic Prospects 2007: Managing the Next Wave of Globalization.* Washington, DC: World Bank, 2007.

⑤ UNCTAD., World Investment Report 2005: *Transnational Corporations and the Internationalization of R&D.* New York and Geneva: United Nations Conference on Trade and Development, 2005.

⑥ 刘晓欣：“当代经济全球化的本质——虚拟经济全球化”，《南开经济研究》，2002年第5期。

接近一半的全球研发费用，至少2/3的商业研发支出（UNCTAD，2005）。1997年MNEs的国外分支机构的销售额比世界贸易额多出48%；1/3的跨境非农产品贸易以及1/2国际资本流、3/5的技术流是在跨国公司内部完成的。①

然而，全球化不等同于经济活动在空间上的均匀分布。世界范围内生产和研发都倾向于集中在某些次国家区域。在美国，雇员的40%集中于这个国家的1.5%的土地上，380个独立企业集群雇用了57%的劳动者，生产了61%的产品以及78%的出口；在意大利，当地的产业区占全国总雇佣工人数量的30%（出口的43%）。②

表9-1　1969—1995年各区域的大企业获得的美国专利与商标局的专利授权（占各组总量的百分比）

	国内企业	国外企业	总计	人口%	产出%
英国					
South East	40.2	60.8	47.1	30.6	35.7
North West	17.0	7.8	13.9	10.9	9.7
West Midlands	16.4	3.6	12.1	9.1	8.1
总绝对数量	23404	11815	35219	58.4	785697
意大利					
Lombardia	50.3	57.1	52.8	15.6	20.0
Piemonte	31.8	11.3	24.4	7.5	8.5
总绝对数量	4490.0	2540.0	7040	57.2	810036
德国					
Nordrhein Westfalen	29.0	19.0	27.0	22.0	22.5
Bayern	25.0	14.0	23.0	15.0	18.8
Baden Wuerttemberg	16.0	31.0	19.0	13.0	16.2
总绝对数量	76535	15523	92058	81.5	1420439

资料来源：根据J. Cantwell, S. Iammarino and C. Noonan 2001论文中表8-2改编。③

说明：（1）总人口以百万计；（2）产出的衡量单位是百万欧元。

① Dunning, J. H., 'Regions, Globalization and the Knowledge Economy: The Issues Stated', in John H. Dunning (ed.), *Regions, Globalization and the Knowledge - Based Economy*, Chapter 1, Oxford and New York: Oxford University Press, 2000, pp. 7-41.

② Scott, A. J. and M. Storper., Regions, Globalization, Development, *Regional Studies*, 2003, Vol. 37. 6&7, pp. 579-593.

③ Cantwell, J. A., Iammarino, S., Noonan, C. A., Sticky places in slippery space - the location of innovation by MNCs in the European regions, in Pain, N. (eds.), *Inward Investment, Technological Change and Growth: The Impact of Multinational Corporations on the UK Economy*. Palgrave, Basingstoke, 2001.

不管是对国内企业还是外国投资企业来说，集聚同样会发生在研发领域。1993年，日本所拥有的68.4%的研发实验室集中在美国的四个州（California，Michigan，New Jersey and Massachusetts）。[①] 类似的现象也发生在欧洲国家（表9－1）。外国投资企业的研发行为集聚在这些国家为数不多的几个区域。意大利的Lombardia在1969—1995年，获得美国专利和商标局授权的专利数占到全国的52.8%（该区域只占意大利人口的15.6%，产出的20%）。英国的东南部区域集中了绝大多数的外国企业研发活动（该区域的外国企业获得的专利数占到英国所有外国企业获得的专利数的60.8%）。

2. 全球化与区域集聚的地理位置“悖论”及其解释。在一桶全球化的牛奶中，为什么漂浮着一块块区域集聚的黄油呢？某些地区为什么能比其他区域吸引更多的资本和劳动？在全球化的时代，这似乎是一个“悖论”。[②] 交通与通讯技术的发展使产品和要素更容易流动，加之关税与其他壁垒的减少，世界的经济空间似乎应该变得更为光滑。

其实，就像企业与市场拥有共同的经济基础——交易成本一样，全球化与区域集聚必定有共同的微观经济基础。很显然，与企业和市场的关系不同，全球化与区域集聚并不是相互替代的，而是相互促进的。“有机体，不管是社会的有机体还是自然的有机体的发展，一方面它使各部分之间的机能的再分部分增加，另一方面使各部分之间的关系更为密切。”[③] 既然经济行为的专业化程度受市场广度与市场地理特征的限制，全球化的市场范围将伴随着更高程度的专业化，也就意味着经济行为在空间上的进一步集聚。专业化集聚的区域经济反过来，在全球市场上寻求前后向的产业关联，表现为国际产业内（以及MNEs内部）的贸易增长以及全球经

① 研发似乎比制造业更倾向于集聚，这四个州日本投资制造业的比重是32.8%。Florida, R. and Kenney, M., The globalization of Japanese R&D: the economic geography of Japanese R&D investment in the United States, *Economic Geography*, 1994, 70（4）, pp. 305－323.

② Markusen, A., Sticky places and slippery places: a typology of industrial districts, Economic Geography, 1996, Vol. 72, No. 3. pp. 293－313.

③ 后福特制生产体系下服务业的迅猛发展可以印证马歇尔关于组织演化进程中内部分工越来越细而组织间关系越来越密切的论断。服务业，特别是生产性服务业是经济组织之间机能协调的一种媒介。参见马歇尔：《经济学原理》，商务印书馆1997年版，第257页。

济在广度和深度上的依赖加强。因而，全球化与区域集聚并不是真实的地理位置“悖论”，只是一枚硬币的两个方面。

以上观点是抽象的框架性解释。具体而言，对于区域化与全球化的矛盾，很多学者从经济地理的角度理解。Storper 认为世界经济在很大程度上是由动态学习区域组成的镶嵌图，这些技术区是经济关系全球化的基本因素。专业化与柔性的结合是技术学习的关键，也是区域竞争优势的来源。[①] 换言之，他认识到后福特制的生产体系是区域竞争优势的来源；在另一个层次上，区域经济又是全球经济的基础。Dunning 阐述了跨国公司在国际、国内分工中的作用。[②] 跨国公司一方面在全球扩张，并越来越多地嵌入到当地环境之中；另一方面，跨国企业的分支机构的财富创造行为被吸引到集聚区域。因而可以认为跨国公司的经济行为是世界经济的缩影。Coe et al. 和 Yeung 在反思新区域主义的基础上，认为在考虑区域经济发展时绝不能脱离全球生产网络的视野，当地企业与编排全球生产网络的领导企业的战略耦合，是区域发展的重要因素。[③]

上述文献的作者都认识到企业以及企业之间的密切关联在全球化与区域经济中的作用，但是没能看到企业生产组织方式发生的变化。实际上，跨国公司简单地在地理上的扩张，比如在海外复制国内的企业，并不能引致全球化与区域集聚共同发展的现象。垂直一体化的企业之间进行公平的市场（Arm’s－length Market）交易关系，并不能形成以网络化为特征的全球经济。全球化是在国际水平上进行重新组合的过程，通过合作整合产业链中的各个专业化部分。企业为了实现全球扩张而实施专业化战略，反

① Storper, M., The Limits to Globalization: Technology Districts and International Trade, *Economic Geography*, 1992, Vol. 68, pp. 60－93.

② Dunning, J. H., ‘Regions, Globalization and the Knowledge Economy: The Issues Stated’, in John H. Dunning (ed.), *Regions, Globalization and the Knowledge－Based Economy*, Chapter 1, Oxford and New York: Oxford University Press, 2000, pp. 7－41.

③ 此类文献重视区域内部网络、制度结构（区域创新体系）在区域经济增长与区域发展中的作用。参见，Coe, N., Hess, M., Yeung, H., Dicken, P. and Henderson, J., Globalizing’ regional development: a global production networks perspective, Transactions of the Institute of British Geographers, New Series, 2004, Vol. 29 (4), pp. 468－484. Yeung, Henry Wai－chung., Situating Regional Development in the Competitive Dynamics of Global Production Networks: An East Asian Perspective. *ICSEAD Working Paper Series* Vol. 2006－15.

过来，专业化把它们变成更好的合作者。因为专业化的公司对前后向关联有更强的依赖，这种依赖促进了它们的合作倾向。孕育这些专业化公司的最优的环境就是分散化的产业体系。[①] 也就是说，企业从垂直一体化的福特制生产方式向专业化、网络化的后福特制生产体系的转变，促成了全球水平上与区域层次上的企业网络的形成。企业生产组织方式的变革，是全球化与区域集聚的微观推动力。

包括全球生产网络与区域集聚网络的后福特制生产网络，已经成为企业治理结构的一部分，不再是福特制体系下把全球经济、区域经济看作是企业的“外部环境”。全球范围的企业、本地企业由于合作而被联系在一个密集的协作与隶属的网络中。看似矛盾的世界经济现象，是企业治理结构从科层治理与市场治理向混合治理转变在地理上的表现。如果没有多样性的、深层次的混合治理结构的形成，全球化就只能以资源禀赋为基础，企业也不能从集聚中获得超出运输成本降低意义上的竞争优势。

第二节

后福特制与世界经济的新格局

一、后福特制生产方式下的世界经济

与福特制相比，后福特制的生产协调方式发生了重要的变化，即生产的协调方式从依赖市场交易与企业内部的指令向它们的中间形式发展，形成企业之间的密切协作网络。企业之间的关系从非人格化的市场交易向长期合作的、承担一定未来义务和享受一定未来权利的合作发展。所以，可以认为后福特制生产方式实质上是介于市场治理与科层治理的一种混合治

① Saxenian, A. and Hsu, J. Y.,, The Silicon Valley - Hsinchu Connection: Technical Communities and Industrial Upgrading, *Industrial and Corporate Change*, *Special Issue on Geography of Innovation and Economic Clustering*, 2001, 10, 4.

理方式。企业常常把一部分自主权让渡给关联企业，比如销售商、许可证的提供者，以换取对高度互补但非相似活动的协调。① 因而，后福特制生产方式不是由单个企业完成的，它通常是一个相互协作的体系。后福特制概念所指的对象不是单个企业，而是单个企业所依赖的生产网络。

虽然都是介于市场与科层两个极端之间的中间治理形式，我们仍然可以把后福特制生产网络根据治理结构的差异划分为不同的类型，比如威权（受控）型、关系型与模块化。② 每种网络类型表征一种后福特制的“产业模式”。具体地说，受控型生产网络指向“精益生产”模式，关系生产网络指向第三意大利的“柔性专业化”，以及模块化网络指向以硅谷为代表的电子产业模式。③ 虽然这些模式中的显性协调的程度不同，它们都是介于市场和科层之间的中间治理结构的具体表现。

从经济地理的角度看，不同层次的网络协调不同层次的专业化。④ 在区域层面，集聚区内部网络协调的是专业化的企业行为；从整个产业来看，集聚区本身又是专业性的，专业化集聚区之间的联系构成全球网络。后福特制各种类型的生产网络一般产生于特定的地理、社会环境中。在全球化时代，它们的治理模式已经不再局限于本地区域。这些治理模式的“原产地”也成为该产业的全球网络的一个专业区域，尽管它们很可能本身就是全球网络的治理者。后福特制生产方式下不同层次的专业化和网络

---

① 理查德森：“产业组织”，载于路易斯·普特曼、兰德尔·克罗茨纳主编：《企业的经济性质》，上海财经大学出版社 2000 年版。

② 在不同的文献中对生产网络类型的表述方式不同。比如 Sturgeon 把它们称为威权（受控）型，关系型和虚拟型；Humphrey and Schmitz 把它们分为网络型和准科层型。另外，上述文献的研究对象是价值链，不是本章使用的生产网络的概念。但是，正像 Sturgeon 所认为的：价值链是生产网络中以生产为基础的一条特定的行为线，被视为生产网络的一个子集。所以，我们借鉴价值链治理形式的分类，对生产网络做类似的描述。参见，Gereffi, G.; Humphrey, J. and Sturgeon T., The governance of global value chains, *Review of International Political Economy* 12: 1 February, 2005, pp. 78 – 104; Sturgeon, T., How Do We Define Value Chains and Production Networks?, MIT IPC Globalization Working Paper, 2001, pp. 1 – 10; Humphrey J. and Schmitz H., How does insertion in global value chains affect upgrading in industrial clusters?, Reg. Studies 36, 2002, pp. 1017 – 1027.

③ Sturgeon, T., How Do We Define Value Chains and Production Networks?, MIT IPC Globalization Working Paper, 2001, pp. 0 – 10.

④ 专业化有像俄罗斯套娃一样的层次性，从企业内部的分工专业化，到集聚区内部的企业之间的专业化，再到全球视野里的区域的专业化。

化，在地理上表现为区域化和全球化。

1. 后福特制与全球生产网络。在福特制生产体制下，高度垂直一体化的企业很少通过外包和战略联盟在全球寻找中间产品、技术和其他知识。企业与世界经济的联系除了最终产品的贸易外，还有为了利用当地特有的资源禀赋或者避开贸易壁垒而对当地市场进行的直接投资。此类投资通常与贸易相互替代，在某些产业，比如快餐连锁、建筑与公共设施和资产利用型投资，即使不存在替代关系也难以有效地促进贸易活动的拓展。[①] 在福特制生产方式下，跨国公司（也被称作多国市场的跨国公司，Multidomestic MNE）的生产体系中，子公司之间、母公司和子公司之间很少进行中间产品和最终产品的贸易。在这一阶段，跨国公司的发展并没有形成真正意义的全球生产网络。

20 世纪 70 年代以来，市场需求的变化对标准化、大规模生产的福特制产生了严重的冲击。日本与新兴工业国大规模生产的廉价商品涌入北美与西欧，在很大程度上加剧了这种危机。企业需要更迅捷的创新与柔性生产系统应对市场需求的变化以及来自世界范围的竞争。对成本、柔性和速度的追求促成了生产组织方式的变革。[②③] 北美与西欧的福特制企业把众多分支机构建到海外，以利用自身的所有权优势以及当地的区位优势。这一趋势导致福特制生产体系的衰落与扩散，资本主义的生产方式也在危机中过渡到后福特制。后福特制生产体系产生、发展的一个重要动力就是企业需要在全球范围内整合资源和能力，构建全球生产网络，实现持续创新和柔性制造。[④] 实力雄厚的跨国公司通过外包和战略联盟等形式在全球范围内开展业务活动，扮演了全球网络的编排者的角色。其他企业与区域通

---

① Dunning, J. H., Regions, Globalization and the Knowledge Economy: The Issues Stated, in John H. Dunning (ed.), *Regions, Globalization and the Knowledge - Based Economy*, Chapter 1, Oxford and New York: Oxford University Press, 2000, pp. 7 - 41.

② 刘刚著：《后福特制研究——生产组织方式创新与企业竞争优势》，人民出版社 2004 年版。

③ Yeung, Henry Wai - chung., Situating Regional Development in the Competitive Dynamics of Global Production Networks: An East Asian Perspective. *ICSEAD Working Paper Series* Vol. 2006 - 15.

④ 刘刚著：《后福特制研究——生产组织方式创新与企业竞争优势》，人民出版社 2004 年版。

过融入全球网络而参与全球经济，并利用区域的优势①成为网络中的关键节点。

知识经济的发展，成为后福特制全球生产网络形成的又一动力。企业的竞争优势不仅来自对自身能力的有效利用，更在于提高公司的能力。②在知识经济环境下，创新变得更为复杂，需要多种知识相互补充。企业需要的能力在数量上更多，在程度上更深。多样化、专业化的能力需要企业之间更密切的合作。与此同时，创新的高成本、高风险特征促使企业参与到全球网络中，跟踪并利用全球知识。全球生产网络不仅仅是为了在海外市场上利用自身的所有权优势，还在于利用处于海外的集聚经济和特定能力以巩固和发展自身的核心竞争力。

跨国公司把企业内部遍布全球的子公司与由技术协议、OEM，ODM，EMS之类的生产制造安排、销售协议、特许经营等形式形成的战略联盟作为全球关联行为网络的一部分，采用整体的、系统的方式进行全球运营，以促进MNE的整体利益。全球导向、全球一体化的复杂生产网络最终在MNEs的编排下形成。全球网络可以从公司外部网络与公司内部网络两方面去认识。从公司外部来看，全球生产网络表现为制造业和服务业（包括研发行为）的外包。从公司内部来看，在全球网络中跨国公司内部贸易逐渐增加。与此同时，国际化的研发行为构成了全球网络的重要组成部分。从1993—2002年，世界范围内的外国分支机构的研发支出从大约300亿美元攀升到670亿美元，占全球商业研发费用的比例从10%上升到16%。美国的跨国公司绝对控股的国外分支机构的研发支出占总研发支出的份额，从1994年的11%上升到2003年的13%。这一比例在瑞典的跨

---

① 区域优势包括比较优势和“绝对优势”。比较优势产生于区域的要素禀赋；“绝对优势”是Storper所说的“产品为基础的技术学习”，也就是Florida所说的企业的集聚带来的动态学习经济。参见，Storper, M., The Limits to Globalization: Technology Districts and International Trade, *Economic Geography*, 1992, Vol. 68, pp. 60-93; Florida, R. and Kenney, M., The globalization of Japanese R&D: the economic geography of Japanese R&D investment in the United States, *Economic Geography*, 1994, 70 (4), pp. 305-323.

② Dunning, J. H., The eclectic paradigm as an envelope for economic and business theories of MNE activity, *International Business Review*, 2000, Vol. 9, pp. 163-190.

国公司中从1995年的22%上升到2003年的43%。①

研发行为的全球化不只是为全球生产服务（对产品进行符合当地偏好的适应性改造）。它也可以被视为专业化或垂直分散的一种形式。整个研发行为被片段化，各个环节被安排到最有效率的区域完成。②除此之外，还有一类国际化的研发行为集中在发达国家的某些次国家区域。与垂直分散的研发行为不同，它们通常不是为了提升跨国公司全球研发的效率，而是为了获得能够保持与促进自身竞争优势的国外创造的资产。这类研发行为有着明显的区域集聚的特征。

2. 后福特制与区域集聚网络。全球生产网络是企业竞争优势的重要来源，因为并不是每个企业都能在世界范围内安排生产活动以最有效的方式利用全球资源。但是，全球化的发展反过来限制了单纯的以获得静态效率为目的的全球网络（比如外包）成为持续竞争优势的可能性。对于其他企业来说，各种投入品都能方便地以低成本从全球范围内获得。“毕竟，任何可以有效地从遥远的全球市场和公司网络获得的资源，别的公司也可以得到，因而，从本质上不再是竞争优势的来源。”③通过模仿和复制，从获得低成本投入品方面来说，全球网络不再稀缺。全球经济中，持续的竞争优势越来越多地蕴含在地方性的要素中。特定区域的集聚——另一种形式的网络成为竞争优势的来源。④

集聚并不是独立企业在特定区域的集中，处于其中的企业通过产业链和其他共同利益而紧密地联系在一起。企业之间的互动超越了标准的价格协调的市场交易，创造出独特的网络资本。在集聚区内部，某个企业通常

---

① UNCTAD., World Investment Report 2005: Transnational Corporations and the Internationalization of R&D. New York and Geneva: United Nations Conference on Trade and Development, 2005.

② UNCTAD., World Investment Report 2005: Transnational Corporations and the Internationalization of R&D. New York and Geneva: United Nations Conference on Trade and Development, 2005.

③ Porter, M., Cluster and the New Economy of Competition, *Harvard Business Review*, 1998 (Nov. - Dec.), pp. 77 - 90.

④ 并不是所有产业都具有同样的集聚倾向。产业自身的某些特征（生产工艺可分性，价值链的长度，产品的复杂程度，产品对创新的依赖程度以及市场的稳定性）都会影响产业集聚的倾向。参见，Steinle, C. and Schiele, H., When do industries cluster? A proposal on how to assess an industry's propensity to concentrate at a single region or nation, *Research Policy* 31, 2002, pp. 849 - 858.

是与之相关联的其他企业的生产系统的一部分。企业根植于区域环境，依赖高度互动的区域环境实现柔性专业化的后福特制生产。

对集聚的研究，通常是用外部冲击解释集聚的产生；用规模报酬递增和自我加强解释集聚的发展演化；而支撑集聚的因素一定与参业者的相互作用中存在的某些对距离敏感的因素有关。① 归纳起来，这些有利于企业实现柔性生产和持续创新的后福特制生产的因素包括：有利于学习和创新的知识溢出；为专业技能创造厚实的市场优势以及紧密的前后向关联。对于参与者来说，集聚对竞争优势的意义在于，支撑集聚的这些因素一方面降低获得要素的成本，提高企业的静态效率；另一方面影响企业的改进和创新，也就是动态效率。

3. 全球网络与区域网络的互动。经济行为的全球化与区域化并不冲突，相反，它们相互加强。全球网络的发展和加强，并不会削弱集聚网络。光滑的经济空间有助于解决集聚的拥塞效应，使经济行为在空间扩散；同时，在光滑的经济空间中，要素更容易向“凹地”流动，也就是加强集聚。全球化通常意味着集聚，越来越多的统计资料支持这种论断。究其原因，全球化与交通、通讯的发展虽然限制了集聚在获得内部某些要素的成本方面的优势的发挥，但是内容不清晰的小规模、非常规的信息流仍然很难在长距离空间传播；复杂的不确定信息的传播以及互信、共同价值观的建立仍然需要临近的甚至是面对面的交流。特别是在知识经济中，知识资本越是复杂、异质、隐晦以及存在背景依赖，集聚的动态效率也就越重要。

更重要的是全球化与交通、通讯的发展拓展了市场范围，让区域优势得以在更大的地理空间上发挥作用。首先，市场范围的扩展引起新一轮的专业化，而更为专业化的行为一定伴随着更为紧密的协作。集聚网络不仅通过密切的产业关联方便协作的达成，还有助于“搜寻—配对”过程迅速地实现，因而限制了专业化的人力资本和其他专用性投资被要挟的风

① 支撑集聚的因素既包括产业内的外部性也包括产业之间的外部性和更一般的，比如基础设施、教育、基础研发等的外部性。与马歇尔（1965）；Porter（1998，2000）的研究对象对应的概念应该是产业区或者集群，并非更为宽泛的“集聚”概念。本章在一种或少数几种产业在特定区域集聚的意义上使用集群概念。

险。也就是，以集聚网络为专业化的生产方式提供了有效的协作机制。其次，从企业的角度来说，全球化以及它引入的开放和竞争为企业在全球范围内寻找竞争优势的来源提供了激励与机遇。企业的行为被更为精致地片段化，并被安排到最有效率、最能创造优势的区域。这些全球配置资源的行为，不管是资产利用型的还是资产增殖型的，都通过外包和战略联盟的形式促进它们参与的区域形成新的集聚或者发展既有的集聚。外包业务的发展促成了温州制鞋业、台湾芯片制造业、班加罗尔软件业的集聚；欧洲的化学制药企业对美国生物技术集群的参与，世界金融机构对新加坡、香港金融业的投资都巩固了已有集聚的全球地位。总之，全球化为区域集聚提供了发挥优势、加强优势的机会。集聚网络伴随着全球网络的发展而加强。

全球网络对集聚网络还具有避免路径锁定的意义。以柔性分工协作为基础的集聚网络，能有效避免垂直一体化组织方式的技术锁定倾向。这是企业从集聚网络中获得的利益之一。但是，如果把某个集聚作为整体，集群内部的竞争方式和思维方式的一致性，有形成刚性和惯性从而强化旧行为、压制新观点的危险。比如，20 世纪 70 年代的石油危机中，底特律仍然生产高油耗的汽车就是集群刚性的例子。因而产业区需要与国际上从事类似产业的区域保持联系，以避免旧的技术或商业形式的路径锁定。全球网络的发展为集聚提供了一个跳出集体思维定势和路径锁定的机会。

集聚网络是全球网络发展的动因之一，越来越多的国际商品和要素流动围绕着集聚网络进行。大部分的世界贸易发生在为数不多的集聚之间，内向 FDI 的目的地也通常在流入国的某些区域集聚。反过来，全球网络通过市场的拓展和参与的扩大而加强区域集聚的趋势。正反馈在它们的发展过程中起着主导作用，表现出全球化与区域集聚并存的世界经济发展趋势。

二、产业发展：区域集聚网络还是全球网络

深度的社会劳动分工为远离发达国家的边缘区域的创新提供了机遇，这种机遇在高度垂直一体化的时代是不存在的。发展中国家在分散化的后福特制生产体系中得以发挥比较优势，参与到在垂直一体化时代无法涉足

的领域。更重要的是后福特制生产体系为产业升级、区域发展提供了新的机制。对于这一机制的研究有两类文献：第一类关注区域内部的集聚经济和创新体系对产业发展的作用；另一类，以全球价值链为分析方法，重视全球价值链中蕴含的机遇和产业升级的可能。两类文献的结论分歧表现在产业升级是依靠区域内部互动还是外部联系。接下来，我们以温州鞋业为案例，分析产业发展所依赖的力量以及集聚网络和全球网络在产业升级中的作用。

温州大约有一万家制鞋企业，每年生产出十亿双皮革鞋，是中国最大的鞋业生产和出口基地。温州鞋业的生产模式被称作“小狗经济”或“蜂群效应”。① 制鞋机器、鞋楦、鞋底、与制鞋相关的化学原料、金属饰件和专业市场、设计机构、展览机构在温州集聚。产业链的各个环节和相关产业被众多中小企业承担。专业化的交易网络与各种形式的合作机制负责联接、协调这些企业。从区域层次上看，温州制鞋业是典型的专业化、网络化的后福特制生产方式。

温州鞋业的发展也得益于对全球生产网络的参与。一项调查显示，超过一半的温州制鞋企业的外销比例超过50%，最主要的出口方式是贴牌和代理出口。② 国外购买者苛刻的要求改进了温州企业工艺水平、产品质量和市场反应能力。在国际化的过程中也建立了广泛的外部联系。为进一步开拓国际市场打下了基础。

从世界制鞋业的发展史来看，温州鞋业的现状没有做到高枕无忧。制鞋和其他劳动密集的产品一样，企业的区位选择对制造成本非常敏感。20世纪60年代以来，世界制鞋业发生了几次大的转移。先是从北美转移到中美和南美，从欧美转移到日本；随后转移到韩国和台湾地区；80年代转移到我国东南沿海和东南亚一些地区。80年代中期，台湾和韩国鞋类出口占世界45%，1994年这个数字降低到7%。③ 当前，印度、越南和其

---

① Wang, J., Integrating in global value chains and upgrading in local clusters: A discussion from the footwear cluster Wenzhou, The Second Globelics Conference Innovation Systems and Development: Emerging Opportunities and Challenges. October, 2004.

② 朱允卫、黄祖辉：“温州鞋业企业国际化状况的调查分析”，《经济理论与经济管理》，2006年第1期。

③ 谭文柱、王缉慈、陈倩倩：“全球鞋业转移背景下我国制鞋业的地方集群升级”，《经济地理》，2006年第1期。

他低收入水平的发展中国家快速融入全球经济，对中国劳动密集产业构成了新的竞争压力。温州鞋业虽然在品牌和设计能力上有很大的进步，但主要的经济活动仍然集中在中低档鞋的加工制造上。面对产业转移的趋势，温州鞋业需要产品和工艺及时的升级换代，以保持竞争优势。否则，将像历史上的其他生产基地一样在产业转移中衰落。

产业升级是依赖区域网络还是全球网络？温州的集聚生产方式对产业升级仍然能够一如既往地发挥重要的作用。但是，对于发展中国家的外向型产业，全球网络视角又是很重要的。由于缺乏完整的产业链，比如设计能力和品牌的薄弱，区域内部的优势集中在生产制造领域，创新也主要表现为生产和工艺的创新。在研究新竹或硅谷时，Saxenian and Hsu 认为区域集聚对新竹的发展和产业升级的解释有限，应该从新竹和硅谷的联系中寻找发展的依据。[①] 参与全球网络中有利于知识创造、技术转移以及自身能力的发展，也有利于识别有前景的新市场机遇，筹集资本、建立管理团队以及与其他专业生产商确立合作关系诸方面。温州的鞋类企业在升级时一直保持着国际视野。例如，奥康集团和意大利品牌制造商 GEOX 的合作，依托 GEOX 全球营销网络推销奥康品牌；哈杉公司收购了意大利 Willson 制鞋公司，成为全球价值链中的品牌制造商。为了提高设计能力，奥康集团和哈杉都在意大利建立了鞋类研发中心。

产业升级不能仅局限于价值链的联系。依据全球价值链观点所设计的发展路线（从组装进口的投入品，到实现本地生产、OEM，再到 ODM，最后到在自有品牌下销售产品）并不能单纯依托产业链的联系实现。全球价值链的治理者通常会鼓励、帮助发展中国家的企业提升工艺水平和生产技术，但是在品牌经营和设计能力上会阻碍这种升级的努力。[②] 新竹 IT 产业的进步，更多地得益于与拥有它所需要的知识和能力的硅谷的联系，

---

① Saxenian, A. and Hsu, J. Y.,, The Silicon Valley - Hsinchu Connection: Technical Communities and Industrial Upgrading, Industrial and Corporate Change, *Special Issue on Geography of Innovation and Economic Clustering*, 2001, 10, 4.

② 台湾 IT 产业有诸多此类现象。宏碁、华硕从代工起家，在向品牌制造商过渡时，由于自有品牌业务冲击了代工客户的市场，被迫拆分出专营代工业务的子公司。宏碁发展自有品牌以后，同样面临着代工份额萎缩的问题。于是在 2006 年做了拆分，把品牌业务作为子公司从制造业务的主体中分离出去，在发展自有品牌的方向上向后退了一大步。

而非OEM客户。温州鞋业的升级需要加强与全球其他的集聚区（比如，意大利）的合作，从全球范围获得只存在于“本地”的知识和能力。

同样，单纯的区域内部优势也是不完整的。Saxenian and Hsu认为不能把集聚区相互隔离开来，单独地从区域内部解释柔性和创新能力的来源，不仅需要在区域水平上，也应该在全球水平上检视生产组织。[①] 从后福特制生产体系的视角来看，企业的竞争优势来自专业化、网络化的生产体系所蕴含的柔性、快速反应的静态效率以及促进创新的动态效率。从单个企业来看，集聚区域成为协调专业化企业的网络；如果从更高的位置鸟瞰，单个集聚区本身只是某个产业的全球网络的一个“专业化区域”。

三、全球网络和区域集聚与世界经济发展的新格局

20世纪70年代以来，新的国际分工所引发的全球网络和区域集聚改变了世界的经济格局。在从福特制向后福特制生产方式的转变过程中，某些国家和区域逐渐成为全球价值链中的主导和重要环节。后福特制的网络生产为经济全球化提供了新的空间，不仅要在区域层次上理解和把握企业的专业化性质，更要在全球层次上理解区域的专业化性质。生产组织方式变革对世界经济发展格局变化的影响，不仅表现在美国和欧洲的关系上，同样也表现在东亚经济体的内部。

第二次世界大战结束后，日本采取了“贸易立国”战略和“赶超战略”，逐渐从战败的阴影中走出。特别是到了20世纪70年代，日本在钢铁、汽车等行业中实现了对西方发达国家的追赶，成为真正意义上的世界工厂。在日本经济的带动和示范下，东亚经济出现了了以日本为领头的“雁形模式”。日本以直接投资（FDI）对东亚其他国家转移劳动密集型制造业，把研发保留在本国，把技术含量较高的制造环节部分地放入新兴经济体（NICs）之中。仅仅在东亚这个区域范围内，就形成了根据技术和工艺实力划分的三个层次：日本、新兴经济体（NICs）、东亚其他国家和

---

① Saxenian, A. and Hsu, J. Y., The Silicon Valley - Hsinchu Connection: Technical Communities and Industrial Upgrading, Industrial and Corporate Change, *Special Issue on Geography of Innovation and Economic Clustering*, 2001, 10, 4.

地区。

日本对东亚地区生产模式的形成和发展起到了十分重要的作用，区域内的产业转移和投资是拉动东亚各国产业发展的有力引擎。从20世纪60年代开始，日本就开始将竞争激烈且利润较低的产业通过技术授权或直接投资转移到东亚其他国家。特别是亚洲四小龙的兴起和发展，成为东亚地区在日本之外的一个起缓冲作用的供应基地。通过这些地区的集聚网络，东亚可以对不断变化的世界需求作出及时调整。以此为契机，NICs的产品因为价廉质优、准时交货和灵活交易等优点，迅速渗透到西方国家最具价格敏感性的低端市场。到了20世纪70年代，合成纤维、钢铁、电子设备等生产技术也逐渐转移到新兴经济体中去。与此同时，新兴经济体让出了那些劳动密集型和技术含量低的经济部门，为东南亚和中国大陆的经济发展提供了机遇。到了20世纪80年代，全球生产的网络化带来了世界性的工艺流程和零部件的专业化分工。后福特制对生产的要求是柔性、灵活和准时，作为对这一要求的反应，由大量的OEM制造商的集聚而形成的区域生产网络在东南亚和中国大陆出现。不仅仅日本，美国以及欧洲等发达国家同样开始将劳动成本敏感的生产经营活动转移到东亚地区。总体来说，东亚地区的发展，依靠的是先发国家和地区逐渐让出低层次工序给下一阶梯国家和地区逐步实现的。在东亚，甚至全球范围内，形成了以全球化和区域化相互补充和共融的产业内分工。因而，东亚经济的发展模式和格局，是后福特制生产方式变革的结果。而东亚区域经济的集聚和发展，同样推动了全球经济一体化的深化和发展。

以“Nike”运动鞋的生产为例，第一层新产品的研发和设计在美国总部，第二层鞋品主要部件的制造在韩国和中国台湾，最后一层是鞋品的组装，这个环节分布在中国台湾、中国大陆、越南、马来西亚、菲律宾和泰国等地，最后的产成品主要配送和销售到北美和西欧。在全球生产网络中，各国和地区都根据自己的优势，集中从事产品价值链的某个环节的活动（柳剑平等，2006）。在这一产品价值链中，每个区域或环节既存在于全球网络又存在区域网络之中。例如，2006年“Nike”公司公布的700家全球供应厂商，有400余家分布在东亚。东亚区域的生产商可以完成除研发以外全部产品生产流程，东亚国家内部多层次分工的特点，成了这个区域获得订单优势的根源。在消费电子类产品的生产中，东亚地区同样存在着这样的分工。以笔记本电脑为例，研发设计在美国和日本，他们同时也生产 CPU 芯片，处在价值链的顶端；内存的生产在韩国，硬盘的生产在新加坡，液晶显示器的生产在中国台湾，处于价值链的中间；组装在中国大陆、菲律宾等地，处于价值链的低端。这样的供应商布局，充分利用了东亚各国的技术优势和成本优势，并且在灵活的合同制造框架内，将过剩生产的风险转移到接单方。因而，东亚地区在后福特制生产方式变革中既享受了难得的发展机遇，又负担着一定的风险。

在基于生产和工艺流程的国际分工体系中，技术转移不断增强。在东亚地区，这种转移是通过以下几种途径实现的：对于进口资本货物的逆向工程、其他国家的直接投资、购买特许使用权和劳动力流动等。技术转移使新加入全球网络的国家和地区积累了技术和经验。在不断追求高附加价值的过程中，许多 OEM 服务提供商正努力向 ODM 甚至 OBM 演化。成功的例子如中国台湾的宏碁、韩国的三星等，通过这一过程在世界市场上树立了自己的品牌。后福特制在一定程度上限制了某些地区和国家的制造商角色，一旦其专业生产能力被广泛学习和模仿，其转型和升级就面临着相当大的困难。东亚的很多制造商都是被长期以来的 OEM 业务所定型，以至于如今在东亚的消费文化中，发达国家的品牌仍然被认为比本国品牌高档。

通过后福特制生产方式变革和发展，中南美、东欧和土耳其等国家和地区同样受益于全球网络和区域集聚的发展。这些国家逐渐繁盛的制造业和不断扩张的外汇储备，成为世界经济新的蓄水池。同样，他们也面临着巨大的风险。因为配套经济体系和金融体系的不完善，这些制造型国家在全球资本流动的复杂网络中是脆弱的，即使拥有强大的制造能力，也会受制于全球供应体系的变化。只有加强国家的自主创新，争取在国际分工中实现产品和工艺流程的创新带动产业升级，才能真正获得长足的发展。

总结和需要深入讨论的问题

全球化通常表现为集聚区之间的跨国联系，这是全球化与区域化的一般关系。企业变更组织形态，以适应新的需求环境。专业化企业相互依赖，在特定区域聚集、互动，构成后福特制生产体系的集聚网络。交通、通讯的发展，便利了企业从全球范围寻找效率和能力。位于不同国家区域之间的联系编织成后福特制的全球网络，是全球化的主要内容。对全球化与区域化关系的简单解释是：既然某些竞争优势的来源对距离敏感，只能存在于区域内部，那么，为了获得存在于遥远区域的优势，企业必须扩大全球范围的联系，或者直接参与到拥有特定优势的区域中。后福特制网络为发展中国家产业发展提供了新视角。不仅要在区域层次认识到企业的专业化性质，也要在全球层次认识到区域的专业化性质。从后福特制生产体系中为专业化寻找合作和协调，区域的外部联系和集聚区内部联系同样重要。

更为重要的是，在后福特制生产方式的变革中，经济活动的全球网络和区域集聚，正在改变着全球经济发展的格局。在这一格局下，发展中国家一方面获得了经济发展的机遇，另一方面也面临着更大的经济风险。在新自主主义国际政策的支配下，全球生产网络成为发达资本主义国家输出过剩生产能力的重要途径。如何既利用全球生产网络，又能够通过自主创新政策的实施，加快区域生产网络的升级步伐，是发展中国家共同面对的课题。

第十章

从福利国家到创新国家

1929—1933年大危机，使人们认识到福特制标准化生产存在和发展的前提是大规模生产与大规模消费的对应，福利国家政策是调节大规模生产与消费矛盾的基本工具。20世纪50年代以来，与福特制生产方式相适应的福利国家，成为以美国为代表的发达资本主义国家和政府推行的重要政策。在20世纪70年代之后，随着后福特制生产方式的兴起和发展，福利国家政策的局限性逐渐暴露出来。与福特制生产方式的柔性生产和持续创新相适应的，不再是福利国家，而是创新国家政策。

第一节

福特制、福利国家及其危机

一、福特制的起源与美国的崛起

福特制起源于亨利·福特在底特律海兰公园汽车组装厂创建的自动流水线生产，它的特点是单一品种汽车的大批量生产，通过规模经济和范围经济降低生产成本。

福特汽车公司通过新的生产方式革新，一跃成为世界最著名的汽车制造商。而这种生产方式带来的巨大成功，也吸引其他汽车生产商纷纷效仿，并使这种以大规模生产为特征的福特制，逐步代替了之前的单件生产方式，成为汽车制造行业乃至整个制造业中居于主导地位的生产方式。第二次产业革命建立的现代大工业，正是借助于福特制生产方式在以美国为代表的西方企业的推广普及，真正将世界经济推向了新的快速发展阶段。

福特制的运行主要建立在三个原则的基础上：首先，脑力劳动和体力劳动分工明确：设计人员负责设计，管理人员负责监督，工人只需要完成简单操作；其次，利用泰勒制，将流水线上的分工专业化到最细微的地步，保证每个工人的操作都可以使用最简单的方法完成；第三，寻找最佳的生产模式，无论在设计、生产、管理上都需要寻找最佳模式，达到提高效率和节省成本的目的。福特制生产方式，大大促进了生产工艺和产品的标准化，通过规模经济和范围经济极大地提高了劳动生产率，为工业制成品的大规模生产和大规模消费提供了基础。

20 世纪初，与福特制生产方式替代传统的单件生产方式和工厂制相伴随的，是美国经济的快速崛起，并形成了以美国为代表的资本主义制度模式。钱德勒在《规模与范围：工业资本主义的原动力》一书中，描述了 19 世纪末 20 世纪初美国公司如何通过向制造、管理和分销环节进行大规模投资，战胜了以单件生产为主的欧洲各国，最终成为世界上最有竞争力的国家。

钱德勒在书中提到，为了从新的大量生产技术的成本优势中获利，企业家必须进行三方面互相关联的投资：一是对大得足以利用技术的规模或范围的潜在经济的生产设施进行投资；二是对本国和国际的销售和批发网络进行投资；三是为了充分地从这两种投资中获利，企业家还必须对管理进行投资。正是对生产、经销和管理这三方面的投资，使现代工业企业得以出现。①

建立这种体制的企业获得了强大的竞争优势，他们所处的行业很快成

① 小艾尔弗雷德·钱德勒著：《规模与范围：工业资本主义的原动力》，华夏出版社 2006 年版。

为寡头垄断行业。这些企业以及后来进入该行业的少数挑战者，主要不再在价格基础上进行竞争，而是为市场份额和利润进行竞争。这种为市场份额和利润的竞争，磨炼了企业家的组织能力，而这些组织能力又为企业的持续增长提供了内在动力。组织能力激励劣势企业和管理人员在自己的国家进行扩张。是支薪经理而不是企业主对日常业务活动、长期发展和投资进行决策，他们的决策决定了企业及其行业进行竞争和发展的能力。①

19 世纪末 20 世纪初，这种类型的现代工业企业在美国大量出现，带来了美国经济的腾飞。新兴现代企业的崛起，首先依靠的是规模经济和范围经济。钱德勒指出，19 世纪最后的 25 年中，生产工艺的革新造就了许多新工业，同时又改造了许多传统工业。这些工艺创新在利用规模经济和范围经济上拥有潜力，是传统生产所不具备的。② 按照钱德勒的观点，为了追求规模经济和范围经济对生产设备的大规模投资，在新型企业的发展中，起到了至关重要的作用。随着资本的不断投入，企业达到了“最小有效规模”，而达到这种规模的企业比没有达到这种规模的企业具有明显的成本优势。他指出，企业家的能力不是体现在改进产品生产的工艺上，而是体现在为了实现规模经济或范围经济而建立最佳规模的工厂上。

在 19 世纪末期的美国，类似这种达到规模经济的企业大量涌现，使企业的生产成本迅速降低，生产能力得到迅速扩大。这一现象带来的结果，就是寡头垄断行业的出现。在一个行业中，往往只有少数几个垄断企业。而在老牌资本主义国家英国和法国，企业不愿对生产进行大量投资，从而逐渐丧失了市场上的竞争优势。随之而来的，便是美国经济的迅速崛起。从 19 世纪 90 年代起，美国已经是世界上最重要的工业国。1913 年，美国的生产产量占世界工业品产量的 36%，英国为 14%，法国仅为 6%。③ 第一次世界大战之后，美国的现代工业继续沿着上述路径不断发展，20 世纪 20—30 年代，很多公司纷纷实行多元化经营战略，或者开始

---

① 小艾尔弗雷德·钱德勒著：《规模与范围：工业资本主义的原动力》，华夏出版社 2006 年版，第 7 页。

② 小艾尔弗雷德·钱德勒著：《规模与范围：工业资本主义的原动力》，华夏出版社 2006 年版，第 19 页。

③ 资料来源：W. W. Rostow, The World Economy: History and Prospect, 1978, PP. 52 - 53.

向海外扩张。而随着企业的扩大，企业内部的复杂程度也在增加，很多企业都建立起了现代管理体系，所有权和管理权严格区分。而英国的企业仍然延续着个人和家族对企业的控制和管理，这种落后的管理模式，阻碍了英国企业的发展。

钱德勒重点考察了美国从19世纪末到20世纪中期不同行业的发展，利用西蒙·库兹涅茨《各国经济增长：总产出和生产结构》一书中的数据，得出结论：推动美国经济增长的是那些由管理人员经营的大型企业支配着的工业。① 这些企业往往为了达到规模、范围经济和降低成本的目的，对生产设备和研发进行大量投资。在生产上，这些企业往往采取的是福特制标准化生产方式，同一型号的产品大批量生产，而产品基本上是标准化的。这是企业通过大量投资追求规模经济所带来的必然结果。企业在生产设备和其他生产资料上进行大量投资，必然会追求大批量生产来稀释成本，从而达到规模经济。而当时美国国内巨大的市场也给了大量产品以销售空间。

从表10-1中看出，1870—1950年，美国人口剧增，人均GDP超过了英国。1870年美国人均GDP相当于英国的75.3%，而1870—1913年美国GDP年平均增长率为3.9%，同期英国为1.9%。到1913年，美国人均GDP超过英国5.5个百分点。1870—1913年，是美国人力资本对英国加速追赶的时期。美国在1820年人均受教育年限相当于英国的87.5%，1870年提高到88.3%，1913年则进一步提高到91.2%。这就是说，在从1870年开始的40多年中，美国的人均产值和人均收入都实现了大幅度提高。这大大提高了国内的购买力，为规模经济和范围经济带来的巨大产量创造了广阔的市场。再加上美国本身地域辽阔，随着铁路、公路的不断拓展和美国企业向海外的扩张，为其提供了规模巨大的市场。

① 小艾尔弗雷德·钱德勒著：《规模与范围：工业资本主义的原动力》，华夏出版社2006年版。

表 10-1　1870—1950 年美国和英国人口与 GDP 变化情况

国家	1870 年	1913 年	1950 年
美国			
人口（千人）	39305	97227	152271
GDP（百万美元）	30497	176278	487938
人均 GDP（百万美元）	764	1813	3204
英国			
人口（千人）	31257	45649	50363
GDP（百万美元）	30356	68082	105471
人均 GDP（百万美元）	972	1491	2094

资料来源：Angus Maddison, *Phases of capitalist development*, Oxford ; New York : Oxford University Press, 1982。

钱德勒在他的一部著作中指出，19 世纪下半叶，美国的国内市场是全世界最大的，更为重要的是，它还是全世界成长最快的市场。而且美国市场还有很高的同质性，美国的收入分配看来要比其他国家更为平均，市场的阶级界线不像欧洲那样明显，这就促进了销售商的兴起，也加速了新技术的应用。①

因而，1913 年福特制的诞生正当其时，恰恰是在美国工业需要一种适应大规模生产的生产方式时诞生的，依靠着这种使生产效率和生产量大幅提高的生产方式，美国在 20 世纪初迅速成为了世界上头号经济强国，完成了快速崛起的历史，为福利国家的建立创造了条件。

二、福特制的扩散：德国和欧洲的发展

德国是后起的资本主义国家，它的崛起，无不刻着美国式的烙印。从某种程度上说，德国经济的崛起，主要原因是德国成功地学习了美国资本主义模式，而没有学习和复制以英国为代表的僵化和处于衰落中的资本主义经济制度。甚至可以这样说，20 世纪德国的复兴，从根源上说，除了制度和体制上的变革，更重要的是在生产方式上成功地学习了美国，建立了一套适合德国的福特制生产模式。因而，完全可以把德国工业经济的崛

① 小艾尔弗雷德·钱德勒著：《看得见的手——美国企业的管理革命》，商务印书馆 1997 年版，第 588 页。

起，看做是福特制生产方式从美国向德国的“扩散”。

在历史上，德国一直非常落后，在德意志的土地上存在着很多邦国。1848 年德意志发生革命，革命的重要目标是建立统一的德国，同时也要求推翻各邦国的专制主义。革命失败使德意志现代化的领导权落到了旧统治集团手中，这使得德国的发展脱离了英国和法国的道路。领导德国现代化的是普鲁士容克地主，1870 年通过对外战争建立了德意志帝国。统一后的德国，由于实现了民族国家的目标，发展迅速。德意志帝国建立后飞速实行工业化，在短短 30 年时间里完成了英国近百年才实现的经济发展。到 19 世纪末，它已经成为工业强国。1870 年，德国工业生产只占世界总额的 13%，英国占 32%；到 1900 年，德国占 17%，英国是 20%；1913 年，德国已超过英国，占 16%，英国只是 14%。①

德国的工业化道路和英国存在很大不同。在英国的经济发展历史上，始终奉行的是亚当·斯密的自由经济理论，即认为政府在国家经济运行中施加的作用越少越好，而调节经济的应该是“看不见的手”。而在德国经济崛起的道路上，政府始终是推动经济发展的主要力量。工业化成为整个国家的目标和方向，在国家干预下，各种资源得到了合理的配置，德国的各个行业迅速发展起来，迅速完成了工业化。②

钱德勒将德国的经济崛起归结为管理资本主义的确立。他指出，在德国很多企业家对企业进行必要的投资，他们的企业一旦成为率先进入市场的先行者，就很快成为世界上新的卖方寡头垄断的主要角逐者，甚至德国先行者发展的组织能力对壮大德国工业力量所起的作用要大于美国企业的组织能力对美国工业发展所起的作用。组织能力的发展，促使两种新的企业组织在德国的出现：共同利益集团和康采恩。

另一方面，像英国企业内部的那种家族式的控制在慢慢减弱，取而代之的是所有的日常工作和战略部署都是由一支受聘经理的管理团队作出决策并贯彻实施。这些管理人员必须同创业者及其家族没有血缘关系，而且只持有少量企业股票。

---

① 宫崎犀一著：《近代国际经济要览》，中国财政经济出版社 1990 年版，第 22 页。
② 钱乘旦著：“资本主义体系下的‘世界强国’问题”，《世界历史》，2004 年 第 6 期。

钱德勒指出，美、德两国与英国工业资本主义发展的重要区别在于管理体系的不同，英国企业大多由创始人的家族成员子孙后代来掌管，而美、德两国的工业企业管理层却是接受聘用支薪管理团队。英国企业直到20世纪中叶，还依然故我地坚持着家族个人管理的传统企业管理办法，而这种管理方式在实践中被证明是落后的，这直接导致英国经济在20世纪的没落。英国的企业到了20世纪，归根结底还是没有摆脱传统的工业生产方式，即福特制兴起之前的“手工作坊”式的工业生产形式。在19世纪，英国依靠这种工业生产方式，使其工业产品数量和利润都在世界名列前茅，辉煌的工业经济发展使得英国迅速地坐上了资本主义的头把交椅。但是在20世纪来临时，以前的手工作坊式工业生产已经不再适应时代的发展，随着福特制在美国的兴起，福特制成为当时最先进的生产方式。由于英国依然坚持落后的企业模式，生产上没有形成规模效益，而管理上还固守家族式管理，导致英国资本主义在20世纪的没落。

相反，美国成功地建立了福特制生产方式，众多企业纷纷采取大规模生产方式降低成本。而企业所有者不断对企业进行投资，企业之间不断兼并和纵向一体化，使企业不断扩张达到规模效益。管理体制上，先进的管理模式要求企业所有权与经营权的分离，企业所有者雇用职业经理管理企业。这一系列先进的企业运作模式，推动了美国整体经济的发展，使美国经济在20世纪初期迅速超过英国，成为了世界上头号强国。而德国作为后起国家，其成功在于合理地学习了美国的先进经验，成功地将福特制大规模生产方式引入德国，企业通过不断兼并集中形成行业垄断，迅速获得规模效益。而在管理模式上学习美国，摆脱了以英国为代表的欧洲传统的家族式管理模式。这样，德国在二战之后的几十年中，迅速成为了欧洲经济实力最强的国家（参见表10－2）。

表10－2　　1870—1950年期间德国的经济发展情况

年份	1870	1913	1950
人口（千人）	39231	66978	49983
GDP（百万美元）	20998	71838	68668
人均GDP（百万美元）	535	1073	1374

资料来源：Angus Maddison, *Phases of capitalist development*, Oxford; New York: Oxford University Press, 1982。

此外，德国强大的教育水平是支撑其经济发展的一个重要因素。1871年时，德国的文盲率大约为13%，而英国的文盲率为30%（1861年），法国是24%（1866年）。德国人重视教育，但不盲目重视。在19世纪中期，德国建立起了一个庞大而多样的学校和培训体系。特别是在20世纪后期，"双元制"职业培训制度成为德国经济发展的重要支柱，被称为德国经济奇迹的"秘密武器"。所谓"双元制"，就是把手工业中徒工的训练与学校的理论学习结合起来，政府和企业共同培养合格技工。在培训期间，学员按规定到企业学徒一定的天数，同时也必须到职业学校接受教育。这种教育模式不单单注重理论学习，同时注重理论在生产上的应用，为德国大规模工业的腾飞发挥了重要作用。所以，德国无疑是一个教育兴国和教育强国的典型范例。

三、福特制和福利国家的产生和形成

福利国家的形成和发展大体经历了两个阶段：工业革命前社会保险的萌芽和现代社会保障制度的建立和完善。两者的分界线是19世纪80年代德国首相俾斯麦将全面的社会保险计划引入了社会改革，开始了"福利国家"的构想和建设。在此后的100多年里，西方发达国家纷纷效仿德国，不断对福利国家政策进行发展、扩充、调整和修正。

第二次世界大战后，在战后的废墟上才真正产生了现代意义上的福利国家。1945年4月，英国工党提出《让我们面向未来》的竞选纲领，开始正式采用"福利国家"的提法。1948年，第一届工党政府首相艾德里宣布英国要建成"福利国家"。此后，"福利国家"论开始在资本主义世界广泛传播。特别是20世纪60年代，欧洲许多国家，如英国、法国、西德、意大利、荷兰、比利时、瑞士、瑞典、挪威、芬兰、丹麦、冰岛等国，都相继宣称本国是"福利国家"。

对于"福利国家"的内涵，至今尚无一个能够得到普遍认可的界定。综合许多学者的提法和其他研究文献看来，"福利国家"主要包括如下三层内容：（1）理想的模式。"福利国家"总是指一种理想的供给模式，在这种模式中，国家承担了为其公民提供综合而普遍的福利的责任。（2）国家福利。一些评论者认为福利国家是"国家提供的福利"，主要依据是美国使用的政策定义。（3）社会保护。在许多“福利国家”中，社会保护不是完全由国家提供，而是由独立的个人、志愿者和政府提供服务的综合产物。

研究者通常把福利国家分为两类：一类为贝弗里奇型福利国家；一类为俾斯麦型福利国家。前者以救助贫困者为基本出发点，进而发展到把国家的社会保护网扩大到覆盖所有在工业社会中可能遭遇社会风险的人群；而后者因袭德国的社会保险传统，以制度性的阶级调和作为政府社会干预的基本措施，在社会救济之上另外建立起一套机制，使社会有关成员都为工业社会的风险承担责任。

20 世纪 30 年代，新古典理论无法解释由于剩余劳动力的存在，即使产品价格降低也无法恢复消费者支出水平的现象。在 1929 年股票市场危机之后的 1930 年，凯恩斯出版的有关货币学的论文中指出，必须在“一只看不见的手”之外加上“一只看得见的手”，即国家对社会经济活动进行管理和控制。在 1936 年出版的《就业、利息与货币通论》一书中，凯恩斯全面地阐述了他的这一思想，被称为凯恩斯革命。凯恩斯理论对于当代宏观经济学的建立和第二次世界大战后的公共政策都产生了重大影响。

第二次世界大战之后，西方国家运用凯恩斯主义的宏观经济政策在经济上取得了巨大成功。凯恩斯主义政策的核心是国家干预，在经济停滞时扩大需求，在经济过热时抑制需求，以实现稳定经济的目的。在凯恩斯宏观经济政策的指导下，西方国家推行的福利国家政策是凯恩斯主义政策的重要内容。第二次世界大战之后，西方工业化国家在建立“凯恩斯福利国家”（Keynesian welfare state）过程中施行强势政府的运作模式，集中表现为运用政府权力，直接参与城市公共建设，实现城市公共服务的公有化和加大公共福利支出等。

20 世纪 50—60 年代是欧美各国建设福利国家的时期，其中瑞典、丹麦、挪威等北欧各国实行福利国家模式最为典型，被称“斯堪得纳维亚民主社会主义市场经济模式”，或称“混合经济模式”。北欧各国所实行的福利国家模式对促进经济富裕、社会稳定、人民安居乐业等起到重要作用。目前，北欧各国 70%—80% 的人是中等收入群体，基本实现了共同富裕，社会公正得到维护。

北欧福利国家模式的主要特点是：①

1. 以私有制为主体的混合经济。在社会经济制度方面，北欧福利国家模式都是以私有制为主体的混合经济。在北欧各国经济中，90%以上的生产资料属于私有制。国有经济在经济中不占重要地位，国有企业主要集中在采矿业、交通运输、公用事业和专卖事业（烟酒和药品的专卖）领域。

2. 以市场竞争为基本手段。在社会机制方面，北欧各国都以市场竞争为基本调节手段，凡是市场经济能自行调节的，都由市场解决，国家只是为市场的正常运行制定规则，并在市场失灵时进行干预，所以北欧福利国家的市场经济是以市场为基础的。

3. 以指导性经济计划间接调控经济。在北欧各国市场经济中，国家并不直接干预经济过程本身，但并不是说国家没有任何经济计划，以挪威和瑞典最为典型，一般有中期、年度和短期的经济计划，但这些计划仅仅规定一些综合性指标，对企业并没有约束力，而是通过财政、税收、信贷等手段进行调节。

4. 政府通过实行高税率和高福利实现全方位的社会保障体系。北欧各国政府执政中贯彻“公民权利、普遍性和统一性”的基本原则，始终将政府定位于服务型政府，并坚持公平与效率的协调统一。北欧各国注重“放开所有制，重在调节收入分配”，即通过调节收入分配来实现政府的服务目标，实现社会公平和社会福利。

作者认为，福利国家是福特制生产组织方式建立和发展的内在要求和必然结果。与传统单件生产方式不同，福特制大规模标准化生产正常运行的前提，是大规模生产和大规模消费的对应。而资本主义生产的社会化和私人占有之间的矛盾，决定了自由市场调节的结果是生产的全面过剩和经济危机的爆发。1929—1933 年大危机证明，只有在政府干预下市场经济才能有效运行。福利国家政策的核心是通过政府的干预，缓解大规模生产和大规模消费的失衡。但是福利国家同样也带来了经济活动的低效率和政府边界的过度扩张，尤其不利于强调自由竞争的高新技术产业的发展。20

① 韩春：“北欧福利国家模式研究与借鉴”，《经贸纵横》2005 年 5 月刊，第 48–50 页。

世纪70年代之后，随着后福特制生产方式的兴起，福利国家政策开始出现危机。

四、福利国家的危机

包括马克思主义左派理论家在内的西欧学术界，把福特制看作是一种资本主义社会特殊的历史形式，把它作为社会、经济和政治相互联系的统一整体加以研究。20世纪30—50年代，福特制伴随着世界经济危机和世界大战的进程在美国形成。福特制生产结构和再生产结构的成功实施和推广，使美国在第二次世界大战期间在政治经济领域占居世界的统治地位。第二次世界大战以后，在美国的援助和竞争压力下，西欧资本主义被迫“美国化”。其中，美国福特制的引进和推广就是战后西欧社会“美国化”的一个重要表现。

著名社会经济学家Bob Jessop在《后福特制和国家》一文中，对福特制进行了如下总结：[①]

1. 福特制是一种特殊的生产方式，可以从社会层面上理解，也可以从地区或企业层面理解，它促使资本主义企业在装配流水线上生产大量耐用消费品，而生产线上的工人，是大量的半熟练工人。

2. 福特制下经济社会的特点是，在一个相对封闭的经济体内形成宏观经济的持续稳定增长，也就是形成了一种正反馈模式。它以大规模生产为基础，通过规模经济效应提高产量，这提高了广大工人的收入水平，工人拿到收入之后又会用它进行大量消费，从而又促进了大批量生产。在这个正反馈模式下，企业不断的大量生产，同时国家经济也随着这种福特制生产模式而逐渐提升实力。

3. 福特制企业最为典型的特点，一个是企业的所有权和经营权的分离，引入了专业的管理层来管理企业；另一个是大型企业通过兼并、结盟和纵向一体化，形成垄断市场结构。

4. 福特制是一种社会组织范式，也就是说福特制社会是一个城市工

---

① Jessop, Bob., *The Entrepreneurial City: Re - Imaging Localities, Redesigning Economic Governance, or Restructuring Capital?*, in: Jewson/MacGregor (eds.), 1997, pp. 28 - 41.

业社会，是一种“工资报酬社会”（wage earning society）。

在20世纪前半叶，微观生产方式上的福特制和宏观层面的凯恩斯主义和福利国家政策，共同促使了资本主义国家尤其是美国经历了一段黄金时期。可以说，两者在某种程度上是相互补充和支持的制度安排，具体表现在以下几个方面：

1. 为了使规模经济在生产中发挥作用，国家需要建立合理的工资制度，平衡供求关系，减少经济中的不稳定因素，并鼓励企业为寻求规模经济而不断进行投资。

2. 福特制的经济增长模式依靠的是上述正反馈模式，这就使国家必须整合资本品和消费品生产，在基础设施上投资并通过住房和交通政策鼓励大量消费，以此来维持规模效益。

3. 国家会支持贸易联盟，形成大企业集团，巩固大企业的地位。

4. 福利国家政策还可以解决很多社会问题，为劳工和资本家之间阶级矛盾的化解提供物质基础。

因而，福特制和凯恩斯式福利国家在发展进程上是一致的。因为，福利国家是建立在保证充足的有效需求的基础之上的。在20世纪初期，资本主义之所以取得了辉煌的成就，就是因为：一方面凯恩斯主义政策把着眼点放在扩大有效需求之上，在供求关系矛盾的解决上，凯恩斯主义政策更倾向于从需求角度入手，主张加大需求促进生产，保证经济平稳增长；另一方面，福特制生产方式在众多企业中的确立，保证了大规模供给，在有效需求扩大之后，使供求维持在较高水平上。这符合前面所提到的正反馈模式，这种“工资报酬社会”确保了这种供给—需求循环有效的运转。

20世纪70年代以来，以信息技术和微电子技术为先导的第三次科学技术革命和产业革命，推动欧美工业社会开始向后工业社会过渡。欧美的经济结构、劳动市场结构、社会阶级和阶层结构都发生了剧烈变动。20世纪80年代，欧美企业引入并消化吸收了日本丰田生产方式，企业在劳动分工、组织与管理方面的变革，同样引发了生产关系和上层建筑领域的变革。20世纪80年代末和90年代初期，德国的统一、欧洲一体化进程的加速和苏联东欧巨变，使西欧资本主义在全球化方向上出现了巨大飞跃，标示着西欧资本主义进入一个划时代的和崭新的历史发展阶段。

在20世纪70年代世界石油危机前后，欧美发达资本主义国家的社会需求已经发生了明显的变化。市场需求不再像以前那样单一而稳定，而是朝着多样化和个性化方向转变。市场需求的变化，打破了大规模生产和消费对应的条件，凯恩斯主义福利国家政策的基础被削弱。生产方式的变革和福利国家政策的惯性，带来了资本主义内在矛盾的激化，失业率提升和滞胀等一系列社会经济问题。在问题出现的初期，欧美发达资本主义国家的政府继续沿用凯恩斯主义政府干预政策进行调整，收效甚微。这是因为，资本主义辉煌时期的充分就业和经济增长等业绩，与其说是凯恩斯主义政策造成的，不如说是由福特制生产方式变革引起的。尤其是当石油危机来临时，尽管资本主义国家仍然采取经济危机时期的宏观经济政策，却无法解决问题，原因在于这时的微观经济基础和几十年前已经发生了根本改变。在这种背景下，一批经济学家开始批驳凯恩斯主义经济政策。在批判凯恩斯主义的过程中，供给学派和理性预期学派都提出了自己的政策主张，新自由主义思潮开始泛滥。无论是供给学派还是理性预期学派，都强调凯恩斯主义只是一种治标不治本的政策，它仅仅从需求方面而没有从供给方面考虑问题。

在泰勒制劳动组织中蕴含的提高劳动生产率和继续提高相对剩余价值的潜力，已被挖掘殆尽。因而，福特制的劳动组织基础开始遭遇到前所未有的抵抗。作为泰勒制的典型后果——劳动高度紧张而又单调乏味、工人熟练技术的贬值和劳动异化，这些都促使一种无组织的和自发隐蔽的反抗的出现。生产系统设计得越复杂、技术上的高度发展和内部联系越紧密，生产过程越怕被干扰，相应地，这种隐蔽形式的反抗作用就越大。工人故意缺勤旷工、磨洋工、拒绝工作和制造障碍，已经成为欧美国家生产过程中的常见现象。在泰勒制消灭了传统的手工业工人，取消了直接生产者对生产过程的控制以后，它所创造出的“群众工人”（Massenarbeiter）已经转变为资本继续增殖的障碍，即“群众工人”使劳动生产率的增长陷入危机。对于单调乏味、工资低和负担重的工作岗位，劳动力的召募越来越困难，大量吸收外籍移民和妇女劳动力也无法消除这种困难。总之，在福特制劳动组织基础上技术上完全可能实现的持续合理化，逐渐受到无法估算的劳动者反抗行为的限制。

与此同时，在上述生产关系基础上所形成的社会制度条件，现在反过来变为资本增殖的障碍。福特制中泰勒主义的剥削，使工人阶级劳动生活条件和状况逐渐趋同和平均化，这为形成统一的群众性利益代表、进行统一的、大规模群众斗争创造了前提条件。况且技术上高度发展的福特制生产体系内部联系非常紧密，技术上极怕干扰，即使局部很小的罢工行动也往往会使它全部瘫痪。这种情况使工人的力量进一步加强。20 世纪 60—70 年代，在石油危机引发的经济危机中，欧美工会领导下的劳资斗争空前活跃，20 世纪 70 年代曾经被称为“工会的十年”。在福特制繁荣时期充分就业的条件下，欧美工人的罢工斗争不仅使实际工资大幅度增长，而且使工资结构在一定程度上减少了差距、扩大了劳动保护范围，使各种劳动保护条例从劳资协议和法律的角度被固定下来。在某种程度上，20 世纪 70 年代的工人斗争最终把福特制推向危机的深渊。1961—1970 年，工人每小时实际工资年均增长了 6%。1971—1976 年，在石油危机带来的经济危机面前，这一比例依旧上升到 6.5%。

福特制的生产结构与福利国家的制度结构是相互渗透和补充，带来了一个相对较长时期的资本主义经济繁荣。在这一时期，社会力量的对比发生了新变化，与福利国家相关的各种法律规章条例，把新的社会阶级力量对比条件下所形成的新的收入分配格局固定下来。国家的福利支出和以国家为中介的“集体消费”的扩大，导致福利国家的财政危机。凯恩斯主义和民主社会主义的改良政策，都变成扩大工资附加成本和限制资本利润率进一步提高的桎梏。20 世纪 70 年代执政的西欧社会民主党依据凯恩斯主义赤字财政政策，在资本增殖日益困难和利润下降的条件下，仍然设法稳定福特制体系中各种有组织的社会力量对比、组织结构和调节模式，结果造成了越来越严重的国家债务和通货膨胀。在危机恶化的条件下，西欧新保守主义政党在 20 世纪 80 年代登上政治舞台，对政府政策进行重大修正，抛弃凯恩斯主义，放松管制，大规模削减社会福利，转向紧缩方针。这样做的结果是挖掉了福特制积累模式中的一个重要支柱，即大规模群众消费。早在 20 世纪 70 年代初的经济繁荣阶段，前联邦德国由于实行高额累进税和社会福利税，实际净工资的增长远远落后于名义工资。20 世纪 80 年代初，实际工资增长开始停滞，失业率迅速增加，社会福利被不断削减，这些都对福特制模式的危机显示出明显的消极影响，群众消费的增长在这个时候终于走到了尽头。虽然在科技产业革命和生产合理化的推动下现有设备生产能力有了巨大发展，但市场却出现了饱和。人们消费行为的变化和能源原料的紧缺，都形成了对福特制积累模式的挑战。作为福特制生产与再生产模式的基础，从根本上发生了动摇，与福特制生产关系相适应的欧美社会福利国家的上层建筑同样也陷入了危机。

在《后福特制的谜局：技术、市场和制度》中，Mark Elam 总结了福特制在发展的末期所遇到的危机：① 一是不断加深的劳动分工已经成为生产发展的阻碍，在 20 世纪 60 年代末和整个 70 年代，生产率因为工人对过量的科学管理增长的抵制而降低，相应投资的降低更加迅速；二是不断增加的大规模生产的扩张和对规模经济的追求，引起了生产和销售的全球化，国家间的竞争加剧，国内市场被国外商品渗透，使经济管理更加困难；三是福特制导致社会支出的增加；四是广大工人的消费模式逐渐变化，消费需求的多样化使得传统的标准化生产难以满足其要求。福利国家政策的危机并不在于其本身，而在于福特制生产方式的危机。随着后福特制的兴起和发展，与之相适应的创新国家政策逐渐替代了福利国家政策，成为以美国为代表的西方发达资本主义国家政府干预政策的立足点。

第二节

后福特制和创新国家

一、后福特制的兴起

因为上述因素导致的“福特制危机”，使发达资本主义国家自 20 世纪 70 年代开始进行了一系列经济和政策调整。在解决福特制危机的过程

① Mark Elam, Puzzling out the Post – Fordist Debate: Technology, Markets and Institutions, in Ash Amin (eds) *Post – Fordism: a reader*, Blackwell Publishers, 1994, pp. 43 – 71.

中，存在着两条道路可供选择：一是实行弹性工资，通过降低工资恢复资本的边际利润；二是改变劳动组织过程，提高劳动生产率。在两种方法中，前者通过打破福特制刚性化的劳资集体谈判制度，采用弹性的劳动关系降低工资上涨的压力，使福特制企业能够继续维持下去；后者则通过对"第三意大利"和日本"丰田生产方式"的研究和模仿，对福特制企业组织进行变革，通过劳资合作达到提高生产率和大规模生产多样化产品的目标，在适应细分市场的基础上提高边际利润。两者分别被称为改良的新福特制或后福特制。

实际上，新福特制是对美英两国新自由主义经济理论和政策的概括。新自由主义经济学将福特制危机归结为工资的刚性，强调不断提高的协议工资和福利水平是生产成本增加的重要来源，是使福特制企业丧失国际竞争力的一个重要原因。以 Williams 为代表的学者认为，边际利润的下降促使资本主义企业拒绝福特制劳资集体谈判制度，竭力削弱各种工会组织、将雇佣工人的收入压低到标准水平以下。[①] 通过兼职工或临时工替代全日制工，实行如缩减工资、增强工作强度和强制加班等合法或非法措施侵犯劳工权益的各种行为。这种资方对雇佣劳动的进攻措施，从 20 世纪 70 年代末至今在美英等国仍然不断出现。这在一定程度上以降低劳工收入的方式提高了资方的边际利润水平。Williams 等认为，资方对雇佣劳动进行的强烈压榨——通过降低劳动力报酬和抨击劳动力保护法来建立弹性劳动市场以提高边际利润的战略，实质上是在保留大规模生产的泰勒制管理模式。[②]

在美英陷入"福特制危机"的同时，西方学者发现，意大利等欧洲国家的某些地区和日本，出现了与美英企业边际利润下降的相反局面。在对这些国家和地区的研究中，法国调节学派的学者指出，福特制正处在向后福特制的演变过程。他们描述了后福特制已经表现出来的某些特征，例如，持续的产品和工艺创新，终身雇佣具备高技能和归属感的雇佣工人，

① Williams K. and Haslam, C. *Ford versus Fordism. Mimeo, Department of Economics*, University of Wales, Aberystwyth, 1991.

② Williams K., T. Cutler, J. Williams and C. Haslam, The End of Mass Production?, *Economy and Society*, 1987, 16 (3), pp. 405 – 439.

对剩余的折衷分配，企业通过多级分包网络利用市场、产品和技术信息，并保持分包商之间的竞争，制造业、银行和国家分担技术创新的长期战略等。但法国调节学派并没有对后福特制两种模式进行明确区分：建立在中小企业之间动态分工网络基础上的"弹性专业化"模式和以大企业为核心并控制多层次分包企业网络的"精益生产"模式。这两个模式实际上都强调解除泰勒制的劳动分工和严格的管理控制，注重发展拥有高度专业技能和充分自主控制权的雇佣劳动，生产人员具有足够的自主控制权以便实现对生产过程的快速调整，强调保持与生产相关的活动如设计、营销、顾客服务等整体一致性，以及缩短产品周期、多功能机器与利用微电子技术发展企业间网络对适应消费者需要变化的重要性。①

因而，后福特制并非一种与福特制截然不同的全新模式，而是从福特制基础上变革而来的。它自身尽管存在很多的矛盾和缺陷，但却解决了福特制中存在的问题。后福特制和福特制无论是在形式上还是在内容上，都存在着连续性，这也就是为什么用"后福特制"为这种新的生产组织方式命名的原因。

Bob Jessop 在《后福特制与国家》中，描述了后福特制的主要特征：它作为一个劳动过程，可以被看作是一种基于灵活系统和灵活劳动力的灵活生产方式，后福特制中的关键技术是以微电子技术为基础的信息技术和通信技术。② 后福特制以灵活且持久的创新积累形式为基础，通过柔性生产提高技术工人和服务人员的薪酬，以技术和产品创新增加企业利润。后福特制积累体制更加适应国际需求的变化，而不仅仅只适应国内需求变化。在后福特制条件下，企业之间竞争的焦点逐渐转向非价格因素，例如产品质量和品质的提高，顾客需求的及时反应等。

与后福特制生产方式变革相适应的，不再是福利国家，而是创新国家。无论是从微观产业环境还是政府行为，创新国家强调的不再是产业的管制、劳资的集体谈判制度和政府的公共支出，而是产业管制的放松、劳

---

① 谢富胜，黄蕾："福特主义、新福特主义和后福特主义——兼论当代发达资本主义国家生产方式的演变"，《教学与研究》，2005 年第 8 期。

② Bob Jessop, Post - Fordism and State, in Ash Amin (eds) *Post - Fordism: a reader*, Blackwell Publishers, 1994, pp. 251 - 280.

动者创业精神的培育和政府对创业环境的构建。

二、创新国家的兴起

20世纪70年代以后，随着福特制生产方式向后福特制生产方式的转变，在国家层面上，各国逐渐开始由凯恩斯主义的福利国家向创新国家的转变。Bob Jessop 指出，推动国家从福特制福利国家向后福特制创新国家转化的推动力量主要有三点：新技术的不断涌现、国际化倾向和国家职能的变化。[①]

新兴工业化国家之间的竞争，推动先进资本主义经济开始专注新的核心技术。国家在促进技术发展上起到了十分重要的作用，并使尽可能多的企业能够从中获益。同时，国家把支持的重点由衰落的夕阳产业转到新兴的朝阳产业上来。Paolo Guerrieri and Vallentina Meliciani 在《技术和国际竞争：制造和生产服务之间的联系》中指出，在后福特制兴起的过程中，起重要支撑作用的是信息技术（ICT）的广泛应用。[②] 在后福特制条件下，国家的主要经济职能被重新定义，国家专注于国际竞争中的供给方面，试图使福利政策服从于柔性生产和持续创新的需求。

后福特制是在福特制遭遇危机时候兴起的，它的产生并不是一蹴而就的，而是在福特制基础上逐渐演变而来的。当福特制面临困境时，社会、经济和政治力量试图寻找一种新的国家形式来解决福特制存在的问题。Bob Jessop 指出，在这种寻找过程中逐渐出现了一种结构性转变和资本主义国家基本战略的再定位。

与凯恩斯福利国家相比，创新国家将通过降低国内充分就业的水平满足国际竞争的需要，对社会再生产的制度安排放在社会福利再分配之前。Jessop 指出，在后福特制条件下，尽管国家政治力量已然存在，其行使权力的能力却被削弱了，这来源于经济全球化背景下的竞争压力和风险。某

---

① Bob Jessop, Post - Fordism and State, in Ash Amin (eds) *Post - Fordism: a reader*, Blackwell Publishers, 1994, pp. 251 - 280.

② Guerrieri, Paolo & Meliciani, Valentina, Technology and international competitiveness: The interdependence between manufacturing and producer services, *Structural Change and Economic Dynamics*, Elsevier, 2005, vol. 16 (4), pp. 489 - 502, December.

些国家权力被转移到地方政府或国际组织，这些组织的职能被扩大了。在国内，某些权力被转移或重组到地方行政层次上去，而另一些则被不断出现的地方权力网络所接管，这些权力的分散使不同地区的联系加强。

创新国家是与后福特制相适应的国家政策体系，它有助于解决福利国家的危机。其主要任务：一方面是在本地创新体系中施加更强的政府干预；另一方面发展更加适合不断出现的国际经济新秩序的新的国家组织形式。创新国家之所以被看做是适应后福特制生产方式的国家形态，是因为它使后福特积累体制动态扩展性得到加强。创新国家的创新方向是朝向新技术的，这既考虑到国际竞争的因素也考虑到以更灵活的方式重构社会再生产系统。

在福特制时代，地方政府起到的是福利国家的作用。产业定位不是地方政府政策关注的重心，而是充分就业和社会福利的提高。而在创新国家中，地方政府主要政策是促使本地经济在国际经济体系中更具有竞争力。地方政府的关注点更多地放在地区劳动市场政策、教育培训和创新或创业政策上。

在这种新形势下，Jessop 认为，国家正在经历一种“空心化（hollowing out)”。尽管某些经济活动正在向其他相应政治组织的转移，但国家依然保留了很多重要职能。它在管理不同地区联系的方面，继续发挥着重要作用。Jessop 同时也认为，凯恩斯福利国家最终会被熊彼特式创新国家所取代，尽管目前这种过渡依然只是在进行当中。[①]

随着 20 世纪 70 年代以来全球经济形势的变化，福特制生产方式难以适应新的市场需求变化，在福特制向后福特制生产方式过渡的调整期，诸如“滞胀”和经济的低效率等一系列问题开始出现。在西方国家仍然试图用凯恩斯主义的政策方法解决问题时，最终结果必定是以失败而告终。而在资本主义国家陷入一片萧条的时候，日本丰田生产方式和意大利的集群生产却使这些国家先后摆脱了经济萧条。与新的生产方式相适应，在国家政策上，无论是日本政府还是意大利政府追求的不再是盲目的充分就业

① Bob Jessop, Post - Fordism and State, in Ash Amin (eds) *Post - Fordism: a reader*, Blackwell Publishers, 1994, pp. 251 - 280.

和福利国家政策，而是创新国家政策。

第三节

创新国家的创业或创新政策

一、国家创新体系的建立和发展

与福利国家不同，创新国家的政策重心不是公共福利支出和增加有效需求，而是通过有效促进新知识的创造及其商业化，实现产业的持续创新和柔性生产。其中建立国家创新体系和构建创业环境，是创新国家的重要内容。

1987 年，英国学者弗里曼（C. Freeman）在其著作《技术政策与经济运行：来自日本的经验》中，第一次提出了“国家创新体系”概念。他认为，历史上的技术领先国家，无论是英国和德国还是美国和日本，技术上追赶和超越都是发展国家创新体系的结果。他把国家创新体系定义为，公司、政府和其他相关机构组成的网络，通过它们的活动和相互作用，促进、引进、修改和扩散各种新技术。其中，政府政策、教育和培训、产业结构和企业研究与开发之间通过相互作用，形成一个相互关联的网络。

1997 年，经济合作与发展组织（OECD）通过对成员国国家创新体系的比较研究，发表了《国家创新体系》报告。[①] 报告认为，国家创新体系是公共和私人部门所组成的网络，这些部门的活动和相互作用决定着一个国家知识和技术扩散的能力，并影响着国家的创新绩效，创新是不同主体和机构间复杂互相作用的结果。技术变革并不以一种完美的线性方式出现，而是系统内部各要素之间的相互作用和反馈的结果。这一系统的核心是企业，是企业组织生产、创新和获取外部知识的方式。而外部知识的主要来源则是其他企业、公共或私有的研究机构、大学和中介组织。

随着创新国家的兴起和发展，科学技术在当代世界经济的发展中越来

---

① OECD：“国家创业体系”，《科技创新信息简报》，1998 年第 15 期。

越发挥出巨大的作用。在创新国家政策的引导下，各国经济竞争的焦点已经从产品竞争转变到科学技术的竞争，尤其是国家科技创新能力的竞争。为了提升本国产业的国际竞争力，各个国家和地区都根据自身发展的具体环境，建立相应的国家创新体系，例如，逆向国家创新体系、正向国家创新体系和双向连动的国家创新体系。逆向国家创新体系是以产业应用带动相关科技研发；正向国家创新体系是以科技研发推动产业发展甚至升级；双向连动的国家创新体系以知识创造为中心。

世界各国在建立和发展创新体系的过程中，能够称得上典范的是美国和日本。美国作为世界上经济最为强大和市场体制最为完善的国家，建立了正向国家创新体系。这一体系强调知识的生产、传播和应用，重视新知识、新技能和新技术生产，重点研究知识扩散、人员流动和创新指标。在美国的国家创新体系中，巨额的研发投入几乎涉及国际所有的前沿领域，企业日益成为研究、开发与创新的主体，风险投资基金广泛介入到新技术的转移和商业化过程之中，凭借强大的经济实力在世界范围内广泛吸纳科技人才。20 世纪 90 年代以来，为了建立更加强大的国家创新体系，美国制定了新的科技战略和政策，其目标是始终保持高新技术产业的优势。

与美国不同，日本建立的是强调技术创新、技术流动和经济主体相互作用的逆向国家创新体系。日本的国家创新体系由政府研究机构、企业和大学组成。大学以基础研究为主，企业以开发研究为主，政府研究机构以应用研究为主。其中，技术上的模仿和借鉴是日本国家创新体系的重要特色，它强调在引进国外的专利技术后快速消化吸收，实现第二次创新。尽管日本已经形成了自己独特的工业技术体系，但是基础性研究薄弱，缺乏原始性创新。20 世纪 90 年代以来，日本逐渐认识到国家创新体系的这一弱点，开始加强基础研究和强调原始创新。

除了美国和日本，其他欧洲发达资本主义国家在国家创新体系的建设中，取得了一些成功的经验和失败的教训。例如，俄罗斯在国家创新体系的建设上，由于体制和运行机制的弊端，呈现出高投入和低产出的恶性循环。在德国的国家创新体系建设过程中，注重政府、科研机构和企业间的合作，对世界各国国家创新体系体制建设的影响很大。

在国家创新体系的建设上，正向国家创新体系更适合技术处于领先地位的国家，例如美国。正向国家创新体系，是20世纪90年代美国国家经济繁荣的强大动力。而逆向国家创新体系则更适于技术处于相对落后的后发国家，例如20世纪60—80年代的日本。逆向国家创新体系的成功建立，已经成为以日本为代表的东亚国家和地区的经济奇迹产生的重要原因。但是，随着经济全球化和从传统经济向知识经济的转变，正向国家创新体系已经成为包括美国和欧洲在内的发达资本主义国家的一致选择。日本和韩国在经历了20世纪90年代的持续经济衰退之后，开始了向正向国家创新体系转变的政策调整。

二、创业政策

20世纪70年代以来，以美国为代表的发达资本主义国家高新技术产业发展的主体，并不是传统的大企业，而是中小创新型企业。科技创新型新企业，成为推动高新技术产业发展的源动力。因而，围绕着科技型创业活动的涌现，构建创业环境成为创新国家和国家创新体系中的重要环节。

在以美国为代表的发达资本主义国家高新技术产业的发展中，创新型中小企业发挥了至关重要的作用。美国当前大约75%以上的技术创新来自中小企业。在法国，大约2/3以上的专利是由中小企业申请的。在创新国家的建设中，政府的重要职能之一是制定创业政策，帮助和鼓励更多的科技人才创业，通过新知识的创造及其商业化，促进经济更加繁荣。

构建创业环境和制定创业政策，已经引起了政府和国际合作组织的广泛关注。从20世纪90年代中期开始，经济合作与发展组织、欧洲委员会、联合国国际发展组织及亚太经济合作组织开始研究创业活动对经济发展的贡献，探索提高区域创业活动水平的解决方案。创业政策的本质，是激励创业活动。①② 制定创业政策的作用，是减少初创企业面临的不确定性。从发达资本主义国家实施创新国家的结果看，创业政策直接影响一个国家或地区的创业活动水平。从具体的操作层面上看，在创业开始前阶

① Degadh, Jan. For a More Effective Entrepreneurship Policy: Perception and Feedback as Preconditions . *Research Center for Entrepreneurship*, Rencontres de Saint – Gall, 2004.

② Stevenson, Lois and Anders Lundstrom, *Patterns and Trends in Entrepreneurship/SME Policy and Practice in Ten Countries.* Stockholm: Swedish Foundation for Small Business Research, 2001.

段、开始阶段和开始后42个月内的创业过程中，创业政策通过设计和传递动力、技能和机会三个要素鼓励更多的创业者进行创业活动，使创业者顺利地步入创业幼儿期和早期阶段。从发达资本主义国家实施创新国家战略的实际情况看，创新国家的创业政策涉及的范围广泛，从地区到国家，从一般技术到高新技术产业领域，涵盖了政府管理、制度政策的制定、促进经济发展和进而改善贫困局面等等，其中最核心的是鼓励科技型企业的创业。概括地说，创业政策就是政府通过地区、产业和国家促进创业活动的政策。

从目前的实际情况看，创业政策具体包括的内容和措施非常广泛，Kayne and Jay 从新企业创生和成长的角度看，把创业政策划分为五种类型：创业共识，税收和制度环境，资金的获取尤其是创业初期的权益资本，创业教育和知识资本。① 从支持创业者和完善创业环境的角度出发，创业协会提出六项促进创业的政策：② 第一，建立创业社团，主要协助创业者参与决策制定以及通过改善地区制度的政策使人们更易于创建企业；第二，创造竞争优势；第三，开展创业教育；第四，提供金融支持；第五，进行网络建设，主要是通过与其他地区建立网络关系获取新的市场机会；第六，开展有形基础设施建设，通过建设学校、交通运输和通信设备等措施，为顾客提供产品服务，促进地区经济发展。芬兰贸易与产业部提到的创业政策涉及五个方面：第一，创业教育、培训和咨询。创业教育主要围绕如何实施创业活动来展开，通过创业教育与培训提高创业者的创业技能，吸引更多的人把创业当成职业来选择。而咨询服务主要针对那些需要帮助的创业者展开的；第二，创业初期、成长阶段和全球化过程。这一政策主要通过金融支持，促进女性创业和融资等项目增加小型和中型企业的数量，提高它们的国际竞争力；第三，税收政策；第四，地区创业。指由于地区自身条件的不同，需要根据该地区的具体情况作出判断，进行合理的资源分配；第五，法律制度。通过建立完善的法律体系来完善创业活

① Jay Kayne, State Entrepreneurship Policies and Programs, Kansas City, Mo.: Kauffman Center for Entrepreneurial Leadership, November 1999, 3.

② Association for Enterprise Opportunity (AEO), Microenterprise Development in Rural United States, 2003, http://www.microenterpriseworks.org/microenterpriseworks/files/.

动的条件。

Thom Rubel and Scott Palladin 对美国创业政策展开了深入的研究，指出目前美国的创业政策主要包括以下几个方面的内容：改善获得资本的途径；提供技术援助；精简证券监管；提高国家环境管理和许可证；实施监管改革，建立知识能力创新的州立大学；创建产业集群，提高国家税收环境；改善创业教育；接触企业家和认识到创业企业的重要性。[①]

本章的分析表明，与资本主义生产方式从福特制向后福特制的演化相适应，当代资本主义的政府干预开始从福利国家向创新国家转变。为了适应后福特制的柔性生产和持续创新，西方发达国家在20世纪90年代开始了构建创新国家的步伐。创新国家主要包括两个方面的内容：建立国家创新体系和构建创业环境。

在建立国家创新体系的过程中，由于受到各国经济发展状况和具体国情的影响，出现了不同的类型。其中，美国和日本分别代表了正逆向两种类型国家创新体系的成功典范。如何在全球金融危机条件下，建立和发展具有中国特色的自主创新道路，是中国学者必须深入思考和研究的问题。创业环境的构建，主要集中于为中小科技创新型企业的创生和发展提供良好的政策支持。从目前发达资本主义国家的经验看，对中小科技型企业的政策支持，是发展高新技术产业的重要途径。

① Thom Rubel and Scott Palladino. , Nurturing entreprenurial growth in state economies, 2000, http: // www. nga. Org /cda/files/entrepreneur. pdf.

第十一章

新自由主义制度结构与当代资本主义新一轮经济危机

20世纪70年代以来，福特制大规模标准化生产方式的危机和凯恩斯福利主义国家政策所造成的经济“滞胀”和萧条，迫使当代资本主义经济制度进行自我调节，从而引发了新一轮经济转型。在20多年的发展中，从调节主义向新自由主义制度结构的转变，是以美国为代表的发达资本主义国家制度结构演化的基本趋势。新自由主义制度结构形成和发展推动了发达资本主义国家高科技产业的发展和经济全球化进程的加快，创造了20世纪90年代的“新经济”。但是，当代资本主义经济制度的演变并没有从根本上改变资本主义经济和社会的基本矛盾。随着新自由主义制度结构内在矛盾的积累，资本主义的新一轮经济危机和萧条正在酝酿。2008年秋季以来爆发的全球金融危机，是新自由主义制度结构内在矛盾和冲突的初步表现。

第一节

从调节主义到新自由主义的制度结构

一、生产方式及其与之相适应的制度结构

在本书的导论和第一章中，作者曾经指出，与西方主流经济学分析范式不同，经典马克思主义政治经济学试图通过对资本主义生产方式内在矛盾的分析和考察，揭示资本主义经济和社会的发展趋势。以占主导的生产方式的演变为依据，资本主义的发展历史可以划分为三个阶段：自由资本主义时期、福特制资本主义时期和后福特制资本主义时期。在不同的历史阶段，占主导的生产方式及其与之相适应的制度结构，共同构成了特定的资本主义经济形态。资本主义的经济发展、繁荣和萧条，是经济活动内在矛盾运动的结果。对特定发展阶段资本主义经济活动内在矛盾的分析，是揭示资本主义经济危机产生和发展的根本途径。

自由主义资本主义时期占主导的生产方式，不仅包括单件生产而且包括以工厂制为基础的机器生产。福特制生产方式的基础为大规模标准化生产和由一组支薪经理为主导的公司制，后福特制生产方式的特征则表现为柔性专业化生产和以创业或创新为主导的新公司制。对生产方式的分析要回答的是人类如何生产和消费，但是资本主义生产的社会化和私人占有之间的矛盾却决定了资本主义生产并不是为了满足消费，而是为了实现资本积累。由生产方式的社会性质所决定，在资本主义生产方式运行中，存在着两类矛盾和冲突：劳动与资本之间和资本之间的矛盾和冲突。两种类型的矛盾和冲突，最终影响到总需求和总供给的平衡和经济的稳定性，并引发资本主义经济危机和萧条。调节两类矛盾和冲突的基本经济机制是市场和政府，适应两类矛盾状态的调节机制构成了资本主义制度结构。资本主义制度结构一方面是资本主义生产方式的本质表现，另一方面又对生产方式进行调节，是资本主义经济运行和发展的基础和框架。

在资本主义不同的历史发展阶段，与占主导的生产方式相适应，资本主义的制度结构是不同的。其中福特制的制度结构强调国家干预，被称为调节主义的制度结构，而自由资本主义和后福特制制度结构更加强调自由市场机制的作用，被称为自由主义的制度结构。与自由资本主义时期的制度结构不同，后福特制建立在对大规模标准化生产的继承和批判基础之上，是一种自由主义的新形态，被称为新自由主义制度结构。

与具体的生产方式相适应，调节主义和自由主义的制度结构的区别主要表现在四个方面：劳动组织和劳动与资本之间的关系；生产组织和资本之间的关系；国家干预或国家与经济之间的关系；与生产方式的本质要求相适应的占主导的意识形态。调节主义的制度结构强调劳动与资本之间的合作和妥协，生产组织的寡头垄断结构和资本之间的合作竞争关系，积极的国家干预和福利国家政策，承认政府在经济发展中的作用和对市场缺陷的警惕。而自由主义的制度结构则强调资本对劳动的主导地位，资本之间的自由或强制竞争，弱化国家干预和强调自由市场机制对经济的调节作用。

二、福特制、调节主义的制度结构和资本主义经济发展的“黄金时代”

在资本主义经济发展史中，1929—1933 年大危机之前的制度结构是自由主义的。新古典经济学的市场价格理论，是传统自由主义制度结构的理论基础。新古典经济学认为，在没有政府干预的情况下，无论一国经济还是全球经济的运行都会像价格理论中完全竞争模型所描述的那样有效率。在没有管制的经济中，完全的市场竞争决定的价格变化和盈利信号将引导社会资源配置到最有效率的生产领域中去。在完全竞争市场条件下，企业可以自由地进出某一行业。要素市场同样是有效率的，在市场均衡状态下，就业是充分的，现有的生产能力得到了完全的释放。在这种条件下，萨伊定律是有效的，总供给自动创造总需求。在充分就业的条件下，唯一必要的宏观政策目标是控制通货膨胀，而有效控制通货膨胀的政策工具不是凯恩斯主义所倡导的财政政策，而是由市场内生的单一货币政策。

资本主义经济发展的历史一再证明，单纯市场机制调节下的经济运行是缺乏稳定性的，市场有效运行必须借助政府的参与和干预。在自由主义的制度结构下，经济活动的不确定性来源于自由市场机制作用下两类矛盾和冲突的激化。在自由市场机制的调节下，劳动和资本关系的主导力量是资本，资本对利润最大化的追求、资本有机构成的提高和工资收入水平的相对下降，导致社会有效需求不足。同样地，在自由市场机制的调节下，资本之间的关系更多地表现为激烈的强制竞争，因为资产的专用性，企业难以自由地进入和退出某一行业，超额生产能力是强制竞争的必然结果。因而，两类矛盾和冲突激化的结果，必然带来生产过剩的经济危机。生产过剩的经济危机，是自由主义制度结构的必然产物。

在自由主义制度结构的调节下，两次世界大战之间数十年经济发展的重大教训是：绝不能把世界经济和政治的命运托付给缺乏管制的自由市场经济体制，这是一条导致全球经济动荡、萧条和政治混乱的道路。①

第二次世界大战之后，以美国为代表的发达资本主义国家的制度结构开始从自由主义向调节主义转变。新的制度结构强调政府在经济活动中的作用，强调市场经济的有效运行必须借助政府干预。在劳动和产业组织方式上，调节主义的制度结构强调核心产业中大企业之间的合作竞争或寡头垄断产业组织结构的建立，强调企业和产业工会的作用，增加工人通过集体谈判提高工资水平的能力。实施福利国家政策，通过医疗和失业救助制度，使工人阶级享受更多的社会福利。福利国家政策和工会组织的广泛存在，缓和了劳动与资本之间的矛盾，增加了社会的有效需求。大企业之间的合作竞争，减弱了资本之间的对抗。两类矛盾的缓和为资本积累提供了稳定的再生产和扩大再生产的有利条件。同时，在美国的主导下，布雷顿森林体系的建立和完善为国际经济活动提供了一个稳定发展的条件。因而，福特制调节主义制度结构建立后的1948—1973年，在长达25年的时间内，以美国为代表的发达资本主义国家获得了稳定而持续的经济增长，被称为资本主义的“黄金时期”。②

---

① James Crotty, Structural Contradictions of Current Capitalism: A Keynes - Marx - Schumpeter Analysis, 2001, P: 2, *Working Paper*, University of Massachusetts, Amherst.

② 联合国的研究表明，全球 GDP 的年增长率，20 世纪 60 年代达到了 5.4%，70 年代为 4.1%，80 年代和 90 年代则分别为 3% 和 2.3%。作为 OECD 的经济学家，Maddison 的研究表明，美国“黄金时期”的 1950 - 1973 年，GDP 年均增长率为 4.9%，1973 年之后，开始下降。参见，Maddison, Angus, *Monitoring the World Economy* 1820 - 1992, 1995, Paris: Organization for Economic Cooperation and Development.

调节主义的制度结构之所以带来了第二次世界大战之后资本主义经济长达25年的稳定增长，其内在机制主要表现在以下几个方面：

1. 大企业的合作竞争和寡头垄断替代了完全市场竞争，减弱了市场机制调节经济的缺陷，使经济呈现出稳定运行的状态。

根据新古典经济学的观点，市场机制是社会经济唯一有效的调节机制，对市场的任何干预都会降低经济活动的效率，完全竞争的市场结构是最有效率的。但是新古典经济学对完全竞争市场结构的描述是非现实的。因为现实中的企业，尤其是福特制大规模生产企业不可能像完全竞争模型中描述的那样自由地进入和退出某一行业，按照边际收益等于边际成本的生产条件决定产量。在福特制大规模生产条件下，规模经济和报酬递增支配着全球经济活动中占主导的产业活动，除非生产水平接近潜在生产能力，边际成本不可能随着产量的增加而上升。在大多数情况下，在规模经济和报酬递增规律的支配下，企业的边际成本常常保持不变甚至持续下降。而合理的盈利水平是资本长期积累的条件，如果按照完全竞争市场假设的企业在边际收益等于边际成本的条件下生产，不仅会带来巨量的超额生产能力，而且使企业陷入低利润或无利润的困境。此外，在福特制大规模生产条件下，企业的大量投资都是专业性的或刚性的，当市场条件恶化时，企业很难自由退出市场。在完全竞争市场条件下，超额生产能力和经济的不稳定将是资本主义经济运行的常态。

大企业的合作竞争和寡头垄断的市场结构，有助于福特制大规模生产和经济运行的稳定。合作竞争和寡头垄断的市场结构增强了经济的计划性，使竞争保持在一个合理的范围内。同样，合理的利润不仅使企业能够从事更多的研发活动，而且为工会的集体谈判和工资收入的增长提供了空间。

2. 工会作用的加强、工资的集体谈判制度和福利国家，在缓和劳资矛盾和冲突的同时，增加了社会有效需求，使总供给和总需求保持在一个相对均衡的状态。

3. 在福特制大规模生产条件下，大企业的实际支配者为职业的支薪经理阶层。经过19世纪和20世纪之交出现的所有权和管理活动相分离的管理革命，生产活动实际管理者的利益主要来自生产管理，而资本所有者的利益不仅来自生产领域，更重要的是来自金融部门。传统资本家阶级或资本所有权，往往通过证券市场和资本的金融市场控制生产和实现所有权。而在调节主义的制度框架下，对金融市场的一系列管制，抑制了资本家在金融市场上实现所有权的能量，使金融市场处于一个相当稳定的状态。

4. 国际货币的布雷顿森林体系，为国际经济活动提供了一个稳定发展的平台。第二次世界大战之后，尽管布雷顿森林体系助长了美国的霸权主义，但是却抑制了金融膨胀和限制了资本在国际间的自由流动，减少了金融资本在国际市场上的投机行为。

总之，在第二次世界大战之后的1948—1973年的25年间，与福特制大规模生产相适应的调节主义的制度结构，通过对劳动与资本和资本之间矛盾和冲突的调节，有效地缓解了社会总供给与总需求的矛盾，为资本积累提供了稳定的条件，促进了资本主义经济的长期增长和发展。

调节主义的制度结构在带来当代资本主义经济长达25年的增长和繁荣之后，内部矛盾的积累和外部环境的冲击，使其在20世纪70年代出现了结构性危机。[①] 调节主义的制度结构内部矛盾的积累，主要指劳动与资本和资本之间新的矛盾和冲突的不断激化。尽管调节主义的制度结构缓和了劳动与资本和资本之间的冲突，却造成了生产的低效率、刚性和欧美老牌资本主义国家企业和产业国际竞争力水平的下降。调节主义的制度结构条件下生产效率的降低主要表现在两个方面：一是工会组织的强大、工资的稳定增长、管理的官僚主义、社会福利和税收的增加，增加了企业和产业的生产成本；二是对资本之间竞争的抑制，削弱了企业的创新动力。产业管制范围的扩大，抑制了中小企业，尤其是中小型创新企业的涌现和发展。20世纪70年代的石油危机和以日本为代表的新兴资本主义国家的兴起，引发了发达资本主义国家的结构性经济危机和萧条，开始转入调整或转型期。从1973—1981年，在长达7年的经济转型期内，新自由主义的

① 克鲁格曼认为，战后的经济大繁荣在20世纪70年代的经济危机中结束，发生危机的起因是油价的上涨、通货膨胀失控、生产率的下滑。参见，保罗·克鲁格曼：《美国怎么了？一个自由主义者的良知》，中信出版社2008年版。

制度结构开始孕育和形成。

第二节

新自由主义制度结构的内在矛盾和新一轮经济危机的孕育和爆发

一、新自由主义及其制度结构的兴起

对于新自由主义及其制度结构的兴起，一般的观点认为是新的科技革命和经济全球化的结果。针对这一流行的观点，保罗·克鲁格曼把新自由主义的兴起归结为欧美发达资本主义国家内部政治势力的消长变化，“在20世纪70年代，那些执意要将‘新政’成果逆转的右翼激进分子接管了共和党，与民主党之间产生了鸿沟，而民主党人则成为真正的保守派，成为长期存在的平等制度的保卫者。极右派的掌权加剧了不平等状况：增强了商界的胆量，使其敢于向工会运动发起全面进攻，从而大大削弱了工人议价的力量；将企业的执行层从旧日对其薪酬的政治与社会约束中解放出来；急剧削减了针对高收入的所得税率，如此等等。”① 在这里，克鲁格曼描述的实质上只是新自由主义制度及其政治势力的兴起的过程，而不是它的经济根源。

新自由主义制度的兴起，必定要借助某种新兴的政治势力，但是其兴起的根源却来自20世纪70年代以来生产方式的新变革及其对新的制度结构的变革需求。20世纪70年代发生的石油危机，只是压倒福特制大规模生产方式的最后一根稻草。福特制大规模生产持续存在和发展的前提，是大规模标准化生产与大规模消费的对应。因而，在福特制条件下，对有效需求不足的调节是调节主义制度结构的重要内容。20世纪70年代以来，

① 保罗·克鲁格曼：《美国怎么了？一个自由主义者的良知》，中信出版社2008年版，第4页。

随着大众社会阶层收入水平的提高，人们的消费行为和需求发展了重大改变，即从大规模标准化产品向个性化和多样化产品消费和需求的转变。福特制大规模生产的标准化和刚性化，难以适应消费需求的新变化。有效需求不足已经不再是社会经济积累和发展的主要矛盾，制度调节的重心已经悄然转向如何使生产适应新的消费需求变化。而继续调节有效需求的政府干预政策，无法适应新的生产方式变革的需求，带来的只能是经济“滞涨”。

针对凯恩斯主义政府干预或调节政策的失效，20 世纪 70 年代以来，以弗里德曼为代表的新自由主义学者开始对凯恩斯主义展开了一系列的批判，在西方发达国家推行自由主义的政策主张。随着经济全球化进程的不断加快，新自由主义在全球范围内得到了广泛的推广，成为具有广泛影响力的政治和社会思潮。

新自由主义经济政策主张的主要内容，是更少的政府支出，更少的税收，更少的财政赤字，更少的货币扩张，更少的政府干预。① 具体表现为：（1）强调摆脱政府任何干预的自由市场调节。要求把私人企业从政府和国家的任何束缚中解放出来，贸易和投资的更加开放，放弃对物价的控制；（2）放弃福利国家政策，削减教育、医疗等社会公共服务支出，削弱工会力量，甚至减少政府对公共交通等基础设施的投资；（3）放松管制和减税。减少任何可能影响企业利润增加的政策管制，包括放松对工人工作环境安全的规定；（4）私有化，把包括银行、铁路、电力、学校和医院在内的国有企业出售给私人；（5）放弃“公共物品”或共同体等有关社会责任的概念，强调所谓的“个人责任”，要求以个人自助的方式解决医疗保健、受教育机会和社会保障等问题；（6）经济全球化，倡导自由主义的贸易政策，主张资本、商品和服务在全球范围内的自由流动。

从现实的角度看，新自由主义的政策主张在某些方面适应了后福特制生产方式变革的要求。20 世纪 70 年代，现实经济运行的主要矛盾不再是有效需求不足，福特制大规模生产已经无法满足消费者对个性化和多样化

① 胡代光：“评析新自由主义倡导的政策实施问题”，《福建论坛·人文社会科学版》，2004 年第 3 期。

的消费需求。从供给，而不是从需求的角度进行政策变革和调整是现实新的经济发展的需要。新自由主义的放松管制、减税和创新国家等政策，有利于缓解以美国为代表的发达国家的国内经济问题和通过新技术的引进和创新适应消费者需求的新变化。

1. 以规模经济为主导的大公司，是新自由主义和全球化的基本推动者。20 世纪 70 年代之前，在稳定的国内市场和“冷战”国际关系条件下，美国的大公司缺乏国际化的强烈动机。而 20 世纪 70 年代之后，“冷战”的结束、国际环境的改变和来自日本企业的竞争压力，迫使他们产生了对外扩张的强烈冲动。在新的条件下，以美国为主导的发达国家的大公司通过广泛的外包、供应链管理、OEM 和合资等形式，加速了对外扩张的步伐，成为经济全球化的重要力量。为了实现新的全球扩张需要，跨国公司一方面在国内要求政府放松管制和政府干预，解除政府管制对其组织、设计、生产、销售和资本运作等方面的束缚；另一方面要求通过国家的力量消除国际经济活动中的关税和非关税壁垒，建立一个自由化的全球市场和经济秩序。

2. 实行新自由主义政策，可以缓解政府在公共福利方面的巨大开支和解决国有企业的低效率问题。第二次世界大战之后福利国家政策的长期推行，尽管保持了经济的长期稳定和增长，却造成了国家在公共福利开支方面不断增加的负担。尤其是 20 世纪 80 年代之后，在日本等新兴经济体的竞争冲击面前，巨大的公共福利开支和对低效率国有企业的补贴，已经严重影响到欧美等老牌资本主义国家的国际竞争力。

3. 新自主主义政策和制度结构有利于中小企业和高科技产业的发展。从产业发展的规律看，与已经成熟的从事标准化生产的产业不同，新兴产业的主体是创新型中小企业。创新型中小企业的发展，需要一个相对宽松的自由竞争的市场和政策环境。企业之间的自由竞争，而不是严格政府管制下的寡头垄断，可以提高企业创新的积极性。此外，创新型中小企业对员工的需求也不同于从事大规模标准化生产的大企业，它既要员工具有从事高科技产业的素质和更强的创业精神，又难以保证员工拥有完善的福利和较高的稳定收入。放松管制和减税，有利于创新型中小企业的发展和高新科技产业的兴起和快速成长。

在新的历史条件下，新自由主义政策的推行不仅为了提高发达资本主义国家国内经济效率的提高、缓解政府的财政支出压力和消除经济“滞胀”，而且成为推动新一轮经济全球化和新技术产业化的重要力量。通过1989年达成的“华盛顿共识”，新自由主义成为新的国际经济秩序建立的主导思想和力量。在新自由主义思潮的推动下，国际货币基金组织、世界银行和其他国际机构，成为以政府角色最小化、快速市场化和自由化为内容的全球经济新秩序的主要推动者。

因而，新自由主义及其制度结构的产生，与凯恩斯主义国家干预政策的失灵有关，其中，政治力量的消长变化起到了推波助澜的作用。但是，新自由主义及其制度结构产生的根本原因是后福特制生产方式的兴起，后福特制生产方式的发展本身需要一个包括经济全球化自由市场化在内的新的经济秩序。但是，新自由主义及其制度结构只是在一定程度上适应了后福特制生产方式兴起和发展的要求。随着后福特制生产方式变革的深入展开，以信息技术为主导的网络泡沫和金融泡沫的出现，新自由主义及其制度结构的局限性开始显现出来。

二、新自由主义制度结构的内在矛盾及其表现

新自由主义的兴起及其制度结构的形成，在一定程度上适应了资本主义生产方式从福特制向后福特制转变的要求。对当代资本主义经济发展的积极作用主要表现在两个方面：一是促进了以美国为代表的发达资本主义国家高新技术产业的迅速发展。20世纪80年代以来，以信息技术为主导的高新技术产业的兴起和发展的主体不再是生产型大企业，而是新兴的中小科技企业。放松管制和促进企业之间的自由竞争，是激发企业创新活力的基本条件；二是促进了经济全球化的发展和深化。新的经济全球化浪潮不仅符合发达资本主义国家和大企业全球扩张的需要，也符合后发国家吸引外商投资和利用发达国家传统产品市场的要求。发达国家大企业的全球扩张，不仅有效地利用了后发国家的资源，而且带来了一定的技术扩散效应。通过产业转移和升级，发达国家对传统产品的生产主要依赖后发国家，带动了后发国家经济的增长和发展。

因为新自由主义的制度结构并不能完全适应后福特制生产方式变革的

要求，随着高科技产业的发展和经济全球化进程的不断加快，新自由主义制度结构的内在局限性开始显现，其内在矛盾的发展孕育着资本主义经济新一轮危机的爆发。其中最为重要的指标，是全球经济增长速度的放缓和生产能力的过剩。① 而全球经济增长速度放缓和生产能力的过剩，来源于新自由主义制度结构下资本主义基本矛盾的发展和激化。

1. 劳资矛盾和有效需求不足。后福特制的柔性生产不仅要求劳动者是高素质的，而且要具有更强的风险和创业意识。这首先是因为高科技产业是知识密集型和高风险的，其次是因为发达国家传统资本密集型产业的转移和结构升级。在发达国家传统资本密集型产业的全球转移过程中，造成低技能工人的失业，放松管制、削弱工会力量和公共福利开支的减少进一步加重了国内的失业问题。当经济繁荣时，问题还不突出，一旦出现经济萧条，社会福利支出的降低和失业，将造成有效需求不足，并引发社会冲突。

2. 资本与资本之间的矛盾和全球生产能力的过剩。在调节主义的制度结构下，产业组织的基本形态是寡头垄断型的，企业之间是合作竞争的关系。在政府的有效管制下，产业的发展是稳定增长的。而在新自由主义制度结构下，管制的放松和经济全球化，引发了企业之间的激烈竞争和生产的全球扩张。在速度经济居支配地位的高新科技产业领域，企业之间的激烈竞争有利于推动技术创新和进步，而在规模经济主导下的传统资本密集型产业，企业之间的激烈竞争和生产的全球扩张，则将导致产能的严重过剩。

3. 股东利益至上的资本所有者与管理者的激励相容和金融泡沫。大规模标准化生产方式确立以来，资本所有权与经营权的分离、支薪经理层的出现和掌握控制权，引发了企业治理结构的变革。在支薪经理的控制下，企业经营活动的主要内容是生产性的。资本所有者的资本所有权的主

① OECD 的相关研究表明，全球实际 GDP 的年增长率从 20 世纪 70 年代中期开始，是不断下降的，1950－1973 年为 4.9%，而 1973－1998 年则为 3%，下降了 39%。另据《商业周刊》和《经济学家》的报道和分析，全球市场到处都是供过于求，销售与生产能力之间的差额处于 20 世纪 30 年代以来的最大值。参见，王朝明、陈强编：“新自由主义与全球生产能力持续过剩”，《国外理论动态》，2004 年第 11 期。

要实现形式并不在生产领域，而是在金融领域，表现为股票等金融工具的交易和投机，资本所有权利益的实现逐渐与生产活动相分离。调节主义的制度结构对金融市场的管制，抑制了资本所有权现实的空间和范围。而在新自由主义的制度结构下，对金融市场管制的放松，扩大了资本所有权获利的空间。资本所有权则通过对支薪经理实施股票和期权激励的方式，使支薪经理同样追求企业的金融市场价值。金融市场管制的放松和资本与管理层对资本所有权的追求，导致了金融和其他资本泡沫的出现和放大。

4. 创新国家政策在推动了高新科技产业发展的同时，减少了其他的公共福利开支，使有效需求不足加剧。从 20 世纪 80 年代以来美国的政府行为看，对新自由主义制度结构的推行，主要是强调自由市场机制的调节作用和放松管制，但并不意味着政府行为的整体弱化。在新自由主义的制度结构下，以美国为代表的发达国家政府干预的重点放到了构建国家创新体系和实施创新国家战略。例如，20 世纪 80 年代的美国对信息高速公路建设和基础研究及应用研发政府投入的持续增加。对高科技产业和基础研究投资的增加是正确的，但对其他公共福利开支的减少，将造成有效需求不足的加剧。

5. 以美国为主导的经济全球化，在带来经济发展的同时造成了全球经济的新的不平衡。20 世纪 80 年代以来的新一轮经济全球化浪潮，是以美国为主导的。全球商业和资本的自由流动和定价的基础是美国的国库券本位制。美国经济利用美国国库券本位制获得巨大好处的同时，其自身的政策和经济稳定性成为决定全球经济走向的关键变量。尽管国际货币基金组织和世界银行对全球经济活动有重大影响，新自由主义的政策主张使其无法改变全球经济发展的上述格局。在经济全球化过程中，自由主义政策对全球金融市场管制的放松，导致资本的自由流动和投资行为的增强，打乱了发展中国家政府主导的相对独立的经济发展政策，使全球经济陷入了不稳定状态。

在新自由主义制度结构下资本主义经济内在矛盾运动的结果，是全球生产能力的过剩和有效需求不足，最终将演变为一场全球经济危机。2001 年之后，随着以美国为代表的信息网络技术的成熟和垄断企业的出现，网络经济泡沫开始破灭，新自由主义制度结构对高科技产业的推动作用逐渐减弱。而有效需求不足和全球生产能力过剩，逐渐成为制约当代资本主义经济发展的决定变量。新自由主义制度结构对经济的调节作用走到了尽头，对新自由主义制度结构的坚持和放任，孕育着新一轮经济危机的爆发。

三、全球金融危机发生和发展的制度根源

2008年秋季爆发的全球金融危机发端于美国的次贷危机。随着资本主义生产方式从福特制向后福特制的成功转型和新自由主义制度的建立和调节作用的发挥，直到2006年年初，美国和世界经济仍然保持着一派繁荣景象，集中表现为零售业的销售额稳定增长，生产持续增加和劳动力市场接近于完全就业的水平。但是到了2007年年初，这一切被迅速打破。

2006年2月以后，美国房屋的销售量开始逐渐下滑，不良抵押贷款的比例逐渐提高，尤其是信誉级别低的次级贷款违约的风险上升。2007年2月，美国最大的次级房贷公司开始减少放贷，发布亏损预警报告。2007年7月，美国著名的投资银行贝尔斯登宣布其旗下的次级债对冲基金因卷入次级债市场而出现巨额亏损。消息一经证实，次级债迅速贬值，次贷危机开始出现。次级债的贬值使美国最大的银行巴林银行出现巨额损失。2007年8月，美国最大的商业抵押贷款公司的股份开始暴跌，次贷危机开始恶化和蔓延，并引发了亚太股市的剧烈振荡。

2008年初，受政府支持的美国最大的两家住房抵押贷款公司房利美和房地美的债券开始被大规模抛售，美国房地产市场开始全面崩溃。2008年3月11日，贝尔斯登宣布破产。3月18日，零售业销售的萎缩、工业产出的下滑和失业率的增加，迫使美联储连续大幅降息，房地产和整个经济之间开始因相互作用而出现恶性循环的趋势。2008年8月，美国哥伦比亚银行、雷曼兄弟和美林银行的先后倒闭，次贷危机开始转化为金融危机。美国金融危机的发生影响到全球商品市场，引发了以石油和铁矿石等大宗原材料和能源价格的大幅下降。发生在美国的金融危机逐渐影响和扩散到包括发达经济体和新兴经济体在内的全球经济。发生在美国的次贷危机，通过金融市场和全球贸易的放大，最终演化为全球金融危机。因为全球金融危机对全球经济的影响范围广强度大，被西方媒体称为1929—

1933 年以来世界最为严重的危机。

全球金融危机发源于美国的次贷危机，但是从其发生的制度根源看，罪魁祸首却不是次贷危机，而是新自由主义制度结构下经济活动内在矛盾的激化。

由金融泡沫引发的次贷危机，是新自由主义制度结构调节下投机行为盛行的必然结果。我们在前面曾经提到，资本所有权更多地通过金融市场来实现。在资本所有者看来，资本的使用只有两个方向：一是向生产性领域投资；二是在金融市场投机。其中，只有第一种向生产性领域的投资才能带来工人工资的增长和增加有效需求。对金融市场的管制放松和企业治理结构的股东利益至上，必然导致投机行为的增加。新自由主义制度结构建立以来，金融泡沫的出现和发展大大增加了发达国家虚拟资本收益在收入中的份额。20 世纪 80 年代以来，美国股市基本上呈现出上升趋势，1999 年，美国的虚拟资本收益已经占到了全部家庭收入的 50% 以上。

例如，次贷危机的风险积累始自 2001 年的“9·11”事件。“9·11”事件发生后，美联储为了应对信息网络技术泡沫的破裂可能造成的经济衰退，连续降息到 1%。在低利率的刺激下，美国国内的货币供应猛增，购房成本下降，房地产市场开始逐渐繁荣。对金融市场的管制放松，使以次级抵押贷款市场开始迅速发展和扩张，通过按揭贷款公司、投资银行、各类基金、信用评级公司和信用保险公司等一系列金融机构的金融创新支持，最终把房地产投机行为转化为金融市场的投机行为和金融市场的泡沫。2003 年 6 月至 2006 年 6 月，美联储担心泡沫扩大而连续 17 次提高联邦基金利率时，房地产贷款的违约行为开始出现，最终引发了次贷危机和全球金融危机。

新自由主义制度结构对劳资和资本之间矛盾的调节，引发了新一轮有效需求不足和全球生产能力的过剩。新一轮有效需求不足主要是因为新自由主义制度导致的全球工资收入和就业增长缓慢造成的，例如，对工会和集体谈判制度的抑制，私人生产性投资、政府公共投资和公共开支的减少。全球生产能力的过剩则是市场管制放松和倡导资本之间自由竞争的结果。20 世纪 70 年代以来，在新一轮经济全球化中，全球贸易和投资的主要产业是汽车、电子、半导体、石化和钢铁等受规模经济支配的领域。商品、服务和资本的全球自由流动，引发了这些产业在全球的扩散和发展，使企业的自由竞争不仅表现在国内，更重要的表现在国际范围之内，最终导致这些产业产能在全球范围内的过剩。有效需求不足和全球生产能力的过剩，最终使全球金融危机演化为全球经济危机。

新自由主义主导下的世界货币金融体系，有利于美国转嫁危机，并使全球经济危机进一步加深。1976 年国际货币基金组织在牙买加首都金斯敦会议达成的《牙买加协定》，最终确立了美国国库券本位制的国际货币体系。从 20 世纪 70 年代开始，美国不断通过发行国债弥补其国际收支中日益严重的贸易赤字，美国公共债务大规模增加。在这一国际货币体系的支持下，美国在制造全球通货膨胀的同时保持了自身的经济增长。更为重要的是，当金融危机发生时，美国可以通过制造通货膨胀，转嫁危机，把国内危机转化为全球经济危机。

本章的研究表明，当前全球金融危机的深层次根源是新自由主义制度结构。新自由主义制度结构的出现，发源于福特制危机和向后福特制转变过程中凯恩斯主义国家干预政策的失效和经济“滞胀”。新自由主义的制度结构只是部分地适应了后福特制生产方式变革的需要。由资本主义社会的基本矛盾所决定，新自由主义制度结构难以从根本上适应后福特制生产方式变革的需求。新自主主义制度结构促进了以美国为代表的发达资本主义国家高科技术产业的发展，对知识经济的诞生和经济全球化起到了某些积极作用。但是，对国家干预的曲解和放弃，对劳动力量的抑制、对资本所有权的依赖和对金融市场的管制放松，最终导致了新的有效需求不足和生产能力的全球过剩。因而，新自主主义制度结构是全球金融危机的制度根源。是否会出现新的调节主义制度结构，则取决于当代资本主义内在矛盾的积累和发展趋势。

参考文献

[1]［美］阿林·杨格著，贾根良译：“报酬递增与经济进步”，《经济社会体制比较》，1996 年第 2 期。

[2]［美］阿玛尔·毕海德著，魏如山、马志英译：《新企业的起源与演进》，中国人民大学出版社 2004 年版。

[3]［美］安纳利·萨克森宁著，曹蓬、杨宇光等译：《地区优势：硅谷和 128 公路地区的文化与竞争》，上海远东出版社 1999 年版。

[4]［美］彼得·F. 德鲁克：“新型组织的出现”，载《知识管理》，中国人民大学出版社 1999 年版。

[5]［美］B. 约瑟夫·派恩著，操云甫译：《大规模定制——企业竞争的新前沿》，中国人民大学出版社 2000 年版。

[6] 布鲁斯·汉德生、乔格·拉科著，孙强毅等译：《精益企业》，上海科学技术文献出版社 2000 年版。

[7] 蔡建华、李刚、杨莹：“精益化生产方式体现的管理新思想”，《西南交通大学学报（社会科学版）》，2002 年 12 月第 3 卷第 4 期。

[8] 常志霄：“‘演进经济学’的新演进”，《经济科学》，2004 年第 4 期。

[9] 崔继耀编著：《单元生产方式》，广东经济出版社 2005 年版。

[10] [日] 大野耐一著，谢克俭、李颖秋译：《丰田生产方式》，中国铁道出版社2006年版。

[11] [美] D. 琼斯、J. 沃麦克、D. 鲁斯著，沈希瑾等译：《改变世界的机器》，商务印书馆出版社1999年版。

[12] 但斌：《大规模定制—打造21世纪企业核心竞争力》，科学出版社2004年版。

[13] 段文斌：《分工、报酬递增和企业制度》，天津人民出版社1998年版。

[14] 段晓峰、赵六奇、朱耀祥、叶波："基于精益生产的制造单元重组设计"，《工业工程》，1998年第1期。

[15] 方玉琴、汪少华、裘明军："内生型集群成长及动力分析：以浙江市场主导集群为例"，《科技管理研究》，2006年第5期。

[16] 傅梦孜、谷文艳："美国经济的发展变化及其启示"，《世界经济》，1999年第3期。

[17] 高峰：《发达资本主义国家经济增长方式》，经济科学出版社2006年版。

[18] 高晓红："经济增长理论：马克思与西方学者之比较"，《生产力研究》，2004年第6期。

[19] 龚薇："经济增长理论的分析、比较与综合"，《学术争鸣》，2006年第6期。

[20] 郭红伟、钱省三："IE在CELL生产方式中的应用"，《工业工程》，2003年第6期。

[21] [美] 亨利·切萨布鲁夫著，金马译：《开放式创新——进行技术创新并从中赢利的新规则》，清华大学出版社2005年版。

[22] 胡海峰："福特主义、后福特主义与资本主义积累方式"，《马克思主义研究》，2005年第2期。

[23] 胡乃武、金培：《国外经济增长理论比较研究》，中国人民大学出版社1990年版。

[24] 黄根喜："日本经济衰退的现状、原因及思考"，《世界经济》，2004年第3期。

[25] 黄群慧："制造企业管理模式：国际发展趋势与我国创新状况"，《中国工业经济》，2003年第4期。

[26] 霍春辉：《动态竞争优势》，经济管理出版社2006年版。

[27] 霍艳芳、齐二石、史自力："借鉴日本汽车经验"，《中国汽车报》，2004年5月18日，第2版。

[28] [美] 杰弗瑞·莱克、戴维·梅尔著，李芳龄译：《丰田汽车精益模式的实践》，中国财政经济出版社2006年版。

[29] [美] 杰弗瑞·莱克著，李芳龄译：《丰田汽车案例——精益制造的14项管理原则》，中国财政经济出版社2004年版。

[30] [美] 杰里·W. 吉雷，安·梅楚尼奇著，康青译：《组织学习、绩效与变革 战略人力资本开发导论》，中国人民大学出版社2005年版。

[31] [日] 酒卷久著，杨洁译：《佳能细胞式生产方式——改变意识改变公司的生产法则》，东方出版社2006年版。

[32] [日] 堺宪一：《战后日本经济》，对外经济贸易大学出版社2004年版。

[33] [日] 今井贤一，小宫隆大郎著，陈晋、随清远等译：《现代日本企业制度》，经济科学出版社1996年出版。

[34] 贾根良：《劳动分工、制度变迁与经济发展》，南开大学出版社1999年版。

[35] 姜春明、佟家栋：《世界经济概论》，天津人民出版社2007年版。

[36] 金祥荣、朱希伟："专业化产业区的起源和演化"，《经济研究》，2002年第8期。

[37] 靳涛："关于演化经济学思想的比较：凡勃伦、熊彼特、哈耶克"，《经济科学》，2004年第4期。

[38] Kaoru Nabeshima："关于东亚地区技术转移的概述"，载于Shahid Yusuf与M. Anjum Altaf与Kaoru Nabeshima主编，《全球生产网络与东亚技术变革》，中国财政经济出版社2005年版。

[39] [美] 卡利斯·Y. 鲍德温等：《价值链管理》，中国人民大学出

版社2001年版。

[40] 康源："佳能：以细胞方式实现换脑变革——评《佳能细胞式生产方式》"，《中国企业报》，2007年1月30日第6版。

[41] [美] 理查德森："产业组织"，载路易斯·普特曼与兰德尔·克罗茨纳主编：《企业的经济性质》，上海财经大学出版社2000年版。

[42] 刘刚：《后福特制研究——生产组织方式创新与企业竞争优势》，人民出版社2004年版。

[43] 刘刚："发达国家企业竞争的新趋势及其对我国企业的挑战"，《天津行政学院学报》，2003年第4期。

[44] 刘刚："生产组织方式的演变与企业和产业的竞争优势"，《天津行政学院学报》，2005年第3期。

[45] 刘刚：《企业的异质性假设》，中国人民大学出版社2005年版。

[46] 李津："世界主要创新型国家的基本特征"，《科技中国》，2005年第9期。

[47] 罗平、潘荣翠、尚晓慧："我国国家创新体系探讨"，《经济问题探索》，2006年第6期。

[48] 林衡博、陈运兴："弗里曼国家创新体系理论的改进"，《当代经济》，2003年第6期。

[49] 李超雄："企业流程管理下的成本绩效与组织再造——日本产业新概念 Cell Production System"，《品质月刊》，2005年第8期。

[50] 李坤望：《经济增长理论与经济增长的差异性》，山西经济出版社1998年版。

[51] 李庆华："模糊陷阱——评X效率理论"，《当代经济》，2005年第2期。

[52] 李兴旺：《动态能力理论的操作化研究：识别、架构与形成机制》，经济科学出版社2006年版。

[53] 林山、黄培伦、蓝海林："基于企业知识理论的组织创新探索"，《中国科技论坛》，2004年第6期。

[54] 刘曙光：《解析全球经济》，中国经济出版社2004年版。

[55] 刘向丽、车维汉："全球化下日美经济周期不同步的原因探

析”，《现代日本经济》，2002 年第 12 期。

[56] 路风：“从结构到组织能力：钱德勒的历史性贡献”，《世界经济》，2001 年第 7 期。

[57] 柳剑平、孙云华：“垂直专业化与中国对东亚经济体的贸易逆差——兼及中国对美国贸易顺差的比较分析”，《世界经济研究》，2006 年第 7 期。

[58] 刘晓欣：“当代经济全球化的本质——虚拟经济全球化”，《南开经济研究》，2002 年第 5 期。

[59] [英] 马歇尔：《经济学原理》，商务印书馆 1997 年版。

[60] 马克思：《资本论》1—3 卷，人民出版社 1975 年版。

[61] [美] 马可·伊恩斯蒂等：《高技术产业管理》，中国人民大学出版社 2002 年版。

[62] [日] 门田安弘著，王瑞珠译：《新丰田生产方式》，河北大学出版社 2001 年版。

[63] 孟飚、林楠、范玉青：“复杂机械产品生产单元的组织改造”，《现代制造工程》，2005 年第 1 期。

[64] 苗长虹：“马歇尔产业区理论的复兴及其理论意义”，《地域研究与开发》，2004 年第 1 期。

[65] 莫志宏：“新经济增长理论与演进理论：一个比较分析”，《江西社会科学》，2005 年第 2 期。

[66] [美] 纳尔逊、温特：《经济变迁的演化理论》，商务印书馆 1982 年版。

[67] [美] 欧文·拉兹洛、克里斯托弗·拉兹洛：《管理的新思维》，社会科学文献出版社 2001 年版。

[68] 逄金玉：“论日本战后的经济政策”，《中国社会科学院研究生院学报》，1993 年第 4 期。

[69] [美] 乔治·施蒂格勒：《产业组织和政府管制》，三联书店上海分店和上海人民出版社 1996 年版。

[70] [美] 钱德勒著，张逸人等译：《企业规模经济与范围经济》，中国社会科学文献出版社 1999 年版。

[71] [美] 钱德勒：《规模与范围：工业资本主义的原动力》，华夏出版社 2006 年版。

[72] [美] 钱德勒著，重武译：《看得见的手》，商务印书馆 1994 年版。

[73] [美] 钱德勒著，天则经济研究所译：《战略与结构》，云南人民出版社 2002 年版。

[74] [美] 钱德勒著，罗仲伟译：《塑造工业时代》，华夏出版社 2004 版。

[75] [美] 青木昌彦："硅谷模式的信息与治理结构"，《经济社会体制比较》2000 年第 1 期。

[76] [美] 青木昌彦、安藤晴彦编著：《模块时代——新产业结构的本质》，上海远东出版社 2003 年版。

[77] [日] 桥本寿朗、长谷川信、宫岛英昭著，戴晓芙译：《现代日本经济》，上海财经大学出版社 2001 年版。

[78] 屈平："柔性制造：未来大趋势"，《精密制造与自动化》，2004 年第 4 期。

[79] 邱强、唐元虎、张超："组织资本形成机制研究"，《科学学与科学技术管理》，2005 年第 7 期。

[80] Shahid Yusuf："在全球生产网络化的背景下通过技术领先获得竞争优势"，载 Shahid Yusuf、M. Anjum Altaf and Kaoru Nabeshima 主编：《全球生产网络与东亚技术变革》，中国财政经济出版社 2005 年版。

[81] [美] 施蒂格勒著，吴珠华译：《施蒂格勒论文精粹》，商务印书馆 1999 年版。

[82] 沈希瑾、李京生、张文杰：《改变世界的生产方式》，中国经济出版社 1996 年版。

[83] 石凤波："从 CIM 系统到 Cell Production 系统——以日本制造企业为例"，《中国工业经济》，2005 年第 3 期。

[84] 谭文柱、王缉慈、陈倩倩："全球鞋业转移背景下我国制鞋业的地方集群升级"，《经济地理》，2006 年第 1 期。

[85] [日] [美] 藤田昌久、保罗·克鲁格曼、安东尼·J. 维纳布

尔斯：《空间经济学——城市、区域与国际贸易》，中国人民大学出版社2005年版。

[86]［美］沃麦克、琼斯和鲁斯著，沈希瑾、李京生、周亿俭、张文杰译：《改变世界的机器》，商务印书馆1999年版。

[87]［美］威廉姆森：《资本主义经济制度：论企业签约与市场签约》，商务印书馆2004年版。

[88]［英］亚当·斯密：《国民财富的性质和原因的研究》，商务印书馆1972年版。

[89] T Timothy J. Sturgeon，Richard K. Lester，"新的全球供应基地：对东亚地区本地供应商的新挑战"，载于Shahid Yusuf、M. Anjum Altaf、Kaoru Nabeshima主编，《全球生产网络与东亚技术变革》，中国财政经济出版社2005年版。

[90]［法］泰勒尔：《产业组织理论》，中国人民大学出版社1988年版。

[91] 田中景：《日本经济——过去、现状、未来》，中国经济出版社2004年版。

[92] 田中景、池元吉："日本经济的现状和前景分析"，《世界经济与政治论坛》，2004年第3期。

[93]［美］奥利弗·E. 威廉姆森著，王健等译：《治理机制》，中国社会科学出版社1999年版。

[94]［美］奥利弗·E. 威廉姆森著，段毅才、王伟译：《资本主义经济制度——论企业签约与市场签约》，商务印书馆2002年版。

[95] 王珺："社会资本与生产方式对集群演进的影响"，《社会学研究》，2004年第5期。

[96] 王缉慈："解读产业集群"，《中国产业集群》第1辑，机械工业出版社出版2005版。

[97] 王庆年："增长理论与经发展道路的选择"，《经济问题探索》，2004年第11期。

[98] 王涛、孟宪忠："细胞生产方式：制造业的大趋势"，《江苏商论》，2006年第6期。

[99] 魏大鹏：《丰田生产方式研究——准时化生产方式的技术支撑体系》，天津科学技术出版社2003年版。

[100] [美] 熊彼特：《经济发展理论》，商务印书馆1997年版。

[101] [美] 熊彼特：《资本主义、社会主义与民主》，商务印书馆2000年版。

[102] 谢富胜："马克思主义经济学中生产组织理论的发展"，《经济评论》，2005年第4期。

[103] 谢富胜：《分工、技术与生产组织变迁》，经济科学出版社2005年版。

[104] 谢海东："国外劳资关系对企业绩效的影响研究"，《外国经济与管理》，2006年第9期。

[105] 徐朔："企业劳动组织转变与高职教育的"灰领"培养"，《高等工程教育研究》，2005年第4期。

[106] [日] 野中郁次郎：《知识创新——价值的源泉》，经济管理出版社2003年版。

[107] [日] 野中郁次郎："知识创新型企业"，载《知识管理》，中国人民大学出版社1999年版。

[108] [日] 野中郁次郎、竹内弘高著，李萌、高飞译：《创造知识的企业》，知识产权出版社2006年版。

[109] [日] 伊藤诚：《世界经济当中的日本——后福特制时代》，中国人民大学出版社1990年版。

[110] 杨元华："西欧经济在调整中稳定增长"，《经济视点》，2001年第6期。

[111] 仰海峰："生产方式的转变与资本主义社会形态的变迁"，《哲学研究》，2008年第12期。

[112] 于金富："生产方式理论：马克思主义经济学的科学范式"，《当代经济研究》，2008年第4期。

[113] 俞晓军："日本的生产方式转型分析"，《中国工业经济》，2002年第7期。

[114] 喻超、赵希男："单元式生产方式与对策研究"，《工业工程与

管理》，2006 年第 3 期。

[115] 跃进："90 年代以来美日经济增长之比较及其对我们的启示"，《东北亚论坛》，2001 年第 1 期。

[116] 赵树宽、许超、王嘉嘉："典型国家创新体系的对比分析及启示"，《工业技术经济》，2008 年第 3 期。

[117] [日] 竹内弘高、野中郁次郎，李萌、高飞译：《知识创造的螺旋》，知识产权出版社 2006 年出版。

[118] [美] 詹姆斯·P. 沃麦克、丹尼尔·T. 琼斯著，沈希瑾译：《精益思想》，商务印书馆 1999 年版。

[119] 张岑遥："制度与经济增长、经济发展——一个西方理论综述"，《经济师》，2005 年第 11 期。

[120] 张敬川："新经济增长理论与演化经济经济增长理论区别"，《南方经济》，2005 年第 10 期。

[121] 张启东："一种新型生产组织方式——小组作业法"，《工业工程与管理》，1999 年第 4 期。

[122] 赵雪燕、郭世信："90 年代以来日本经萧条的原因分析"，《现代日本经济》，2004 年第 1 期。

[123] 郑江淮："企业理论：演进经济学的观点评述"，《经济评论》，2001 年第 2 期。

[124] 周圣伟："生产方式变迁的因素分析及启示"，《华东经济管理》，2003 年第 12 期。

[125] 朱允卫、黄祖辉："温州鞋业企业国际化状况的调查分析"，《经济理论与经济管理》，2006 年第 1 期。

[126] 朱保华：《新经济增长理论》，上海财经大学出版社 1999 年版。

[127] 左大培："经济学、经济增长理论与经济增长理论模型"，《社会科学管理与评论》，2005 年第 3 期。

[128] Acs, Zoltan J., A Formulation of Entrepreneurship Policy, *The FSF - NUTEK Award Winner Series*, 2001.

[129] Aglietta, M. A. *Theory of Capitalist Regulation*, London: New Left

Books, 1979.

[130] Alain Lipietz, *The Fortunes and Misfortunes of Post – Foredooms, Phases of Capitalist Development, —Booms, Crises and Globalizations*, 2001, pp. 17 – 36.

[131] Amin, Ash (eds.), *Post – Fordism: A Reader*, Oxford: Blackwell, 1994.

[132] Ash Amin, Post – Fordism: Models, Fantasies and Phantoms of Transition, Ash Amin (eds) *Post – Fordism: a reader*, Blackwell Publishers, 1994.

[133] Andre, C and Delorme, *R. L' Etal et L' Economie.* Paris: Seuil, 1982.

[134] Audretsch, David B. *Innovation and Industry Evolution*, Cambridge: MIT Press, 1995.

[135] Bagnasco, A. *La Problematica Territoriale Dello Sviluppo Italiano.* Bologna: Il Mulino, 1977.

[136] Barnard, Chester., *The Functions of the Executive.* Cambridge, MA: Harvard University Press, 1938.

[137] Barney J, Firm Resources and Sustained Competitive Advantage, *Journal of Management*, 1991, Vol. 17, pp. 99 – 120.

[138] Becattini, G. Dal Settore Industriale al Distretto Industriale. Alcune Considerazioni Sull'unita di Indagine Dell'economia Industriale. *Rivista di Economia e Politica Industriale*, n. 1, 1979.

[139] Becattini, G. The Marshallian Industrial District: An Socio – economic Notion. In F. Pyke et al, Industrial Districts and Inter – firm Co – operation In Italy, *International Institute for Labor Studies.* Geneva, 1990.

[140] Blanke, Bernhard (eds.), Staat und Stadt. *Systematische, vergleichende und problemorientierte Analysen "dezentraler" Politik*, Opladen: Westdeutscher Verlag, 1991.

[141] Boyer, R. The Eighties: the Search for Alternatives to Fordism. In B. Jessop, H. Kastendiek, K. Nielsen and O. Pedersen (eds), *The Politics of*

Flexibility. Aldershot: Edward Elgar, 1991.

[142] Boyer, R., *The Regulation School*, New York: Columbia University Press, 1990.

[143] Cantwell, J. and Piscitello, L., Recent Location of Foreign - owned Research and Development Activities by Large Multinational Corporations in the European Regions: The Role of Spillovers and Externalities', *Regional Studies*, 2005, 39, pp. 1-16.

[144] Cantwell, J. A., Iammarino, S., Noonan, C. A., Sticky places in slippery space—the location of innovation by MNCs in the European regions, in Pain, N. (eds.), *Inward Investment, Technological Change and Growth: The Impact of Multinational Corporations on the UK Economy*. Palgrave, Basingstoke, 2001.

[145] Carl J. Schramm, Making the turn: Entrepreneurial capitalism and its European promise, 2006, *http://www.kauffman.org.*

[146] Carl Schramm. Your Place in the Entrepreneurial Economy, 2007, *http://www.Kauffman.Org.*

[147] Choong Moon Lee, Miller W, Hancock M and Rowen H, *The Sillicon Valley edge*, Stanford University Press, 2001.

[148] Christer Karlsson and Pär Åhlström Change processes towards lean production: the role of the remuneration system, *International Journal of Operations & Production Management*, Vol. 15, No. 11, 1995, pp. 80-99.

[149] Claude, Diebolt. Towards a New Social Structure of Accumulation, *Historical Social Research*, 2002, Vol. 27.

[150] Coe, N., Hess, M., Yeung, H., Dicken, P. and Henderson, J., Globalizing' regional development: a global production networks perspective, *Transactions of the Institute of British Geographers, New Series*, 2004, Vol. 29 (4), pp. 468-484.

[151] Cohen, Wesley M. and Steven Klepper. The Tradeoff between Firm Size and Diversity in the Pursuit of Technological Progress, *Small Business Economics*, 1992.

[152] Coleman, J. S., Social Capital in the Creation of Human Capital, *American Journal of Sociology*, suppl, 1988, 94, pp. 95 - 120.

[153] Constantinos C. Markides and Peter J. Williamson, Related Diversification, Core Competencies and Corporate Performance, *Strategic Management Journal*, 1994, vol. 15, pp. 149 - 165.

[154] Constantinos C. Markides and Peter J. Williamson., Related Diversification, Core Competencies and Corporate Performance, *Strategic Management Journal*, 1994, vol. 15.

[155] Coriat, B., *L' atelier et le chronometer*, Paris: Christian Bourgois, 1979.

[156] Dario Ikuo Miyake. Shift from Belt Conveyor Line to Work - cell Based Assembly Systems to Cope with Increasing Demand Variation and Fluctuation in The Japanese Electronics Industries, *Working Paper*, 2006.

[157] Daron Acemoglu, Why Do New Technologies Complement Skills? Directed Technical Change and Wage Inequality, February, 1998, *Forthcoming Quarterly Journal of Economics.*

[158] David J. Teece. Cary Pisano And Amy Shuen, Dynamic Capabililies And Strategic Management, *Strategic Management Journal*, 1997, Vol. 18, pp. 509 - 533.

[159] David M. Kotz, Terrence McDonough, and Michael Reich., *Social structures of Accumulation: the Political Economy of Growth and Crisis.* Cambridge University Press, 1994.

[160] David M. Kotz., Neoliberalism and the SSA Theory of Long - Run Capital Accumulation, *Working Paper*, 2003.

[161] Degadh, Jan., For a More Effective Entrepreneurship Policy: Perception and Feedback as Preconditions, *Research Center for Entrepreneurship*, Rencontres de Saint - Gall, 2004.

[162] Dosi, G., Freeman, C., Nelson, R., Silverberg, G. and Soete, L. (eds), *Technical Change and Economic Theory*, Pinter, London, pp. 560 - 589.

[163] David M. Kotz., Institutional Structure or Social Structure of Accumulation? *Working Paper*, 2006.

[164] Dunning, J. H., Regions, Globalization and the Knowledge Economy: The Issues Stated, in John H. Dunning (eds.), *Regions, Globalization and the Knowledge - Based Economy*, Chapter 1, Oxford and New York: Oxford University Press, 2000, pp. 7 - 41.

[165] Dunning, J. H., The eclectic paradigm as an envelope for economic and business theories of MNE activity, *International Business Review*, 2000, Vol. 9, pp. 163 - 190.

[166] Davis, G. F., K. A. Dieckman, and C. H. Tinsley., The Decline and Fall of the Conglomerate Firm in the 1980s: A Study in the De - Institutionlization of an Organizational Form, *Working Paper*, 1993.

[167] E. Helfat and Margaret A. Peteraf, The Dynamic Resource - Based View: Capability Lifecycles Constance, *Strategic Management Journal*, 2003, Vol. 24, pp. 997 - 1010.

[168] E. Helfat., Know - how and Asset Complementarity and Dynamic Capability Accumulation: The Case of R&D Constance, *Strategic Management Journal*, 1997, Vol. 18, pp. 339 - 360.

[169] Eisenhardt, K. M. and Martin, J. A., Dynamic capabilities What are they? *Strategic Management Journal*, 2000, Vol. 21, p. 1105.

[170] Enright, M. J., The Globalization of Competition and the Localization of Competitive Advantage: Policies toward Regional Clustering, in N. Hood and S. Young (eds.), *The Globalization of Multinational Enterprise Activity and Economic Development*, Basingstoke: Macmillan, 2000, pp. 303 - 331.

[171] Evans, Peter B, Dietrich Skocpol and Theda (eds.)., *Bringing the State Back*, Cambridge: Cambridge UP, 1985.

[172] Ewing Marison Kauffman Foundation., On the Road to an entrepreneurial economy: A research and policy guide. Version 2.0 July, 2007. *http: //www. Kauffman. Org*.

[173] Fenrose E., *The Theory of the Growth of the Firm*, New York: Oxford university Press, 1995.

[174] Florida, R. and Kenney, M., The globalization of Japanese R&D: the economic geography of Japanese R&D investment in the United States, *Economic Geography*, 1994, 70 (4), pp. 305 – 323.

[175] Freeman, C and Louca, F., *As Time Goes By*, Oxford: Oxford University Press, 2001.

[176] Freeman, C. and Perez, C., Structural Crisis of Adjustment, Business Cycles and Investment Behavior. In Dosi, G., Freeman, C., Nelson, R., Silverberg, G. and Soete, L. (eds), *Technical Change and Economic Theory*, 1988, Pinter, London.

[177] Dosi, C. Freeman, R. Nelson, G. Silverberg and L. Soete (eds), Technical Change and Economic Theory. London: Frances Pinter, 1988.

[178] Freeman, C., Clarke, J. and Soete L., *Unempolyment and Technical Innovation: A Study of Long Waves in Economic Development*, London: Frances Pinter, 1982.

[179] Fuss, M. and L. Waveman., The Extent and Sources of Cost and Efficiency Differences between U. S. and Japanese Automobile Producers, *Journal of the Japanese and International Economies*, 1990, (4), pp. 219 – 256.

[180] G. B. Richardson., The Organization of Industry, Economic Journal, 1972.

[181] Gereffi, G.; Humphrey, J. and Sturgeon T., The governance of global value chains, *Review of International Political Economy*, 12: 1 February 2005: 78 – 104.

[182] Gorden, David., *Stages of Accumulation and Long Economic Cycles, In Processes of The World system*, 1980, pp. 9 – 45, Beverly Hills, Calif.: Sage Publications.

[183] Gordon, David, Richard Edwards, and Michael Reich., *Segmented Work, Divided Workers*. Cambridge University Press, 1982.

[184] Gordon, David., Up and Down the Long Roller Coaster, In U. S. Capitalism in Crisis, eds. Union for Radical Political Economics, pp. 22 – 35. New York: *Union for Radical Political Economics*, 1978.

[185] Grant R. M., The Resource – Based Theory of Competitive Advantage: Implications for Strategy Formulation, *California Management Review*, 1991, Vol. 33, pp. 114 – 135.

[186] Hall, Peter A. (eds.)., *The Political Power of Economic Ideas. Keynesianism across Nations*, Princeton: Princeton UP, 1989.

[187] Hayek, F. A. von., The Use of Knowledge in Society, *American Economic Review*, 1945.

[188] Humphrey J. and Schmitz H., How does insertion in global value chains affect upgrading in industrial clusters? *Reg. Studies 36*, 2002, pp. 1017 – 1027.

[189] Jay Kayne., *State Entrepreneurship Policies and Programs* (Kansas City, Mo.: Kauffman Center for Entrepreneurial Leadership, November 1999), 3.

[190] Jeanette A. D., Richard E. W., Nancy J. M, Karen G., A Derivation of The Underlying Constructs of Just – In – Time Management Systems, *Academy of management Journal*, 1992, Vol. 35, p. 653.

[191] Jessop, B., Towards a Schumpeterian Workfare State, *Studies in Political Economy*, 1993, 40.

[192] Jessop, B. Thatcherism and flexibility: the white heat of a post – Fordist revolution. in B. Jessop, H. Kastendiek, K. Nielsen and O. Pedersen (eds), *The Politics of Flexibility*. Aledrshot: Edward Elgar, 1991.

[193] Jessop, B., Capitalism and its Future: Remarks on Regulation, Government, and overnance, *Review of International Political Economy*, 1997, 4 (3).

[194] Jessop, B., Towards a Schumpeterian Workfare State, *Studies in Political Economy*, 40, 1993.

[195] Jessop, Bob., The Entrepreneurial City: Re – Imaging Localities,

Redesigning Economic Governance, or Restructuring Capital? in: Jewson/MacGregor (eds.), 1997, pp. 28 – 41.

[196] Jewson, Nick/MacGregor, Susanne (eds.)., Transforming Cities. Contested Governance and New Spatial Divisions, London/New York: Routledge. Judge, David/Stoker, Gerry/Wolman, Harold (eds.) 1995: *Theories of Urban Politics*, London: Sage.

[197] John A. C., Gail T. F., L. Edna Rogers, Interaction Patterns in Organic and Mechanistic Systems, *Academy of management Journal*, 1989, Vol. 32, pp. 773 – 802.

[198] John Haltiwanger. Entrepreneurship and Job Growth, May 2006. *http://www. Kauffman. Org*.

[199] John P. M., Human Resource Bundles and Manufacturing Performance: Organizational Logic And Flexible Production Systems in the World Auto Industry, *Industrial and Labor Relations Review*, 1995, Vol. 48, pp. 197 – 220.

[200] John Paul Macduffie., Human resource bundles and manufacturing performance: organizational logic and flexible production systems in the world auto industry. *Industrial and Labor Relations Review*, Vol. 48, No. 2. (Jan., 1995), pp. 197 – 221.

[201] Kaplinsky, R., Globalisation and Unequalisation: What Can be Learned from Value Chain Analysis? *Journal of Development Studies*, 2000, 37 (2), pp. 117 – 146.

[202] Katsuhide Isa and Tsuyoshi Tsuru., Cell Production and Workplace Innovation in Japan: Toward a New Model for Japanese Manufacturing, *Industrial Relations*, Vol. 41, No4, 2002, 10.

[203] Knox, Paul L. and Taylor, Peter J. (eds.), *World Cities in a World – System, Cambridge*, Cambridge UP, 1995.

[204] Kogut, B. and Zander, U., Knowledge of the firm, combinative capabilities, and the replication of technology, *Organization Science*, 1992, p. 383.

[205] L. Bamber and B. G. Dale. , Lean production: a study of application in a traditional manufacturing environment, *Production planning & Control*, 2000, VOL. 11, NO. 3, pp. 291 – 298.

[206] Lipietz, A. , *The Enchanted World: Inflation, Credit and the World Crisis*. London: Verso, 1985.

[207] Lipietz, A. , The Post – Fordist World: Labour Relations, International Hierarchy and Global Ecology, *Review of International Political Economy*, 1997, 4 (1).

[208] Lipietz, A. , The Post – Fordist World: Labour Relations, International Hierarchy and Global Ecology, *Review of International Political Economy*, 1997, 4 (1).

[209] Luciano Vasapollo Contemporary Subjects in the World of Labour: for a Recomposition of the Social Block in the Post – Fordist Era, *International Review of Sociology – Revue Internationale de Sociologie*, Vol. 14, No. 3, 2004, pp, 308 – 339.

[210] Markusen, A. , Sticky places and slippery places: a typology of industrial districts, *Economic Geography*, 1996, Vol. 72, No. 3. pp. 293 – 313.

[211] McGrew, A. G. , Conceptualizating Global Politics, in A. G. McGrew and P. G. Lewis (eds.), *Global Politics: Globalization and the Nation State*, Cambridge: The Polity Press, 1992.

[212] Michael E. Porter, From Competitive Advantage to Corporate, *HBR*, 1987, May – June.

[213] Mistral, J. Regime internationale et trajectories nationals. In R. Boyer (ed), *Capitalisme Fin de Siecle*. Presse Universitaire de Fancc, 1986.

[214] Naz Rassool, Post – Fordism? Technology and New Forms of Control: The Case of Technology in the Curriculum, *British Journal of Sociology of Education*, Vol. 14, No. 3. (1993), pp. 227 – 244.

[215] Nelson R (eds)., *National Innovation Systems: Acomparative*

Analysis. New York and Oxford: Oxford University Press, 1993.

[216] Nelson, R., and S. Winter., *An Evolutionary Theory of Economic Change*. Cambridge, Mass. The Belknap Press of Harvard University Press, 1982.

[217] Nelson, Richard R. Assessing Private Enterprise: An Exegesis of Tangled Doctrine, *Bell Journal of Economics*, 1981.

[218] Nielson, K. Towards a flexible Future – theories and politics. In B. Jessop, B. Kastendiek, K. Neilsen and O. Pedersen (eds), *The Politics of Flexibility*. Aldershot: Edward Elgar, 1991.

[219] Nonaka, I. And Takeuche, H., *The Knowledge – creating Company, How Japanese Companies Create the Dynamics of Innovation*, Oxford: Oxford University Press, 1995.

[220] Penrose, E, T. *The Theory of the Growth of the Firm*, Oxford: Oxford University Press, 1959.

[221] Petersf M. A., The Cornerstones of Competitive Advantage: A Resource – Based View, *Strategic Management Journal*, 1993, Vol. 14, pp. 179 – 191.

[222] Piore M and Sabel C, *The Second Industrial Divide: Possibilities for Prosperity*. New York: Basic Books, 1984.

[223] Piore, Michael J. /Sabel, Charles F., *Das Ende der Massenproduktion. Studie über die Requalifizierung der Arbeit und die Rückkehr der Ökonomie in die Gesellschaft*, Frankfurt/M.: Fischer, 1989.

[224] Porter Michael E., Towards a Dynamic Theory of Strategy, *Strategic Management Journal*, 1991, Vol. 12.

[225] Porter, M., Cluster and the New Economy of Competition, *Harvard Business Review*, 1998 (Nov. – Dec.), pp. 77 – 90.

[226] Porter, M., Location, Competition, and Economic Development: Local Clusters in a Global Economy, *Economic Development Quarterly*, 2000, Vol. 14 No. 1, pp. 15 – 34.

[227] Praharad, C. K. and Hamel, G., The core competence of the

corporation, *Harvard Business Review*, 1990, Vol. 68: 79.

[228] Ravallion, M., The Debate on Globalization, Poverty, and Inequality: Why Measurement Matters. *World Bank Policy Research Working Paper*, 2003, No. 3038.

[229] Richard N. Langlois., The Vanishing Hand: The Changing Dynamics of Industrial Capitalism. 2002. *Working Paper.*

[230] Richard N. Langlois., Capabilities and Coherence in Firms and Markets, *Resource – Based and Evolutionary Theories of the Firm: Towards a Systhesis* (Edited by Cynthia A. Montgomery), Kluwer Academic Publishers, 1995.

[231] Ronald, Coase., The Nature of the Firm, *Economica*, 1937 (4).

[232] Saxenian, A. and Hsu, J. Y., *The Silicon Valley – Hsinchu Connection: Technical Communities and Industrial Upgrading*, *Industrial and Corporate Change*, *Special Issue on Geography of Innovation and Economic Clustering*, 2001, 10, 4.

[233] Saxenian, A. *Regional Advantages: Culture and Competitive in Sillicon Valley and Route* 128. Cambridge: Harvard University Press, 1994.

[234] Scott, A. J. and M. Storper., Regions, Globalization, Development, *Regional Studies*, 2003, Vol. 37. 6&7, pp. 579 – 593.

[235] Scott, A., Regional Motors of the Global Economy, *Futures*, 1996, Vol. 28 No. 5. pp. 391 – 411.

[236] Steinle, C. and Schiele, H., When do industries cluster? A proposal on how to assess an industry's propensity to concentrate at a single region or nation, *Research Policy* 31, 2002, pp. 849 – 858.

[237] Steinmo, Sven/Thelen, Kathleen/Longstreth, Frank (eds.), *Structuring Politics. Historical Institutionalism in Comparative Perspective*, Cambridge: Cambridge UP, 1992.

[238] Steven P. Vallas., Rethinking Post – Fordism: The Meaning of Workplace Flexibility, *Sociological Theory*, 1999, Vol. 17, No. 1. (Mar), pp, 68 – 101, Work Futures Edited by Jonathan C. Morris Volume 23 Number

9/10/11, 2000.

[239] Stevenson, Lois and Lundstrom, Anders, Patterns and Trends in Entrepreneurship/SME Policy and Practice in *Ten Economices*, *Entrepreneurship Policy for the Future*, Vol, 3, Swedish Foundation for Small Business Research, 2001.

[240] Storper, M., The Limits to Globalization: Technology Districts and International Trade, *Economic Geography*, 1992, Vol. 68, pp. 60 – 93.

[241] Sturgeon, T., How Do We Define Value Chains and Production Networks? *MIT IPC Globalization Working Paper*, 2001, pp. 01 – 10.

[242] Teece, D. J, Pisano, G. and Shuen., A. *Firm Capabilities*, *Resources and the Concept of Strategy*, Mimeo, University of California, at Berkeley, 1990.

[243] Thom Rubel and Scott Palladino., *Nurturing entreprenurial growth in state economies*, 2000, http: // www. nga. Org /cda/files/ENTREPRENEUR. PDF.

[244] Tomaney, John., *A New Paradigm of Work Organization and Technology*?, in: Amin (ed.), 1994, pp. 157 – 194.

[245] UNCTAD., World Investment Report 2005: Transnational Corporations and the Internationalization of R&D. *New York and Geneva*: *United Nations Conference on Trade and Development*, 2005.

[246] UNCTAD., World Investment Report 2006: FDI from Developing and Transition Economies: Implications for Development. *New York and Geneva*: *United Nations Conference on Trade and Development*, 2006.

[247] Vidhi Mehta, Harshit Shah., Characteristics of a Work Organization from a Lean Perspective, *Engineering Management Journal*, Vol. 17 No. 2 June 2005, pp. 14 – 20.

[248] Wan, Guanghua, Lu, Ming and Chen, Zhao., Globalization and Regional Income Inequality: Empirical Evidence from Within China. *Review of Income & Wealth*, Mar, 2007, Vol. 53 Issue 1, pp. 35 – 59.

[249] Wang, J., Integrating in global value chains and upgrading in lo-

cal clusters: A discussion from the footwear cluster Wenzhou, *The Second Globelics Conference Innovation Systems and Development: Emerging Opportunities and Challenges*. October, 2004.

[250] William J. Baumol., *Free Market Innovation Machine: Analyzing the Growth Miracle of Capitalism*. Princeton University Press, 2002.

[251] William P. Wan and Robert E. Hoskisson., Home Country Environments, Corporate Diversification Strategies, and Firm Performance, *Academy of Management Journal*, 2003 (1).

[252] Williamson, Oliver., *The Economic Institutions of Capitalism*. New York: Academic Press, 1985.

[253] World Bank., *Global Economic Prospects* 2007: *Managing the Next Wave of Globalization*. Washington, DC: World Bank, 2007.

[254] Yeung, Henry Wai - chung., Situating Regional Development in the Competitive Dynamics of Global Production Networks: An East Asian Perspective. *ICSEAD Working Paper Series* Vol. 2006. 15.

后记

本书是国家社科基金一般项目“后福特制与当代资本主义经济制度变迁”（项目编号：05BJL045）的最终成果。本书的写作目的，是从生产方式演化的角度对20世纪70年代以来当代资本主义经济的新发展进行理论概括。在最终成果的基础上，结合2008年秋季爆发的全球金融危机的实际，对书稿进行了最后的修改。本书的写作是在南开大学经济研究所刘刚教授的主持下完成的，刘刚教授提出了本书的核心思想和观点，确定了写作提纲，并对各章的写作和修改提出了具体意见和指导。各章的执笔者分别是：刘刚（绪论、第一章、第二章、第六章、第七章和第十一章），王伟（第三章），孙淑琴（第四章），赵欣欣（第五章），田艳君（第八章），李威和郎爽（第九章），郑楠和祁雪（第十章）。尽管写作过程中大家进行过广泛的思想和观点交流，但是各章的具体写作是独立的，文责自负。

本书的作者隶属于教育部人文社会科学重点研究基地“南开大学政治经济学研究中心”，对当代资本主义经济发展的研究，是中心的重点研究领域和方向，也是课题组未来要持续研究的领域和方向。感谢周桂元老师，他对本书的出版作出了辛勤的努力。

刘　刚

2009年10月8日于南开大学经济研究所